本成果得到魯東大學文學院、國際教育學院經費支持

魏晉南北朝碑刻文獻
疑難詞語匯釋

張穎慧——著

中國社會科學出版社

圖書在版編目(CIP)數據

魏晉南北朝碑刻文獻疑難詞語匯釋/張穎慧著. —北京：中國社會科學出版社，2023.5

ISBN 978 - 7 - 5227 - 1722 - 7

Ⅰ.①魏…　Ⅱ.①張…　Ⅲ.①碑刻—文獻—詞匯—研究—中國—魏晉南北朝時代　Ⅳ.①K877.424

中國國家版本館 CIP 數據核字(2023)第 060769 號

出 版 人　趙劍英
責任編輯　郭曉鴻
特約編輯　杜若佳
責任校對　師敏革
責任印製　戴　寬

出　　版　中國社會科學出版社
社　　址　北京鼓樓西大街甲 158 號
郵　　編　100720
網　　址　http://www.csspw.cn
發 行 部　010 - 84083685
門 市 部　010 - 84029450
經　　銷　新華書店及其他書店

印　　刷　北京明恒達印務有限公司
裝　　訂　廊坊市廣陽區廣增裝訂廠
版　　次　2023 年 5 月第 1 版
印　　次　2023 年 5 月第 1 次印刷

開　　本　710×1000　1/16
印　　張　24.25
插　　頁　2
字　　數　363 千字
定　　價　129.00 元

凡購買中國社會科學出版社圖書，如有質量問題請與本社營銷中心聯繫調換
電話：010 - 84083683

目　錄

序　一

　　學術研究是不斷進步的，過去限於條件，學術研究多是舉例式的或是部分材料的研究，現今由於有計算機的輔助，研究對象的呈現和查檢大爲便利，過去那種舉例式的或部分材料的研究已顯得落後，而窮盡性的、一定範圍内之全部材料的研究已成爲時尚。但是，要進行語言文字的規律性理論研究，研究材料的整理考釋是必要的前提，比如要研究字詞派生問題，某後出字詞是不是前有字詞的派生？如果是，是什麽時候完成派生的？必須結合形體和表詞功能兩方面進行考察，就表詞功能的考察而言，如果後出字詞的功能在後出字詞産生前是由前有字詞表示的，那麽就有可能是派生。字詞派生往往有一個新舊共用的交替過程，當同樣的詞義只用新的字詞而不用舊的字詞時，派生才算徹底完成。這些問題的研究必須窮盡性考察所研究字詞的文獻用例，即這個字詞在文獻中出現總共過多少例，每一例的詞義是什麽。就漢語文獻而言，傳統的經典文獻經歷代層層解釋，直接使用問題不是太大，除此之外的文獻，特別是出土文獻，疑難詞語較多。因此，對這些文獻疑難詞語的考釋至關重要，穎慧教授的《魏晉南北朝碑刻文獻疑難詞語匯釋》就是這樣的著作，其價值自然不言而喻。

　　魏晉南北朝碑刻文獻的語言頗具特點，其特點之一是受石質載體空間限制及駢體文影響，用詞極簡，存在縮略構詞和割裂造詞等現象，理解不易，在這方面本書做了大量闡釋，其解釋令人信服，如“知十”條，乃“聞一知十”之縮略：

　　　　北魏建義元年（528 年）《元悌墓誌》：“學鄙三冬，問嘉知十。優遊書圃，敖翔子集。”

按：《漢語大詞典》未收“知十”。“知十”乃“聞一知十”之省，義即聽到一件事，可以推知十件事，形容聰明而善於類推。出《論語·公冶長》：“賜也何敢望回？回也聞一以知十，賜也聞一以知二。”亦見於《隸釋·漢安平相孫根碑》：“根受性明睿，聞一知十。”

又如“雲液”條，乃“雲臺”和“太液池”縮略合成：

北魏永平三年（510 年）《南石窟寺碑》：“自惟鴻源帝鄉，庇鄰雲液。議踪翼親，論疇懿胕。榮要山河，連基齊晋。”

按：《漢語大詞典》未收“雲液”一詞。“雲液”在志文中與“帝鄉”相對，其詞義亦當與“帝鄉”相當。“雲”當爲“雲臺”之縮略，爲漢宮中高臺名，爲漢光武帝召集群臣議事之所，後用以朝廷的代稱，如南朝樑沈約《爲武帝與謝朏敕》：“今方復引領雲臺，虛已宣室。”“液”爲“太液池”之縮略，漢太液池也稱蓬萊池，池中築漸臺，高二十餘丈，起蓬萊、方丈、瀛洲、壺樑，像海中神仙、龜、魚之屬。後成爲指代“朝廷”的泛稱，如唐姚鵠《送賀知章入道》：“太液始同黃鶴下，仙鄉已駕白雲歸。”

在這裏，“雲臺”和“太液池”濃縮并合成爲“雲液”，借指“朝廷”，同“帝鄉”對文。

再如“宗石（右）”條，乃“强宗右姓”之割裂：

北魏正始四年（507 年）《元緒墓誌》：“逢雲理翰，矯翼霄飛。霄飛何爲，天受作政。明心劍玉，清身水鏡。衡均宗石，錦裁民命。霽光東岫，傾輝西映。西映焉照，實維洛荆。”

按：《漢語大詞典》未收“宗石”一詞。“宗石”當爲“宗右”之誤刻，“石”與“右”形近而誤。“宗右”當“强宗右姓”割裂截取而成。强宗，義爲豪門大族。右姓義爲世族大姓。“强宗右姓”指有權勢的豪門大族，如南朝宋範曄《後漢書·郭伋傳》："强宗右姓，各擁衆保營，莫肯先附。"

與第一個特點相關聯，魏晋南北朝碑刻文獻語言的特點之二是存在較多的典故詞，本書在典故的索解方面也下了不少功夫，發掘出很多新的綫索，提出了新的見解，如"糟粕"條：

> 北齊武平五年（574 年）《李祖牧墓誌》："君諱祖牧，字翁伯，趙郡平棘人也。昔庭堅邁種，梗概著於虞謨；伯陽執玄，糟粕存乎關尹。先民陶其真範，後昆景其遺迹，繁祉餘慶，刻萃本枝。"
>
> 按：《漢語大詞典》收"糟粕"一詞，釋義爲"酒滓。喻指粗惡食物或事物的粗劣無用者。"書証有漢劉向《新序·雜事二》、《韓詩外傳》卷五等。但此解並不適合此處志文語境，志文中"糟粕"與"梗概"相對，義應與"梗概"義相聯或相近。
>
> "伯陽執玄，糟粕存乎關尹"句涉及一個典故，出《史記·老子韓非列傳》："老子者……姓李氏，名耳，字聃……至關，關令尹喜曰：'子將隱矣，强爲我著書。'於是老子乃著書上下篇，言道德之意五千餘言而去。"司馬貞索隱："有本字伯陽，非正也。然老子號伯陽父，此傳不稱也。"關令尹喜據傳爲春秋時期天水人，字公度。老子看透了當時的形勢，知道周天子王治不久，所以離開周西出函關。函關守令尹喜久仰老子大名，所以盛情款留，希求指教。由以上情形知，令尹喜得老子之書並求得其學問之大略，故此處"糟粕"當非貶義，應即"大概、概要"義。

穎慧教授很善於綜合運用文字、音韵、辭章等規律進行考釋，且不僅解釋是什麽，還力求發掘爲什麽，如"芃蔣"條：

> 北魏建義元年（528 年）《元譚墓誌》："朝廷以公地重應韓，戚親芃蔣，分星裂土，執玉盤石，封城安縣開國侯。"
>
> 按：辭書未收"芃蔣"。"芃"即"凡"字，既非通假字，亦非异體字，而是屬於臨時同化字，即在句子中兩個鄰近的不同語

素組成的詞，其中一個受到另一個的影響而變得跟它構件相同。"凡"即是受到了"蔣"的影響而爲其同化。魏晉南北朝碑刻文字中此種現象屢見，如北魏正光元年（520年）《元妻趙光墓誌》"上受舅姑，旁協娣姒"中"舅姑"之"舅"即加了"女"旁。"凡"和"將"乃西周時兩個諸侯國國名，皆周公旦之胤之封地。出《左傳·僖公二十四年》："故封建親戚以蕃屛周，毛、聃、管、蔡、郕、霍、魯、衛、雍、曹、滕、畢、原、酆、郇，文之昭也；邘、晉、應、韓，武之穆也；凡、蔣、邢、茅、胙、祭，周公之胤也。"杜預注："蔣，在弋陽期思縣。"據《左傳》，"凡"亦古諸侯國名，姬姓，始封之君爲周公之子，封地在今河南省輝縣西南。"芃蔣"用在志文中，類比志主和皇帝親戚血緣之緊密。

又如"游蒲"條：

北魏永安二年（529年）《爾朱襲墓誌》："畾城起於戲竹，畫陣發自游蒲，故邑裏號曰神童，在世言其可大。"

按：《漢語大詞典》未收"游蒲"一詞。志文中"畾城起於戲竹"與"畫陣發自游蒲"相對爲文，"戲竹"與對應詞"游蒲"義應相聯或相近。"戲竹"意思較明，爲兒童竹馬之戲，"游蒲"當亦爲一種兒童所玩遊戲。二詞在志文中均引申指孩童時期。

在文獻中，"蒲""博"相通用，《公羊傳·莊公十二年》："歸反爲大夫於宋，與閔公博。"陸德明《經典釋文》："博，如字，戲名也。字書作'薄'。"由此知，"蒲、薄、博"三字古音韵部相同，皆爲"魚"韵，音近相通，"博"指一種古代遊戲。"博"就是"樗蒲"，《資治通鑒·晉紀》有"又喜博弈，頗廢政事。"胡三省注："博，樗蒲；弈，弈棋。""樗蒲"就是古代一種博戲，見漢馬融《樗蒲賦》："昔玄通先生游於京都，道德既備，好此樗蒲。""蒲"又可作"蒲"，見晉葛洪《抱樸子·百裏》："或有圍棋樗蒲而廢政務者矣，或有田獵游飲而忘庶事者矣。""蒲""蒲"

上古音爲［b］母魚韵，"古無輕脣音"，因上古輕重音不分，二字音同相通。所以"蒲、薄、博、蒲"四字古音相近，只是書寫形式各異。"游""游"二字本即异體字。

故"游蒲"亦可作"游博"，義爲"嬉游博戲。博謂六博，古代的一種棋類遊戲。"《後漢書·王符傳》："或以謀姦合任爲業，或以游博持掩爲事"。"游（游）蒲"多爲兒童之戲，故可引申指"孩童時期"。

再如"出震"條：

1. 北魏孝昌二年（526年）《元朗墓誌》："其先龍飛創歷之元，鳳翔出震之美，丹青垂之無窮，國借炳其鴻烈，文傳已詳，故可得如略也。"

2. 北魏太昌元年（532年）《元瓆墓誌》："配天瑶緒，就日瓊枝。帝唯出震，王乃生知。慶踵當世，靈眖自斯，誕膺辰昂，載協重義。"

按：《漢語大詞典》收"出震"，僅釋爲"八卦中的'震'卦位應東方。出震，即出於東方。"未釋出其引申義。《易·説卦》："帝出乎震。""出震"，徐志學認爲"指帝王登基"。但何以"出震"有"帝王登基"義，徐文未言明。明末清初李漁《笠翁對韵·元韵》中有："承干對出震，叠坎對重坤。"其中"干、坤、坎、震"四字爲《周易》的四個卦名。"出震"與"承干"對文。"干"在卦象中爲龍，現世指帝王，"承干"即繼承帝位。"震"在卦象中爲雷，引申爲"發號施令"義，"出震"即皇帝下令，也可引申指登上帝王位。故而，此兩例中的"出震"爲"帝王登基"義。

總體而言，本書的價值大致可分爲以下幾個方面。

1. 爲構建完整的中古漢語詞匯史提供可信依據

魏晉南北朝碑刻文獻是中古漢語詞匯研究重要而未予普遍關注的

材料，對魏晉南北朝碑刻文獻詞語的研究，相較於中古漢語其他文獻材料的研究還比較薄弱，需進一步加強。本書以魏晉南北朝碑刻文獻爲取材範圍，對其疑難詞語作了系統考釋。這對於中古漢語詞匯研究材料的拓展，構建完整的中古漢語詞匯史，具有一定的參考價值。

2. 爲魏晉南北朝各個方面的研究提供學術參考

本書對魏晉南北朝碑刻文獻的疑難詞語進行了系統的整理研究，掃清了文獻字詞障礙，爲利用這些文獻提供了方便，不僅對語言文字研究，而且對文體學研究、歷史學研究等都具有基礎性價值。

3. 對大型辭書有補苴作用

本書研究的詞語有些是《漢語大詞典》等辭書失載的，有些雖有立目，但存在義項漏載、例证失收或例证過晚等問題，因此，本書對大型辭書的修訂有重要的補苴作用。

穎慧教授曾跟我攻讀博士學位，她的博士學位論文是《魏晉南北朝石刻文字研究》，本書可以說是進一步的拓展研究。全稿交我時，我驚喜而不驚奇，因爲我知道他是個善於思考、勤於專研、埋頭苦干的學者，相信下一步她在魏晉南北朝字詞發展及字詞理論研究方面會有新的成果貢獻學界。

王貴元

2020 年 9 月 8 日於北京·中國人民大學

序　二

　　戰國初期的《墨子·兼愛（下）》曾指出，前朝屢將重要之事"書於竹帛、鏤於金石"。這就是説，先秦時期文獻載體即有竹、帛、銅、石等，當然還有龜甲、獸骨。由此可見，石刻是文獻承載與流傳的重要形式。出土實物表明，商代已有石刻文字。戰國時期秦國的石鼓文顯然已經是規模宏大、章法成熟的石刻文獻。秦始皇統一全國後，巡遊南北，爲彰顯自身功績，曾多次刻石爲記，形成了石刻文獻的正統——碑刻。兩漢之時，碑刻的內容與形式發生明顯變化，其文獻地位抬昇。魏晉南北朝是碑刻文獻發展的重要時期，從現有資料看，碑刻數量巨大，種類繁多。由於多重文化因素的交融，該時期碑刻文獻文字風格獨特，語言面貌繼承中明顯創新，如詞匯層面就發生了一系列變化，或出現新詞，或誕生新的構詞法，或滋長新的義項。尤爲引人注目的是，碑刻文獻凝固形成的一批典故詞，如"辭金退玉""青能""吐握"等，源自上古，而在此時期的碑銘、墓誌等石刻文獻中定型固化，以詞的面目存在了。遺憾的是，迄今關於魏晉南北朝石刻文獻詞匯研究成果較少，而疑難詞語的研究成果尤少。

　　穎慧教授有鑒於此，用力於斯，積累成其階段性研究成果《魏晉南北朝碑刻文獻疑難詞語匯釋》。該書內容包括兩個方面。一是對魏晉南北朝碑刻文獻疑難詞語加以考釋。作者對個別語例從"隨文釋義"原則入手，即把詞語解釋和語言環境相結合，得出具體詞義，然後采用排比歸納方法，對包含某一詞語的句子集中觀察，得出詞語的基本意義，然後執果索因，或依據訓詁材料、詞語成分等綫索分析其意義凝固狀況，或參考其他學者相關見解追溯其成詞過程。如"胡苟"條，據《左傳》《釋名》等書材料指出"苟"與"考"音相通，由此斷定此處"胡苟"即"胡耇",義爲長壽。再如"公王長君、公王長者、侯王長者……"條匯集了 20 則關於上述詞條的語例,將其分爲兩類,然後結合其他學者觀點分析各自含義。二是對魏晉南北朝碑刻詞語與工具書相關條目進行比較。在比較中,發現了《漢語大詞典》等大型辭書的不足,諸如詞目缺漏、釋義欠妥、例証不當等。而這些不足,均可在一定程度上藉助魏晉南北朝碑刻詞語加以彌補。如"荒芒"條所列北魏武泰元年(528 年)《樑國鎮將元舉墓誌》、北魏建義元年(528 年)《元悛墓誌》、東魏武定二年(544 年)《賈思伯妻劉靜憐墓誌》等語例,皆明顯早於《漢語大詞典》所舉明代何景明《七述》書証:"然荒芒而不可征,未暇爲也。"

從上述兩方面內容呈現的過程可以看出,穎慧從事的考釋工作有較大難度,具體表現在四個方面。首先在於碑刻文獻的文體、用詞等方面具有特殊性。就文體而言,碑刻多用駢文,句子以四六字爲主,加之石質載體的空間限制,造句用語較爲精簡;就用詞而言,除造像記之外,碑刻文獻一般用語古奧,給現代人閱讀與理解帶來不少困難。其次是本書所釋皆爲疑難詞語。作者以《漢語大詞典》爲參照,揭明未收之詞、收錄而未釋之義項、收載而滯後之書証,特別是未收之詞,考釋判斷頗爲不易。再次是受材料範圍限制,一些詞條的語例較少,有的甚至還是孤例,使得釋義缺少驗証基礎,因而給歸納排比造成障礙。最後是文字形式造成的困難,即碑刻文獻中普遍存在訛俗字。這就要求研究者通過各種方法首先從文字學層面確認正確的字形,辨明異形、訛形等現象存在的原因,然後從語言層面解釋詞語的結構及意義。毫無疑問,這樣的工作是費時費力的。

總覽書稿全部內容,可見這樣幾個特色:一是作者始終立足於具體語言環境解釋詞語。因爲本書核心內容爲碑刻文獻詞語考釋,而具體詞語都是依靠其他詞語存在的個體,都是語言環境的一個組成部分,因此考察個體狀況不能不顧整體語言環境。正是基於這樣的認識,作者考釋詞語時,緊緊把握語言環境,以小見大,以大觀小,從而做出較爲合理的解釋。如"娙娟"條、"袪衣/捧耳"條、"三覆"條等,都是典型例証。二是偏向於典故詞語的釋証。典故詞語的形式與意義關係往往較爲隱蔽，考釋這樣的詞，需要弄清典故的源頭、典故的含義、典故濃縮成詞的過程、典故詞語的用字緣由、典故詞語的最終形式等内容。單單是尋找典源的工作，就需要翻檢大量古籍，仔細甄別。其他各項内容的查証、解釋也要付出辛勤而精細的勞動。只有坐得住冷板凳、耐得住寂寞，才能有所收穫。穎慧通過不懈努力，確定了一批典故詞語並揭明瞭這些詞語的意義，不僅豐富了詞語内容，而且進一步顯現了碑刻文獻的語言特色。三是盡可能爲方便讀者考慮。作者在深入探討碑刻文獻詞匯問題的同時，還能恰當處理學術性與工具性的關係，即從讀者角度出發，突出本書的實用性，在書後附録全部詞條的筆畫索引和拼音索引，便於讀者檢索。

　　與斷代詞匯研究的其他著作相比，本書有其獨到的學術價值與應用價值。一是拓展了詞匯學研究範圍，可爲構建完整系統的中古漢語詞匯史提供新的有力支撐。據我們瞭解，以“魏晋南北朝碑刻”或“南北朝碑刻”疑難詞語考釋爲範圍的學術專著尚不多見。一般認爲，中古漢語不同於上古漢語之處是其語匯的口語化，因爲中古的漢譯佛經、小説、書簡等文獻中口語化詞語的確廣泛存在，所以學術研究自然需加重視。然而，對漢語詞匯的歷史考察決不能顧此失彼，而應當在關注中古漢語口語化詞匯的同時，也要關注非口語化詞語狀況。只有基於這樣的研究，纔可能呈現中古漢語詞匯的完整面貌。而魏晋南北朝碑刻文獻詞語正是研究中古漢語非口語化詞匯的重要材料，因此本書對這些語料中的疑難詞語進行系統考釋是一項基礎工作，這對於拓展中古漢語詞匯研究領域，對於構建完整而系統的中古漢語詞匯史，都將發揮重要的支撐作用。可以預見，本書的出版，定會給學界相關研究提供有益的參考和啓示。二是推進了魏晋南北朝碑刻詞語研究深度，並爲開展相關研究奠定了基礎。已有的魏晋南北朝碑刻詞語研究成果多集中在斷代詞語或專類詞語方面，系統性不强。本書將目前所見魏晋南北朝碑刻文獻作爲整體研究對象，對疑難詞語進行系統全面的整理與研究。其成果可爲魏晋南北朝碑刻文獻的其他相關研究，如文體學研究、歷史學研究、文獻學研究等掃清詞匯障礙，爲研究者進一步利用該類文獻提供必要條件。三是補充或糾正了辭書詞條的不足或偏誤，可爲辭書質量不斷優化、辭書成果更好地服務於社會發揮作用。魏晉南北朝碑刻文獻，是漢語詞匯大家族的重要組成部分，但其中部分詞語爲《漢語大詞典》等辭書所失載，有的雖有立目，却存在義項漏載或例証失收問題，而碑刻中不少詞語恰好能提供相應義項語例或例証。如此説來，本書成果對大型辭書的編纂與修訂有重要參考價值。

穎慧能够取得如上成績，這與她長期關注魏晉南北朝石刻文獻是分不開的。她的博士學位論文《魏晉南北朝石刻文字研究》，就是對魏晉南北朝時期大量石刻文獻中的文字問題所做的探討。本書顯然是在原有基礎之上對同樣材料中另一對象——詞匯所做的研究。這種立足於一個相對固定的領域，步步爲營，不斷挖掘新的研究内容的做法，無疑是深化研究主題、逐步獲得全面扎實成果的有效途徑。

在我個人看來，如果在具體詞目下除了羅列魏晉南北朝文獻用例，再能上溯前代語料，探尋詞語源頭，又能係聯同時代其他文獻材料，同時能延伸至後世語料，觀其流變，察其沿革，則不僅語例數量充足，邏輯推論可信，而且詞匯演變脈絡也更爲清晰。如此，便能更加充分地展示魏晉南北朝時期碑刻文獻詞匯的整體面貌與語言特徵。穎慧年富力强，在不久的將來，這些不足定會得到彌補。

我相信，穎慧能推出更多更有分量的研究成果！

是爲序。

趙小剛

2022 年 5 月 3 日於西北大學寓所

緒論　魏晉南北朝碑刻文獻詞語研究概論

一　魏晉南北朝碑刻文獻詞語研究概述

關於碑刻的含義，各家說法有異，我們比較认可毛遠明先生的説法。碑刻，又稱石刻，在碑碣、石壁上刻寫、雕鐫有文字、圖案或宗教造像等，賦予其文化資訊的石質載體謂之碑刻。①

關於碑刻文獻，毛先生認為，從狹義上講，凡是以石質為書寫材料，鐫刻、書寫在石頭上，承載了一定語言内容的所有語言資訊資料，都稱碑刻文獻。②

本書的研究對象是魏晉南北朝碑刻文獻疑難詞語。"魏晉南北朝"是本書研究的時間界定，"碑刻文獻"是本書研究的材料範圍，疑難"詞語"是本書研究的核心對象。

（一）研究概況

目前魏晉南北朝碑刻文獻詞語研究的成果，主要集中於西南大學漢語言文獻研究所，也散見於其他單位或個人。魏晉南北朝碑刻文獻詞語方面的研究，學術界主要是從兩個方面進行的，一是詞語訓釋，二是詞語的綜合性研究。

1. 魏晉南北朝碑刻文獻詞語訓釋方面

魏晉南北朝碑刻文獻詞語訓釋方面的成果，與本書關係比較緊密。

從魏晉南北朝碑刻詞語訓釋方面來說，其成果形式多是期刊論文和學位論文。前者有毛遠明的《讀漢魏六朝石刻詞語劄記——兼及石

---

① 毛遠明：《碑刻文獻學通論》，中華書局2009年版，第7頁。
② 毛遠明：《碑刻文獻學通論》，中華書局2009年版，第7頁。

刻詞匯研究的意義》、于正安的《漢魏六朝碑刻詞語輯釋》、劉志生的
《六朝墓誌詞語考釋十一則》、梁春勝的《六朝石刻典故詞語例釋》
等。後者如張婭莉的《魏晉石刻文獻複音詞通釋》、聞鳴的《六朝碑
刻女性詞語研究》、王盛婷的《漢魏六朝碑刻禮俗詞語研究》、吳為民
的《六朝碑刻喪葬詞語研究》、李建廷的《魏晉南北朝碑刻異形詞研
究》、李中俠的《魏晉碑刻複音詞研究》、章紅梅的《漢魏六朝石刻典
故詞研究》等。

　　還有的是從辭書對魏晉南北朝碑刻文獻詞語漏收的角度來研究的，
但成果較少。主要有劉志生《〈漢語大詞典〉失收六朝墓誌詞語考釋
六則》《魏晉南北朝墓誌所見辭書漏收詞語例釋》、謝國劍《從中古石
刻文獻看大型辭書訓釋之不足：以涉佛詞語為例》等。

　　當然還有其他一些成果，雖然時段上與本書不相吻合，但也是不
可或缺的參考，如曾照軍的《宋代教育碑刻詞語研究》、牛秀芳的
《宋以前道教碑刻詞語研究》、李春梅的《西南地區古代法律碑刻詞語
研究》等。

　　總之，從碑刻文獻詞語訓釋方面的研究成果來看，無論從哪個角
度，不論是期刊論文還是學位論文，就魏晉南北朝這一時段而言，都
是對碑刻文獻詞語的某一類別、某一階段來進行考察解釋，而沒有對
魏晉南北朝整個時段的碑刻文獻詞語作集成性訓釋。而本書所要做的，
就是在前輩時賢研究成果的基礎上，對魏晉南北朝碑刻文獻詞語進行
系統全面的整理與考釋。

　　2. 魏晉南北朝碑刻文獻詞語的綜合性研究方面

　　碑刻文獻詞語綜合性研究的成果，其關係雖然不如訓釋方面與本
書那麼直接和緊密，也並未完全集中在魏晉南北朝這一時段，但其在
理論指導和學術參考方面，還是給本書以有益的啟示。

　　此方面的成果形式主要為專著。從研究內容上，大致可分為兩類：
一類是詞語描寫性專著，一類是詞語通論性專著。

　　詞語描寫性專著。該類主要有羅維明《中古墓誌詞語研究》、劉
志生《東漢碑刻詞匯研究》、呂志峰《東漢石刻磚陶等民俗性文字資
料詞匯研究》、周阿根《五代墓誌詞匯研究》、姚美玲《唐代墓誌詞匯

研究》。其中羅維明《中古墓誌詞語研究》一書主要是對中古墓誌詞語進行了詮釋和溯源，書中有部分內容涉及魏晉南北朝墓誌詞語，但不太詳盡。吳金華的《三國志校詁》、王雲路和方一新的《中古漢語語詞例釋》，都引用了一些墓誌材料作書證，但數量較少。而其他關於碑刻或墓誌詞語的書，在時間上均與魏晉南北朝無涉，不過就詞語考釋的方法等來講，還是值得借鑒的。

詞語通論性專著。這類著作也和本書的研究內容直接關聯不大，不過有重要的理論參考價值。如周祖謨《漢語詞匯講話》、江藍生《魏晉南北朝小說詞語匯釋》、方一新《中古近代漢語詞匯學》、王雲路《中古漢語詞匯史》等，這些書中關於漢語史分期的介紹，關於漢語詞匯研究的內容、意義、材料、方法等知識以及社會生活與詞匯發展關係的論述，都可為本書提供理論指導。

總之，無論是詞語描寫性專著還是詞語通論性專著，都給本書的研究提供重要的指導和參考。

概言之，從對上述兩個方面研究成果的學術史梳理來看，魏晉南北朝碑刻文獻詞語訓釋方面的研究成果數量不多，且幾乎為碎片式的考釋，缺乏時段性整合。而本書所要著力解決的，正是對魏晉南北朝時段的碑刻文獻詞語作系統的、集成式訓釋。

（二）研究價值與意義

魏晉南北朝碑刻文獻詞語研究，有以下三個方面的意義。

1. 為拓展取材範圍，構建系統完整的中古漢語詞匯史提供支撐

人們普遍認為，中古漢語和上古漢語的不同之處是其語匯的口語化，口語化語料存在於漢譯佛經、小說、書簡等諸多載體中。固然，中古時期詞匯的口語化需加重視，但對漢語詞匯的歷史考察決不能顧此失彼，在關注中古漢語口語化詞匯的同時，也應關注非口語化詞匯，基於這樣的中古漢語詞匯史才是完整的。

魏晉南北朝碑刻文獻詞語是研究中古漢語非口語化詞匯的重要材料之一。對於魏晉南北朝碑刻文獻詞語的研究，相較於中古漢語其他文獻材料的詞匯研究還是相當薄弱的，尚需進一步拓展與整合。而本書的研究，就是以魏晉南北朝碑刻文獻這一較新穎的語料為詞語研究

的取材範圍，對其詞語作系統考釋。這對於中古漢語詞匯研究領域的拓展，對於完整而系統的中古漢語詞匯史的構建，具有一定的學術參考價值。

2. 為查閱魏晉南北朝碑刻詞語提供學術方便，為進行其他相關研究奠定基礎

之前的魏晉南北朝碑刻詞語研究多集中在專類語詞、斷代語詞的研究上，且呈碎片化狀態，本書集中於魏晉南北朝這一時段，對碑刻文獻詞語進行了系統全面的整理研究。

本書的研究成果，可為相關學者和愛好者查閱魏晉南北朝碑刻文獻詞語提供方便，同時也為魏晉南北朝碑刻文獻的其他相關研究，如文體學研究、歷史學研究等掃清詞匯障礙，為進一步利用該類文獻提供工具性支撐。

3. 對辭書詞條的補苴作用

魏晉南北朝碑刻文獻，是研究中古漢語詞匯的重要語料，其中部分詞語為《漢語大詞典》等辭書所失載；有的雖有立目，但存在義項漏載或例證失收問題，而碑刻詞語有的恰好能補充相關語例。因此，魏晉南北朝碑刻文獻詞匯對大型辭書的修訂意義是不言而喻的。

（三）研究材料與方法

本書的詞語匯釋所依據的主要材料是北京圖書館金石組編《北京圖書館藏中國歷代石刻拓本匯編》（3—8 冊）、毛遠明著《漢魏六朝碑刻校注》。其他的輔助性材料還有：周祖謨著《漢語詞匯講話》、江藍生著《魏晉南北朝小說詞語匯釋》、方一新著《中古近代漢語詞匯學》、王雲路著《中古漢語詞匯史》、羅維明著《中古墓誌詞語研究》、劉志生著《東漢碑刻詞匯研究》、呂志峰著《東漢石刻磚陶等民俗性文字資料詞匯研究》、周阿根著《五代墓誌詞匯研究》、姚美玲著《唐代墓誌詞匯研究》等。

本書所採用的研究方法從大的方面來說，主要有以下三種。

1. 共時描寫與歷時考察相結合的方法

歷時研究是發展脈絡、發展規律的研究，是動態研究。共時研究是平面系統的描寫和分析，是靜態研究。但從聯繫的角度看，歷時現

象的消長轉化主要是不同共時平面組合和抉擇的結果，而所謂共時平面也只是歷時長河的人為截取，所以歷時與共時難以截然切分。而共時與歷時的結合無疑是漢語詞匯歷史定位的坐標軸。在本書的研究中，我們在審視每一個詞語時，首先確定其空間位置與歷史節點，然後對該詞的考察才能準確可靠，否則定位差之毫釐，結論就會謬以千里。

2. 排比歸納法

排比歸納法就是根據上下文來假定某個詞語的意義，然後再窮盡性地找出其他例句進行驗證，以最終確定該詞的意義。本書的研究以詞語考釋爲主，排比歸納法是詞語考釋的重要且常用的方法，于本書自然不可或缺。

3. 對比法

詞語在其演變的過程中是要借鑒吸收舊質要素的，對舊質要素的爬梳、新質要素的判定，非對比法而不能得。還有魏晉南北朝碑刻詞語方域特徵的得出，補苴辭書語料的尋求，都必須通過對比法才能獲得。

就本階段詞語考釋的具體方法來說，下文會詳及，此不贅述。

二　魏晉南北朝碑刻文獻用語的特點

因為碑誌多是對碑誌主人的讚美之詞，這就形成了與之相應的話語體系和相應的詞匯系統，這種適應性我們認為可從以下幾個方面來認識。

（一）多賴比喻、借代等途徑成詞

碑刻文的讚美之詞，一般不採用直接讚美的方式，而是"曲徑通幽"，比喻、借代等成詞途徑就多被採用。如北魏孝明帝正光二年（521 年）《馮迎男墓誌》："清清七德，婦禮濃濃，如何桃年，奄虧上容。"其中"桃年"就是借助比喻成詞。《詩經·桃夭》有："桃之夭夭，灼灼其華。"毛傳："興也。桃有華之盛者。夭夭，其室壯也。灼灼，華之盛也。"箋云："興者，喻時婦人皆得以年盛時行也。""興"就是"比喻"，用"桃年"喻指人的青壯年。

北魏孝明帝神龜二年（519 年）《元暉墓誌》："固已蔚耀火丹青，

播流竹素，於茲可得而略也。""丹青"本指丹砂和青雘兩種顏料，因古代史書用丹冊紀勳、青史紀事，遂便代指史籍。這是用借代成詞。

再如形容人的品行的詞，皆此類：重巖千仞、洪波萬頃、蘭光綺萼、蘭輝玉映、水鏡、瓜瓞聯綿、玉樹長渝、舜華先落、庭羅芝玉等。

（二）委婉與典雅的用詞取向

委婉。對人來說，死亡是必然，但同出生相比，在人們的主觀意識中是不受歡迎的。而墓誌文中，死亡又是不得不提及之事，在此情況下，人們往往會選擇委婉語來婉曲表達。如稱呼死亡用崩、薨、殞、卒、徂、終、捐館舍、摧梁、川逝、淪光、藏舟、摧蘭、埋芳、折玉等。

典雅。墓誌重在對死者歌功頌德，以表示悼念和安慰，故用語趨於典雅，如北魏正光二年（521 年）《穆循墓誌》："君禦邊防遏，效均古人，匪躬之成，唯彰紫聽。"其中的"紫聽"，義猶"朝聽"。"紫"乃"紫色"義，可喻指"帝王"或"朝廷"。語出《韓非子·外儲說左上》："齊桓公好服紫，一國盡服紫。當是時也，五素不得一紫。"① 墓誌中使用了"紫聽"，而棄用"朝聽"，求雅是主要考慮。

（三）詞語具有和碑誌文體的伴生性

一是詞語的適用範圍一般只出現在墓誌文中。

如"二連"一詞。該詞見北魏正光五年（524 年）《韓虎墓誌》："雖二連善喪，□□能孝，無以逾也。"北魏孝昌二年（526 年）《元朗墓誌》："資仁以性，稟孝自天。騰蹴柴閔，豈伊二連。"東魏天平元年（534 年）《程哲碑》："孝並二連，伺雷等縱（蹤）。揮章落玉，曠世少雙。"此詞一般見於碑誌，其他文獻則罕見，具有鮮明的文體特徵。

二是詞語在墓誌文中多省略。

墓誌受限於書寫載體的容量，必須用盡量簡練的語言表達出最豐富的信息，往往用語極簡，富於概括性。為了適應這一點，行文中詞語多縮略成詞。如北齊武平四年（573 年）《高僧護墓誌》："冀保頤

---

① 劉志生：《魏晉南北朝墓誌詞語又釋》，《武陵學刊》2017 年第 2 期。

壽，世襲才雄，豈其朝露，神化如□。"其中"頤壽"一詞乃"期頤之壽"之省稱。

再如"喉鍵"一詞，見北魏神龜二年（519年）《元暉墓誌》："執茲喉鍵，總彼禁戎，文武兼姿，具瞻惟允。""喉鍵"，乃"咽喉"和"關鍵"之省略合併而成，喻指宮廷中與帝王親近的重要職位。

有時即便是連綿詞，也會切分省略，如"纏篤"，見北魏延昌四年（515年）《皇甫驎墓誌》："前雍州主簿橫水令辛對與君纏篤，臨棺悲慟，彌增哀忉，遂尋君平志，刊記金石。"其中"纏篤"之"纏"字，當為疊韻連綿詞"纏綿"之省。"纏綿"指情誼深厚。"篤"亦有"深厚"義，一般指感情深厚。

人名省稱在墓誌中也習見，如"唐軒"，見北魏正始元年（504年）《山公寺碑頌》："玄化邁於唐軒，道風超於三代。""唐軒"為"唐堯"和"軒轅"省略後的合併詞。"唐堯"，帝嚳之子，五帝之一。"軒轅"，三皇五帝之首。

三是詞語為適應協韻要求而臨時調序。

墓誌銘文是押韻的，有時候組成詞的語素為了協上下文的韻而作語素順序的調整，如"綠結"，見北魏孝昌元年（525年）《元煥墓誌》："國喪璵璠，家亡綠結。痛毀慈顏，悲零賓血。"漢語中有"結綠"一詞，為一種美玉，《戰國策·秦策三》："臣聞周有砥厄，宋有結綠，梁有懸黎，楚有和璞。此四寶者，工之所失也，而為天下名器。"誌文此處"綠結"即"結綠"，為了"結""血"協韻而臨時顛倒詞序。

（四）在特定領域，詞語的能產性異常強大

如涉墳墓類、誌石類、美飾類詞語，這些詞在碑刻文獻中使用頻率比較高，使用量比較大，故其能產性也非常高，形成了數量龐大的詞族。如涉墳墓類詞族有：玄扃、玄室、玄房、玄夅、玄堂、玄扉、幽堂、幽室、幽夅、幽埏、幽隧、幽扉、幽戶、泉堂、泉宮、泉室、泉扉、泉戶等。

（五）成詞具有多途探索性

由於魏晉南北朝時期的詞語正處在由單音節到多音詞變化的時期，

多音節的成詞途徑不一，借用王貴元師語，也就是“多途探索”。①這一時期多音節詞成詞的“多途探索”主要表現在變化語素的多寡、語素順序、近義語素的替換、新詞新義的出現等方面，以後會有專文論述，此處僅以近義語素替換成詞為例，予以說明，像“旗弓”一詞，並不見於《漢語大詞典》，但《漢語大詞典》收有“旌弓”一詞，意義相近，見北魏建義元年（528 年）《元信墓誌》：“司空元公秉哲經朝，緯文綏武，旗弓以待賢，蒲帛以邀德。”“旗弓”即徵聘賢士的旌旗和弓。語本《孟子·萬章下》：“（招）大夫以旌。”《左傳·莊公二十二年》引逸《詩》：“翹翹車乘，招我以弓。”“旗弓”與“旌弓”同義。這說明魏晉南北朝時期，存在與流傳到今天的“旌弓”不同的詞形“旗弓”，應是那個時期詞匯雙音節化過程中成詞探索的孑遺。

三 魏晉南北朝碑刻文獻的典故詞

碑刻作為一種特殊的文字載體，受固定空間的限制，一般篇幅不能冗長，所以要求用語簡潔、概括；而典故的使用恰恰能適應這種要求，所以碑刻文字中的用典就頗為常見。

關於典故的含義可謂眾說紛紜。我們認同《漢語大詞典》的說法：“詩文等作品中引用的古代故事和有來歷出處的詞語。”②

（一）典故詞的生成路徑

典故詞的生成路徑一般是從典源到典面再到典義，其中典面就是詞語的呈現形式。典面的形成就魏晉南北朝碑刻文獻來說，我們認為有以下幾種形式。

1. 抽取關鍵語素而成（合乎語法）

如“梁哲”這一典面，見北魏延昌四年（515 年）《山暉墓誌》：“儵忽相襲，方振南溟，永申逸翮，而福善空文，奄摧梁哲。”“梁哲”，典出《禮記·檀弓上》：“孔子蚤作，負手曳杖，逍遙於門。歌曰：‘泰山其頹乎？梁木其壞乎？哲人其萎乎？’”“梁哲”為從中抽取兩關鍵語素而成，該詞《漢語大詞典》失收。

---

① 王貴元：《漢字發展史的幾個核心問題》，《中國語文》2013 年第 1 期。
② 羅竹風主編：《漢語大詞典》，漢語大詞典出版社 1993 年版，第 1858 頁。

再如"辰巳"，見北齊天統元年（565 年）《張海翼墓誌》："方當
爕諧天爵，毗正地官，何悟夢逼瓊瑰，歲臨辰巳，以天統元年六月二
日，卒於汾晉，春秋卅二。"隋開皇十三年（593 年）《李椿墓誌》：
"既而瓊瑰入夢，辰巳居年，傳兌有靈，管輅無壽。""辰巳"為用典，
典出《後漢書·鄭玄傳》："五年春，夢孔子告之曰：'起，起，今年
歲在辰，來年歲在巳。'既寤，以讖合之，知命當終，有頃寢疾。"在
墓誌中此典常用來表示死亡的期限。"辰巳"就是從典源中抽取兩個
關鍵語素"辰"和"巳"組成。

2. 割裂替代（不合語法）

這種形式的典故構成是取典源中的完整短語，再把這個短語切割
成兩部分，取一部分做詞形，而詞義卻在舍棄的另一部分。

如"婉而"，見北魏正光二年（521 年）《楊氏墓誌》："出入紫
闈，諷稱婉而。"其中"婉而"是由"婉而成章"割裂成詞，以
"婉而"之形表示"成章"之義。語出《左傳·成公十四年》：
"《春秋》之稱：微而顯，志而晦，婉而成章，盡而不汙，懲惡而勸
善。"杜預注："婉，曲也。謂曲屈其辭，有所避諱，以示大順，而
成篇章。"①

再如"彼倉"，見北魏神龜二年（519 年）《寇憑墓誌》："嗚呼彼
倉，殲我良人，追痛泉宮，勁彼倉旻。"東魏元象元年（538 年）《李
憲墓誌》："斯望既舛，如何彼倉，老少有慟，朝野悲涼。""彼倉"，
取自"彼蒼者天"，在割裂成"彼蒼/者天"後，選"彼蒼"而舍
"者天"，"彼蒼"形顯而義隱，"者天"省略虛詞"者"為"天"，義
顯而形隱。

3. 抽取加化用

抽取加化用就是典故詞的部分語素是從典源中抽取的，而另一部
分是稍作改變的形式，如"金羽"，見北魏孝昌三年（527 年）《元淵
墓誌》："惟王孝通神明，仁及草木，忠為令德，義成獨行，學備金
羽，文兼綺穀，風韻閑雅，神采清潤，佩芳蘭以高視，懷旋琰而上

---

① 毛遠明：《漢魏六朝碑刻校注》第五冊，綫裝書局 2009 年版，第 140 頁。

馳。"東魏天平四年（537 年）《高雅墓誌》："君稟孝成本，體仁為質，總角之歲，見歎龍門。未待礱礪，自曰傾都之寶；不揉而直，視假金羽之功。"北齊天保六年（555 年）《高建墓誌》："器同竹箭，加金羽而益美；質類梓材，施丹漆而轉麗。"等等。此典出《孔子家語·子路初見》："子路初見孔子。子曰：'汝何好樂?'對曰：'好長劍。'孔子曰：'吾非此之問也。徒謂以子之所能，而加之以學問，豈可及乎?'子路曰：'學豈益也哉?'孔子曰：'夫人君而無諫臣則失正，士而無教友則失聽，禦狂馬不釋策，操弓不反檠。木受繩則直，人受諫則聖。受學重問，孰不順哉? 毀仁惡士，必近於刑。'子路曰：'南山有竹，不揉自直；斬而用之，達於犀革。以此言之，何學之有?'孔子曰：'栝而羽之，鏃而礪之，其入之不亦深乎?'子路再拜曰：'敬受教!'"孔子以"栝而羽之，鏃而礪之"為喻，強調經過學習，會使人發揮更大的效力。"鏃而礪之"，主要是"鏃"在起作用，"鏃"屬金（銅），取"金"，屬化用；"栝而羽之"，主要是"羽"在起作用，抽取關鍵要素"羽"。合而為之，即為"金羽"。

　　（二）典面與典源的關係

　　一個典源對應一個典面，應是常規和規範化的格式，但事實上，情況是比較複雜的，有各種變式存在。

　　第一種情況，就是同一個典面，典義也相同，而典源不同且各自之間無傳承關係，我們可以把這類典故詞叫作同形典。如"浮虎"，見北魏正光五年（524 年）《檀賓墓誌》："拜訖，以西河地接邊胡，民懷異志，自非浮虎卻蝗，何以肅其蕃愚。"北魏永熙二年（533 年）《元鑽遠墓誌》："浮虎憅仁，還珠謝渥。慕同立祠，感如市哭。"典出《後漢書·宋均傳》："遷九江太守。郡多虎暴，數為民患，常募設檻穽而猶多傷害。均到，下記屬縣曰：'夫虎豹在山，黿鼉在水，各有所託……，咎在殘吏，而勞勤張捕，非憂恤之本也。其務退姦貪，思進忠善，可一去檻穽，除削課制。'其後傳言虎相與東游度江。"又出《後漢書·儒林傳上·劉昆傳》："先是崤、黽驛道多虎災，行旅不通。昆為政三年，仁化大行，虎皆負子度河。"兩處典源所涉宋均、劉昆二人為同時代人，兩典源亦不可能存在傳承關係。

　　第二種情況是同一個典面，典義相同，而多個（包括兩個）典源之間有傳承關係，我們可以稱其爲一典多源（一典兩源）典故詞。

　　一典兩源如"項室"，見北魏建義元年（528 年）《元昉墓誌》："奇骨出世，器實玄黃。無先項室，寧謝顏堂。德齊逼種，道越三良，如何是人，獨碎珪璋。"出《淮南子·脩務訓》："夫項橐七歲爲孔子師，孔子有以聽其言也。以年之少，爲閭丈人說，救敝不給，何道之能明也！"亦出《文選·顏延年〈皇太子釋奠會作〉》："蔗士傾風，萬流抑鏡"句下李善注引晉人嵇康《高士傳》云："項橐七歲爲聖人師。孔子問項橐曰：'居何在？'曰：'萬流屋是也。'注曰：'言與萬物同流匹。'"兩處典源內容大同小異，時間上有先後，應存在承繼性。

　　一典三源如"雙鯉"，見北齊河清元年（562 年）《李君妻崔宣華墓誌》："性潔冰露，質薰蘭苣。仁感兩鳥，孝遊雙鯉。"

　　此典出《後漢書·列女傳·姜詩妻》："廣漢姜詩妻者，同郡龐盛之女也。詩事母至孝，妻奉順尤篤……姑嗜魚鱠，又不能獨食，夫婦常力作供鱠，呼鄰母共之。舍側忽有湧泉，味如江水，每旦輒出雙鯉魚，常以供二母之膳。"

　　又出《晉書·王祥傳》："王祥字休徵，琅邪臨沂人，漢諫議大夫吉之後也……祥性至孝。早喪親，繼母朱氏不慈，數譖之，由是失愛於父。每使掃除牛下，祥愈恭謹。父母有疾，衣不解帶，湯藥必親嘗。母常欲生魚時，天寒冰凍，祥解衣將剖冰求之，冰忽自解，雙鯉躍出，持之而歸。"

　　又出晉干寶《搜神記》："母常欲生魚，時天寒，冰凍，祥（王祥）解衣，將剖冰求之，冰忽自解，雙鯉躍出，持之而歸。"

　　三處典源內容大同小異，時間上有先後，應存在承繼性。

　　第三種情況是一源多形，即同一個典源產生了多個典面。如"投轄、井中車轄、陳轄"，分別見東魏興和三年（541 年）《封延之墓誌》："其所留連，皆一時秀士。九蘊餘形，六肴間設。既閉門投轄，亦開合忘疲。"北齊天統元年（565 年）《崔德墓誌》："井中車轄，塞湧泉如不生；船上流杯，沒酒波如複出。"隋大業九年（613 年）《劉度墓誌》：“折節趨士，愛賢樂善。勝友盈座，佳容填門。陳轄屢沉，孔罇恒滿。散懷抱於風月，縱逸性於池臺。清文驟興，妙詞雲上。”其典源皆來自《漢書·陳遵傳》：“（陳）遵耆（嗜）酒，每大飲，賓客滿堂，輒關門，取客車轄投井中，雖有急，終不得去。”

（三）典故詞的特徵簡論

1. 言簡而意富

碑刻文獻限於有限的書寫面積，用語極簡，如“隨和（隨……和）”，見北魏孝昌二年（526 年）《元則墓誌》：“本枝斯茂，載誕英賢，如和出岬，若隋曜淵。”東魏武定二年（544 年）《侯海墓誌》：“如彼璵（隨）和，陵巖開朗；如彼鳴鶴，桑離振響。”《史記·李斯列傳》：“今陛下致昆山之玉，有隨和之寶。”《楚辭·王褒〈九懷·陶壅〉》：“瓦礫進寶兮，捐棄隨和。”洪興祖補注：“隨侯之珠，和氏之璧。”後用來比喻人物高潔的才德。例文後者即此義。前例中“如和出岬，若隋曜淵”則是分開用，“和”即“和氏璧”，“隋”“隨”在古籍中為異文，即“隨侯之珠”。《淮南子·覽冥訓》：“譬如隋侯之珠，和氏之璧，得之者富，失之者貧。”高誘注：“隋侯，漢東之國姬姓諸侯也。”《左傳·桓公六年》作“隨”。“隨”“和”分別用一個字，代表了背後的一個故事，可謂言簡而意富。

2. 表達“曲徑通幽”

典故詞的另一個特點就是“曲徑通幽”式的表達，以盡“文似看山不喜平”之妙。如“風樹”，見北魏太昌元年（532 年）《長孫季及妻慕容氏墓誌》：“方願盡歡膝下，永保期頤，烏鳥之志未從，風樹之悲奄及。”出《韓詩外傳》卷九：皋魚曰：“……樹欲靜而風不止，子欲養而親不待也。”典面為“風樹（樹欲靜而風不止）”，表達的典義為“子欲養而親不待”。

3. 唯溯典源，方知其意

由於典故詞表達上的言簡且屈曲，所以不溯典源，難知其義。如“藐諸”，見北齊武平七年（576 年）《趙奉伯妻傅華墓誌》：“既而良人不幸，藐諸在室，晝哭夜歌，禮無違者。”單純從“藐諸”的字面上，很難窺知其義，知其典源出《左傳·僖公九年》：“獻公使荀息傅

奚齊。公疾，召之曰：'以是藐諸孤，辱在大夫，其若之何?'"晉杜
預注："藐諸孤，言其幼賤，與諸子縣藐。""辱在大夫，欲屈辱荀息
使保護之。"然後才知此處"藐諸"乃"藐諸孤"割裂為"藐諸＋
孤"兩部分，捨"孤"而留"藐諸"，但義在"孤"，"孤"即典面所
具之典義，"藐諸"為"孤兒"義。

四　魏晉南北朝碑刻文獻詞語考釋方法

在進行魏晉南北朝碑刻文獻詞語匯釋的過程中，我們總結出了以
下幾種詞語考釋方法。

（一）詞典輔助法

有些詞雖然辭書失收，但可查到組成該詞的語素。這樣，根據辭
書對語素的釋義，結合北朝碑誌詞語的語境，把組成該詞的語素整合
起來，就可以獲得對該詞義項的整體把握。如"輨轄"一詞，見北魏
熙平二年（517年）《元遙墓誌》："能官任武，委以群責。腹心之寄，
輨轄國門。內充喉舌，外當納言。"該詞《漢語大詞典》未收，但分
別收有"輨"和"轄"。"輨"指包在車轂頭上的金屬套，"轄"指古
代為固定車輪而插在車軸兩端的鍵。車輪是車子的重要部件，"輨"
和"轄"是車輪的重要部件，特別是"轄"，車行則設，不駕則脫。
"輨轄"在此喻指誌主對於國家之重要猶如輨轄之於車子。"輨轄"引
申指"管轄"，在此處誌文中用如動詞，"管理、把守"義。

有些詞《漢語大詞典》失收，但其收有形似的他詞，可借之進行
比對，亦可確定所釋詞的意義。如"旗弓"一詞，並不見於《漢語大
詞典》，但《漢語大詞典》收有"旌弓"一詞，形相近。北魏建義元
年（528年）《元信墓誌》："司空元公秉哲經朝，緯文綏武，旗弓以
待賢，蒲帛以邀德。""旗弓"即徵聘賢士的旌旗和弓。語本《孟子·
萬章下》："（招）大夫以旌。"《左傳·莊公二十二年》引逸《詩》：
"翹翹車乘，招我以弓。""旗弓"結合語境判斷與"旌弓"同義。

（二）比勘語境法

比勘語境法就是把某一詞在碑刻文獻中所出現的語例都找出來，
結合語境，比較辨別，歸納義項，辨別異同。

如魏晉南北朝造像記中常出現的一組詞"公王長君、公王長者、侯王長者……"先羅列如下。

1. 北魏永平三年（510 年）《法慶造像記》："願使來世托生西方妙樂國土，下生人間，公王長君。"

2. 北魏永平三年（510 年）《惠智造像記》："願使來世托生西方妙樂國土，下生人間，為公王長者，永離三途。"

3. 北魏永熙二年（533 年）《解保明造像記》："複為亡者往生西方，上生兜率，會遇彌勒；下生人中，公王長君，衣食自然，所願如是。"

4. 東魏天平三年（536 年）《七寶山靈光寺造像記》："上至兜率，與彌勒佛會；下生人間，公王長君。"

5. 東魏天平三年（536 年）《王方略等造塔記》："仰為皇帝陛下，師僧、七世父母、所生父母，因緣眷屬，後為邊地眾生，常與善居，彌勒三會，唱在初首。下生人間，侯王長者，合邑諸人，所願如是。"

6. 北魏皇興五年（471 年）《仇寄奴造像記》："願父母上生天上，值遇諸佛；下生人間，侯王長者。"

7. 北魏神龜二年（519 年）《崔懃造像記》："上為皇帝陛下，三公主司，後為居家眷屬，咸同斯福。"

8. 北魏正光五年（524 年）《劉根四十一人等造像記》："仰為皇帝陛下、皇太后、中宮眷屬、士官僚庶、法界有形，敬造三級磚浮屠一區。"

9. 北魏正光五年（524 年）《仇臣生造像記》："上為皇帝陛下，州郡令長，七世父母，願上生天上，值遇諸佛，下墜人間，侯王□者。"

10. 東魏天平四年（537 年）《劉雙周造塔記》："上為皇帝陛下，州郡令長，七世師僧，生緣父母、兄弟、姊妹，居家眷屬，□義等……普同斯福。"

11. 東魏天平四年（537 年）《道玉、嚴懷安造像記》："上為皇帝陛下，左右□□令長，群僚百官，使□弼清高，率心崇正。"

12. 東魏武定元年（543 年）《聶顯標六十餘人造像記》："上為皇帝陛下，群官司牧，複為七世父母並家眷屬，複為邊地鹹生輩類，造四面石像一軀，璨然煥目。"

13. 東魏武定二年（544 年）《僧敬等三人造像記》："上為國王帝主，群僚百官，亡過師僧，現世師僧，七世父母，現在父母，居家眷屬，現世安隱，無諸疹苦，一切眾生，濡動之類，普同其福。"

14. 東魏武定五年（547 年）《張顯珍造像記》："又為皇帝陛下，群僚百官，州郡令長，法界眾生，普同斯福。"

15. 東魏武定八年（550 年）《曇□、曇朗造像記》："上為皇帝陛下，州郡令長，［社］境萬民，［濡］動眾生，普同其［富］。"

16. 北齊乾明元年（560 年）《慧承等造像記》："上為皇帝陛下，群臣宰守，諸師父母，含生之類，願使電轉冥昏，三空現靈。"

17. 北齊河清二年（563 年）《阿鹿交村七十人造像記》："皇帝陛下，百遼百官，兵駕不起，五穀熟□，民安□□。"

18. 北齊河清二年（563 年）《王幸造像記》："上為國王帝主，下為七世父母，因緣眷屬，有形之類，一時成□。"

19. 北齊天統四年（568 年）《和紹隆墓誌》："英情獨遠，量拔不群。取異黃中，標名日下。若令君之子，似王公之孫。有文有武，多才多藝。"

20. 北齊武平六年（575 年）《圓照、圓光造像記》："上為皇帝陛下，群僚百官，州郡令長；又為七世先亡，現存眷屬，一切含生，有形之類，普沾斯福。"

按：郭洪義認為，從語境分析來看，"公王"與"長君"同義並稱。[1] 東魏天平二年（535 年）《嵩陽寺碑》："公王卿士，咸發佈向之心；凡厥庶民，並欣喜舍之志。"毛遠明釋為，公王，或公或王。[2] 但二位的解釋並不適合上述所有語例，當綜合分析。

上述魏晉南北朝碑誌文語料可分為兩類，一類是例 1—6，一類是例 7—20。

第一類是說願亡靈托生人間時，能成為"公王長君/公王長者/侯

---

① 郭洪義：《晉唐間佛教石刻文字詞語研究》，博士學位論文，西南大學漢語言文獻研究所，2016 年，第 432 頁。

② 毛遠明：《漢魏之朝碑刻校注》第七冊，綫裝書局 2009 年版，第 137 頁。

王長者"這樣的人，但絕對不可以說成"皇帝陛下/國王帝主"，這可能會招來殺身之禍。

而第二類是針對所造佛像，發願的現世對象是某某，但列第一位的是"皇帝陛下/國王帝主"等，第二位的是"州郡令長/群官司牧/群僚百官，州郡令長"等，第三位的是"七世父母/七世父母並家眷屬，複為邊地鹹生輩類/七世師僧，生緣父母、兄弟、姊妹，居家眷屬/法界眾生/七世父母，因緣眷屬，有形之類"等。其中第一位和第二位前往往用"上為"標示，第三位前往往用"下為"標示。

第一類中"公王長君/公王長者/侯王長者"，其義既不像郭洪義所說"公王"與"長君"同義並稱，也不像毛遠明所說公王即或公或王，而是"公王＝侯王""長君＝長者"。"公王"或"侯王"指擁有高級爵位或高級官職者，"長君"或"長者"一般指各級官吏，但不包括高級官吏。和第二類的稱呼語相比較，則可以這樣認為：公王長君/公王長者/侯王長者＝群僚百官，州郡令長。

有時候，《漢語大詞典》的解釋不一定適合碑刻文獻語境，就可利用語境進行辨別，如"蕭條"一詞，見北魏熙平元年（516 年）《王昌墓誌》："遠氣蕭條，叔度無以比其量；雅懷沉毅，文饒未足齊（其）操。"東魏元象元年（538 年）《李憲墓誌》："外家貴臣，舊難為治，而水火兼行，韋弦具舉，曾未期月，風化有成。獄犴蕭條，桴鼓虛置。邵公流稱於前，音徽不遠；子華垂譽於後；芳塵在目。"東魏武定八年（550 年）《蕭正表墓誌》："故能抗禦中華，嘯吒淮右。扞圉蕭條，蒲鞭靡設。墤少訟言，路多遺劍。"《漢語大詞典》收"蕭條"一詞，義項有七：①寂寞冷落，凋零；②指政治、經濟等不景氣，衰微、衰退；③疏散，稀疏；④匱乏；⑤猶逍遙，閑逸貌；⑥消瘦貌；⑦簡陋。第一例中的"蕭條"適合義項⑤。后兩例中的"蕭條"同義，若解釋成義項③，與誌文語境不合，由於循吏的清明治理，監獄怎麼會"稀疏"呢？之前所建的監獄數應該是不變的。唯有義項①還算差強人意，確切的解釋應該是"冷清"。由於政治清明，囚犯減少，監獄故而變得"冷清"。

有時候，也可利用墓誌文的小語境——"對文"來輔助進行比勘，如“雲介”，見北魏延昌二年（513 年）《元颺妻王氏墓誌》：“惟茲夫人，開雎挺節，翹翹蕈楚，灼灼雲介。言刈其林，作配魏桀。如何不弔，高松早折，奄同周南，窈窕永逝。”《漢語大詞典》未收“雲介”。誌文中“翹翹蕈楚”與“灼灼雲介”對文，“蕈楚”為兩種植物，“雲介”當亦與此相近。故“雲介”當為“蕓芥”，一種一年生草本植物，一株之上接續開花，花期持續十幾天，甚至將近一個月。所以誌文用“灼灼”修飾，形容花開鮮明的樣子，《詩經·周南·桃夭》有“桃之夭夭，灼灼其華”句。

（三）細審對文法

上文“（二）比勘語境法”最後一例用的即是此法，因為有其特殊性，故也可以單獨作為一種方法。

如“託歲”，見北魏正光五年（524 年）《元寧墓誌》：“君託歲懷經，羅年好袤，孝弟之稱，朝野明聞。”誌文中“託歲”與“羅年”相對，“羅”指甘羅，見《史記·樗里子甘茂列傳》：“甘羅者，甘茂孫也。茂既死後，甘羅年十二，事秦相文信侯呂不韋。”羅年，甘羅之年，即像甘羅一樣的年紀，誌文中代指少年。那麼“託歲”義當與此相近。《史記·樗里子甘茂列傳》有：“甘羅曰：‘夫項橐生七歲為孔子師。今臣生十二歲於茲矣，君其試臣，何遽叱乎？’”甘羅口中“項橐”為與之類似的人物。“託”與“橐”當有關係。“橐”，在《淮南子》中作即作“託”，《淮南子·說林訓》：“呂望使老者奮，項託使嬰兒矜，以類相慕。”《淮南子·脩務訓》：“夫項託七歲為孔子師，孔子有以聽其言也。以年之少，為閭丈人說，救敝不給，何道之能明也！”有時“橐”還作“托”，見《論衡·實知》：“難曰：夫項托年七歲教孔子，案七歲未入小學而教孔子，性自知也。”故“託年”，即“項託（橐、托）”之年，指孩童。

（四）追本溯源法

因為碑刻文獻的語言多為四六句形式，極精簡，而典故詞以較簡略的形式承載了豐富的語義信息，故常用在碑誌文中。而典故詞若不追溯到語源，很難確定其準確意義，如“三覆”，見北魏正光三年（522 年）《馮邕之妻元氏墓誌》：“每覽經史，覿靖女之峻節，覬伯姬之謹重,未始不留漣三覆,慕其為人也。""三覆",《漢語大詞典》收,義項有三:①三處伏兵;②三度打敗;③三度復審。其義項均不符合誌文此處語境。"三覆"係用典,為"一日三覆"之省,指在一天之内多次反復玩味。典出《孔子家語·弟子行》:"獨居思仁,公言仁義;其於《詩》也,則一日三覆'白圭之玷',是宫緰之行也。孔子信其能仁,以為異士。"《孔子家語》這段話本《論語·先進》:"南容三復白圭,孔子以其兄之子妻之。""白圭"指《詩經·大雅·抑》的詩句:"白圭之玷,尚可磨也,斯言之玷,不可為也。"意思是白玉上的污點還可以磨掉,我們言論中的毛病,是不可以去掉的,以此告誡人們要言語謹慎。孔子極力提倡"慎言",所以他很欣賞南容的慎言,於是就把自己的侄女嫁給了南容。綜上所述,此處"三覆"為典故詞"一日三覆"之省,又作"一日三復""三復白圭"。《梁書·何遜傳》:"沈約亦愛其文,嘗謂遜曰:'吾每讀卿詩,一日三復,猶不能已。'"唐駱賓王《夏日游德州贈高四》詩:"一諾黄金信,三復白圭心。"

(五) 肅清外圍法

有些詞看起來不難解釋,但因為其外圍環境不清楚,也很難解釋。把外圍語境意義搞清楚了,那麼該詞意義自然就明白。如"先首",見東魏興和二年(540年)《馬都愛造像記》:"一切眾生,願值彌勒,搶登先首。"西魏大統元年(535年)《毛遐造像碑》:"願……歷侍諸佛,龍華三會,願在先首。"西魏大統四年(538年)《合邑四十人造像記》:"仰為……逮及師僧父母,七世所生……生生世世,值佛聞法,彌勒現世,願登先首。邊地眾生,普同正覺,[共] 登正菓。"《漢語大詞典》未收"先首"。"先"有"在前"義,《莊子·天道》:"春夏先,秋冬後,四時之序也。""首"有"開端,首先"義,《老子》:"夫禮者,忠信之薄而亂之首。"其實,"首"義同"先",《禮記·射義》:"以貍首為節。"陸德明《經典釋文》:"首,先也。""先首",即義指"靠前"。該詞係出自佛教,據傳,佛陀入滅後五十六億七千萬年,彌勒菩薩自兜率下生人間,學道成,於翅頭城華林園中龍華樹下分三次說法,是為龍華三會。其聽講者中,只有關係深大而勝者，才能赴初會，其次則赴二會，而淺小而劣者，只能赴三會。結合辭書"先""首"的各自意義，三則造像記語例中的"先首"，即言"在初會之列"義。

（六）擴展詞素法

我們已知道，碑刻文獻往往用語極簡，那麼在考釋詞語的時候，則往往會擴展語素，以便使詞語在常態下得到確切解釋。如"雲液"一詞，見北魏永平三年（510年）《南石窟寺碑》："自惟鴻源帝鄉，庇鄰雲液。議蹤翼親，論疇懿胕。榮要山河，連基齊晉。"《漢語大詞典》未收"雲液"。"雲液"在誌文中與"帝鄉"相對，其詞義亦當與"帝鄉"相當，那麼在"帝鄉或朝廷"這一語義範圍內，我們再去思考"雲液"的詞義，也就有了方向。"雲"當為"雲台"之縮略，為漢宮中高臺名，為漢光武帝召集群臣議事之所，後用作朝廷的代稱，如南朝梁沈約《為武帝與謝朏敕》："今方復引領雲臺，虛己宣室。""液"為"太液池"之縮略，漢太液池也稱蓬萊池，池中築漸臺，高二十餘丈，起蓬萊、方丈、瀛洲、壺梁，像海中神仙、龜、魚之屬。後成為指代"朝廷"的泛稱，如唐姚鵠《送賀知章入道》："太液始同黃鶴下，仙鄉已駕白雲歸。"

所以"雲台"和"太液池"濃縮成詞為"雲液"，我們反其道而行之，利用語素擴展去思考，再借助"帝鄉"對文，就可得其確解。

凡　例

1. 本書所釋詞語的碑誌文載體均為拓片，有文字無拓片的碑文未予收錄。

2. 本書使用繁體字，但原碑誌文個別處使用簡體者，一依原文。

3. 本書專有名詞一般不予收錄，如人名、地名、官職名（涉及用典的除外）等。

4. 本書所收詞語為《漢語大詞典》失收詞，或收錄但義項未包含本書引例之義的詞，或收錄但書證晚於本書碑刻文獻引例者，或詞形未載者。另有少部分雖不屬於上述情況，但鑒於碑刻文獻用例的豐富性和特殊性，亦酌情收錄。故本書所收詞語以疑難詞語命名。相應地，疑難詞所涉語例一般較少，有些語例僅為一條。

5. 本書所釋之詞，依音序排列，音節相同者，則按聲調"陰陽上去"的順序排列；聲韻調全同者，則按文字筆畫數由少到多的順序排列；如筆畫數也相同，則按"江天日月紅"順序法排列。

6. 本書墓誌文文字，主要依據毛遠明《漢魏六朝碑刻校註》所載碑版過錄。墓誌語例中"□"為缺字符號，"［］"為補字符號，"（）"內的字表示是前面字的糾正字。

7. 本書所引魏晉南北朝碑誌條文，前面均注明朝代、年號、公元紀年、碑誌名稱等信息，便於讀者查對，如北周大象元年（579年）《尉遲運墓誌》："奮髯抵几之威，不行已肅；竹馬蒲鞭之化，有德斯感。"

8. 本書所引古典文獻，一般不再注明作者、出版社、出版年、頁碼等信息。1840年以後的文獻，如現當代學人的著作、期刊論文等，則注明引文出處等信息。

　　9. 語料前羅列多個詞語，分兩種方式：多個詞語間用頓號隔開者，表示這一組詞語同義或近義；每個詞語各佔一行排列者，為同出一個語料的不同意義的詞。

　　10. 本書碑刻文獻語料從時間上定在魏晉南北朝時期，為利於研究，偶爾會引入其他時代的碑刻文獻語料，但僅出現在釋文按語中，不出現在正文語例中。

魏晉南北朝碑刻文獻疑難詞語匯釋

A

A
阿

阿輔

北魏神龜二年（519 年）《元暉墓誌》：“任重必勝，德輶斯舉。業戀瑣門，政清阿輔。”

按：“阿輔”，在這裏指臺輔，輔弼之官。《漢書·王莽傳》：“為太子置師友各四人，秩以大夫。以故大司徒馬宮為師疑，故少府宗伯鳳為傅丞，博士袁聖為阿輔，京兆尹王嘉為保拂，是為四師。”這四個人學識淵博、為人老成，因此被王莽指定為太子王臨的輔弼大臣。這裏的“阿輔”，是兩漢之際王莽成功篡滅西漢後，仿周制設置的一種官稱，專職負責教導太子，是太子“四師四友”之一，官秩如同大夫。《漢語大詞典》[①] 中“阿輔”僅有“阿附”義，無“臺輔，輔弼之官”義。[②] 碑誌文中“阿輔”和“瑣門”對舉，“瑣門”《漢語大詞典》釋為“繪畫或鏤刻有連瑣圖案的門。多為宮觀之門”。此處墓誌中“瑣門”指宮門，代指朝廷。由此推知，“阿輔”指“輔弼之官”不確，應指“臺輔衙門或臺輔機構”。

---

① 本書引《漢語大詞典》為羅竹風主編，漢語大詞典出版社 1986 年至 1993 年版。下不再一一出註。
② 劉秀梅：《漢魏六朝碑刻詞語拾零》，《文教資料》2015 年第 9 期。

Ai
哀

哀瘠

北魏太昌元年（532 年）《王溫墓誌》："以母憂去職，哀瘠過礼，幾將毀滅。"

按：《漢語大詞典》未收該詞，其對"瘠"的解釋是"瘦弱"。據碑誌文意，"哀瘠"形容為父母居喪期間因悲傷過度而身體消瘦、形容枯槁的樣子。

An
安

安般

北魏正光五年（524 年）《慈慶墓誌》："停鑿不久，徂舟無舍。氣阻安般，神疲旦夜。"

按：安般，即安般守意，佛教詞語，語出經文："安名為入息，般名為出息。"意在通過控制數出入息以達到"守意"的目的。誌文"氣阻安般"指誌主比丘尼慈慶的去世。

闇

闇融

北魏熙平元年（516 年）《元睿墓誌》："黃壤晦隧，朱燈闇融。"

按："闇融"一詞，《漢語大詞典》未收。碑誌文中"闇融"與"晦隧"相對為文，義相近。"闇"義同"晦"。《周禮·春官宗伯·眡祲》："五曰闇，六曰瞢。"孫詒讓《周禮正義》引俞樾曰："闇即《春秋》所謂晦也。"《康熙字典》引《左傳·昭五年》："明夷之謙，明而未融。"注：融，朗也。"闇融"中"闇"為形容詞使動用法，"使……闇淡"，"融"為"光亮"義，"闇融"義即"使光亮闇淡下來"。

Ao
傲

傲儕

北魏正始四年（507 年）《元緒墓誌》："故傲儕者奇其器，慕節者飲其風。"

　　按：《漢語大詞典》釋"傲"爲"急躁"。《荀子·勸學》："君子之學也以美其身，小人之學也以爲禽犢，故不問而告謂之傲。""傲"與"嘈"通。《文選·左思〈魏都賦〉》："傲響起，疑震霆。"李善注："嘈與傲古字通。""嘈"，聲音急促或雜亂。"傲傲"，"脾氣急躁，說話急促"；語例中"傲傲者"指"脾氣急躁、說話急促之人"。

B

Ba

八

八翅

　　東魏武定二年（544 年）《元顯墓誌》："八翅徒夢，三事莫踐。餘慶無徵，山頹木壞。"

　　按：八翅，未詳。疑爲"八秩"，"翅"通"秩"，指八十歲。[1]誌文有"以太和廿四年薨於第，春秋卌四"，知誌主去世時爲四十四歲，釋"八翅"爲"八秩"有一定道理，但"翅"通"秩"，未見文獻用例，似證據不足。

　　竊以爲，"八翅"即"八翼"。漢魏六朝碑誌文獻中，以某一語義爲核心的詞語集合裏，常常是同義語素替換而成，這一現象比較普遍，如指示"墳墓"義的詞語集合"泉室、泉堂、泉房、泉宮"等，都是以語素"泉"爲核心，以"室、堂、房、宮"等語素替換組合而成。"八翼"，《漢語大詞典》收録。《晉書·陶侃傳》："（侃）又夢生八翼，飛而上天，見天門九重，已登其八，唯一門不得入。閽者以杖擊之，因墜地，折其左翼。"後"八翼"作爲志願不遂的典故。誌文中"八翅徒夢"即是言誌主"高官顯仕"之願不及實現的遺憾。

　　八眉

　　北魏孝昌三年（527 年）《胡明相墓誌》："方當緝是芳猷，永隆

---

[1]　毛遠明：《漢魏六朝碑刻校注》第七冊，綫裝書局 2009 年版，第 381 頁。

鴻範，以俟大虹之祥，有願倉龍之感。豈冐八眉之門不樹，兩童之慶未融。"

按：八眉，眉如八字，即八字眉。語出《尚書大傳》卷五："堯八眉，舜四瞳子……八眉者如八字。"後常用"八眉"指帝王之相。據誌文"春秋十有九，以孝昌三年歲在丁未，四月癸巳朔十九日辛亥，薨於建始殿"知，胡明相作為北魏肅宗昭儀，入帝門不久還未繁衍帝胤，年僅十九就去世了，"八眉之門不樹"乃未生育帝王子嗣之意。

罷

罷祖

1. 北魏正光五年（524年）《侯掌墓誌》："親朋悼心，知故隕泗。事等枯木，義同罷祖。"

2. 北魏普泰元年（531年）《賈瑾墓誌》："未婚，無子，兄膠州以第二息晶為嗣。晶字士光，幼而聰令，韶年後叔，哀毀有聞。罷祖之童，古今而異。"

按：《壬癸金石跋》謂"罷祖之童，古今而異"甚費解。"罷祖"當作"罷社"。《墓誌匯編》："祖，據文義，疑為'社'字之誤。《三國志·魏書·王脩傳》：'年七歲喪母，母以社日亡。來歲鄰里社，感念母，哀甚。鄰里聞之，為之罷社。'"可從。①

毛先生引《墓誌匯編》"祖，據文義，疑為'社'字之誤"的判斷恐不妥，若文字訛誤，何上述兩條誌文均誤作"罷祖"？其實，"罷祖"與"罷社"應理解為一詞二形，"罷祖"為正體，"罷社"乃俗書。（唐）虞世南輯錄，（明）陳禹謨校注的《北堂書鈔》卷155《歲時部三》"王脩感慕鄰里罷祖"云："《魏志》云，王脩年七歲遂喪母，以祖日亡。來歲鄰里祖，脩感念母，哀慕。其鄰聞之，為罷祖燕。"其校注按語云，陳本脫《魏志·卷十一·王脩傳》"祖"作"社"，餘同本鈔。既入《祖篇》，則永興所見本必作"祖"，時俗本《魏志》作"社"耳。如此說來，此碑誌文中的"罷祖"為正體，是時俗本作"社"的強有力反證。唐龍朔元年（661年）《房寶子墓誌》：

---

① 毛遠明：《漢魏六朝碑刻校注》第六冊，綫裝書局2009年版，第338頁。

"邑里人物，州閭故老，豈止輟舂掩泣，固亦罷祖興衰。"其中也寫作
"罷祖"。

故"罷祖"和"罷社"不存在正誤之說，只有詞形書寫的正俗之
別。《漢語大詞典》有"罷社"條，無"罷祖"條，當是取俗而舍正。

罷鄽輟相

東魏武定八年（550年）《蕭正表墓誌》："嗚呼，知與不知，遠
近戎華，莫不痛悼失圖，罷鄽輟相。"

按：鄽，"廛"的俗訛字，市廛，集市之義。罷廛，即"罷市"。
《晉書·羊祜傳》："南州人征市日聞祜喪，莫不號慟罷市。"輟相，亦
作"止相"，語出《禮記·檀弓》："鄰有喪，舂不相。"鄭玄注："助
哀也。相，謂送杵聲。"①

"輟相"還書作"輟舂""罷相"等形式。《漢語典故大辭典》以
"輟舂"來源為賈誼《新書·春秋》："古人舂筑時，以歌相和，以杵
聲相送，用以自勸。里中有喪，則舂筑者不相杵。"② 其實書證可以遠
溯至《禮記》。

Bai
白

白眉

北齊武平二年（571年）《梁子彥墓誌》："幼挺黃中之異，長標
白眉之目。"

按：白眉，謂傑出人才。語出《三國志·蜀志·馬良傳》："馬
良，字季常，襄陽宜城人也。兄弟五人，並有才名。鄉里為之諺曰：
'馬氏五常，白眉最良。'良眉中有白毛，故以稱之。"③《漢語大詞
典》收"白眉"條，典源為《三國志·蜀志·馬良傳》，接著所引書
證為唐陳子昂《合州津口別舍弟》詩，稍遲。

---

① 毛遠明：《漢魏六朝碑刻校注》第八冊，綫裝書局2009年版，第128頁。
② 趙應鐸主編：《漢語典故大辭典》，上海辭書出版社2007年版，第150頁。
③ 毛遠明：《漢魏六朝碑刻校注》第九冊，綫裝書局2009年版，第376頁。

Ban
半

半體

北魏永安二年（529 年）《邢巒妻元純弛墓誌》："初笄之年，言歸穆氏，懃事女功，備宣婦德。良人既逝，半體云傾。"

按：《說文·半部》："胖，半體肉也。"《漢語大詞典》釋"胖"為"古代祭祀用的半邊牲肉"。碑誌文獻中"半體"和上述釋義無關，當為"半邊"義，指夫妻中的一方。《漢語大詞典》未收"半體"。

半面

北魏太昌元年（532 年）《元延明墓誌》："強於記錄，抑亦天啟。必誦全碑，終識半面。"

按：參"誦全碑"條。

瘢

瘢疵

東魏元象元年（538 年）《李憲墓誌》："既而妻斐內構，瘢疵外成。反顧三河，龍門日遠。"

按：《漢語大詞典》收有"瘢疵"一詞："比喻過失；缺點。"但書證比之此則語例過遲，為清姚鼐《祭張少詹曾敞文》："眾所顧畏，索刺瘢疵。"墓誌文中的意思當為"（被羅織的）過失。"

Bao
苞

苞卷

北魏普泰元年（531 年）《杨遁墓誌》："日就成寶，月旦歸高，苞卷道德，栖息礼讓，言為準的，動中規矩，內行茂於閨門，外譽彰於邦國。"

按："苞卷"，即"包卷"。李白詩《贈僧朝美》："苞卷金縷褐，蕭然若空無。""苞"同"包"。《莊子·天運》："充滿天地，苞裹六極。"陸德明釋文："苞，本或作包。"本例中"苞卷"，為凌駕超越義。

胞

胞零

北周建德三年（574 年）《張僧妙法師碑》："觀身世如夢幻，視榮利若胞零。"

按：《說文·包部》："胞，兒生裹也。"段玉裁注："胞謂胎衣……借為脬字……脬者，旁光也，腹中水府也。""胞"借為"脬"，膀胱，俗語尿脬。誌文中為膀胱排洩物——"尿"義。《莊子·徐無鬼》："藥也……豕零也。"陸德明《經典釋文》："司馬本作豕囊。"《莊子》中所言"豕零"，為中藥名，又名"猪苓""豕囊""猪屎"。李時珍《本草綱目》："馬屎曰通，猪屎曰零（即苓字），其塊零落而下故也。"又引陶弘景曰："其塊黑似猪屎，故以名之。"誌文中"零"義即"猪屎"，或泛指"屎"。"胞零"，義即"屎尿"。"視榮利若胞零"句，說得文雅點，類似於"視榮利若糞土"。

襃

襃詮

北魏孝昌二年（526 年）《尹祥墓誌》："君招遠之德宿播，悅近之量早彰，撫慕深於張公，袪非高於郅氏，故上下襃詮。"

按：《論語·先進》："鼓瑟希，鏗爾，舍瑟而作，對曰：'異乎三子者之撰。'"陸德明《經典釋文》："鄭作僎，讀曰詮，詮之言善也。""襃詮"義為"稱讚"。"襃詮"，《漢語大詞典》漏收。

Beng

崩

崩叫

北魏永平四年（511 年）《元囧墓誌》："萬僚崩叫，千司慟泣。"

按："崩"有"痛心"義。《漢語大詞典》收有"崩傷""崩感""崩鯁"，但未收"崩叫"。傳世典籍中也暫未找到該詞用例。"崩叫"在此義當為"因痛心而哭喊"。

Bi

逼

逼種

北魏建義元年（528 年）《元昉墓誌》："德齊逼種，道越三良。如何是人，獨碎珪璋。"

按：種，指文種，春秋末期越國大夫，善謀略，曾為越國稱霸而建奇功。後因直言切諫而被害。[①] 毛說是。但"逼種"之"逼"何義？頗費解。"逼種"和"三良"相對為文，"逼"當不應與"齊"近義，否則句內節奏不諧。疑"逼"通"弼"，"弼"有"輔佐"義。文種幫助越王勾踐刻苦自勵，重振國家，經二十餘年奮鬥，終於轉弱為強，攻滅吳國。"逼種"當意為"有輔佐之才的文種"。

俾

俾又（乂）

北魏孝昌二年（526 年）《元壽安墓誌》："蠢爾荒戎，梗茲西服。民思俾又（乂），帝曰方叔。"

按：又，當作"乂"，治也。[②] 毛氏的判斷有道理。《尚書·堯典》："下民其咨，有能俾乂？"其中"有能俾乂"，《史記·五帝本紀》作"有能使治理者"。《文選·孔融〈薦禰衡表〉》："洪水橫流，帝思俾乂。"其中"帝思俾乂"和碑誌文"民思俾又（乂），帝曰方叔"比較，亦能佐證"又"當為"乂"字。

畢

畢醮

北魏延昌二年（513 年）《安樂王第三子給事君妻韓氏墓誌》："畢醮結離，作嬪蕃室。"

按：《漢語大詞典》未收"畢醮"。醮，指古代冠禮、婚禮中的一種簡單儀式。《儀禮·士冠禮》："若不醴，則醮，用酒。"鄭玄注："酌而無酬酢曰醮。"此誌文中的"畢醮"就是指婚禮中"醮"的儀式

---

① 毛遠明：《漢魏六朝碑刻校注》第六冊，綫裝書局 2009 年版，第 219 頁。
② 毛遠明：《漢魏六朝碑刻校注》第六冊，綫裝書局 2009 年版，第 45 頁。

完畢，引申指女子出嫁。

Bian

編

編髮

北周建德三年（574年）《張僧妙法師碑》：“法師……受氣精靈，稟姓明慧。始於編髮，爰及奇□。”

按：《漢語大詞典》釋義為：猶總發，謂童年。不過其書證比該語例稍晚，為《舊唐書·孫伏伽傳》：“在東都城內及建德部下，乃有與陛下積小故舊，編發友朋，猶尚有人敗後始至者。”

鞭

鞭板

北魏永安二年（529年）《笱景墓誌》：“聲華鞭板，績茂戈淑。皇曆已圮，帝業將昇。”

按：“鞭板”，《漢語大詞典》收載，“馬鞭和手板”義。古代禮制規定，武將執鞭清道和文官執板侍立為見到上官時的禮節。此處誌文中“鞭板”的意思應是代指“高級的文武職位”。

弁

弁始

1. 北魏正光四年（523年）《元斌墓誌》：“識洞卝初，情昭弁始。樂是愛閑，研茲文史。”

2. 北魏孝昌元年（525年）《元暐墓誌》：“鵠矯卝初，鶼飛弁始。令問令望，日新亹亹。”

按：“弁”是古代貴族的一種帽子，赤黑色布做的叫爵弁，是文冠；白鹿皮做的叫皮弁，是武冠。此處“弁”為“加弁”義。“加弁”即“加冠”。《詩經·齊風·甫田》：“婉兮孌兮，總角卝兮，未幾見兮，突而弁兮。”唐孔穎達疏：“指言童子成人加冠。”古代男子二十歲行加冠禮，表示成年，“弁始”指開始行加冠禮，意即滿二十歲義。誌文中“卝初”和“弁始”對文，“始”即“初始”義。《漢語大詞典》未載“弁始”一詞。

便

便煩、便繁

1. 北齊天統元年（565 年）《趙道德墓誌》："世宗嗣業，增命勳賢。既錫珪器之重，更切便煩之寄。"

2. 北周大象元年（579 年）《封孝琰墓誌》："雞樹嚴清，鳳池華要，便煩禁宸，出內絲綸。"

3. 北魏孝昌二年（526 年）《元壽安墓誌》："左右獻替，夙夜便繁。政成期月，化若不言。"

按："便煩""便繁""便蕃"同，皆為"頻繁、屢次"義，《漢語大詞典》收載。"便煩"等詞當是同義並列式複合詞，但"便"何以有"頻繁、屢次"義，待考。

辯

辯碑

北魏建義元年（528 年）《元略墓誌》："奉公廉潔，刻妻之流；處事機明，辯碑之類。"

按：《漢語大詞典》未收"辯碑"，該詞屬典故詞，語出《晉書·杜預傳》："杜預字元凱，京兆杜陵人也。……預好為後世名，常言'高岸為谷，深谷為陵'，刻石為二碑，紀其勳績，一沉萬山之下，一立峴山之上，曰：'焉知此後不為陵谷乎！'"這裏是說晉杜預想留名後世，刻兩座功績碑，一沉于萬山之下，一立於峴山之上。他機敏地認為，即使有陵谷互變，仍能保證有一碑傳世。後以此用為刻碑記功欲傳世之典，或用為"機明"之典。誌文中"辯碑"的用法屬後者。

"刻妻"見本書"刻妻"條。

變

變形

東魏武定二年（544 年）《廣陽文獻王元湛墓誌》："導民由德，斷獄以情。化感風雨，政通神明。一虎垂首，二老變形。"

按："二老"指伯夷、叔齊。司馬遷《伯夷列傳》："伯夷、叔齊，孤竹君之二子也。……武王已平殷亂，天下宗周，而伯夷、叔齊恥之，義不食周粟，隱于首陽山，采薇而食之……遂餓死於首陽山。"此處

"二老變形"當化用此典，言賢者因誌主德政而變其隱居之行蹤，出山而樂為其用。

Biao

髟

髟髮（髮）

北魏建義元年（528 年）《元悌墓誌》："於是途絕赭衣，邑罕遊手。髟髮行喁，童牙巷歌。"

按：髮，"髮"的俗字……髟髮，指老人。① 誌文中"髟髮行喁"與"童牙巷歌"對舉，釋"髟髮"為"老人"無疑。《漢語大詞典》失收。

標

標題

1. 北魏孝昌元年（525 年）《元顯魏墓誌》："孝友淳深，理懷清要，水鏡所鑒，標題自遠。"

2. 北魏孝昌二年（526 年）《元伯陽墓誌》："孝友淳深，理懷清要，水鏡所鑒，標題自遠。"

按：《漢語大詞典》收有"標題"一詞，有"標識於器物或字畫上的題記文字"和"標明著作及其篇章的題目"兩個義項，但均不符合此處語境。毛遠明釋"標題"為"高標顯示，此謂自樹典範"。② "標"和"題"《漢語大詞典》各有解釋，我們認為"標"取"格調，風度"義，如南朝齊孔稚珪《北山移文》："夫以耿介拔俗之標，蕭灑出塵之想；度白雪以方潔，干青雲而直上。""題"取"評價"義，如《韓非子·外儲說右上》："夫馬似鹿者而題之千金。然而有百金之馬而無千金之鹿者，何也？馬為人用而鹿不為人用也。"梁啟雄淺解："《小爾雅·廣服》：'題，定也。'"③ 誌文中"標題自遠"義為"（對誌主）格調的（好）評價自然流傳久遠"。

---

① 毛遠明：《漢魏六朝碑刻校注》第六冊，綫裝書局 2009 年版，第 159 頁。
② 毛遠明：《漢魏六朝碑刻校注》第五冊，綫裝書局 2009 年版，第 341 頁。
③ 梁啟雄：《韓子淺解》，中華書局 1960 年版，2009 年重印，第 317 頁。

標袖

北魏正光五年（524 年）《檀賓墓誌》："氏族高華，望盖海胄，冠帶相尋，有國之標袖。"

按：《漢語大詞典》未收"標袖"一詞。"標"有"頂端"義，如《楚辭·九章·悲回風》："上高岩之峭岸兮，處雌蜺之標顛。""袖"即"領袖"，本指衣服的領和袖，後喻指佼佼者。此處"標袖"即"突出者、佼佼者"義。

飇

飇偃

北魏熙平二年（517 年）《崔敬邕墓誌》："入參彝敘，出佐邊城。謀成轅幕，績著軍功。偽城飇偃，蠢境懷風。"

按：《漢語大詞典》未收"飇偃"一詞。"飇"是一種速度快而烈的風；"偃"為"倒伏"義，如《論語·顏淵》："君子之德風，小人之德草。草上之風，必偃。"誌文中的"飇偃"指敵對方城池裏的人就像是疾風吹草紛紛倒伏一樣而投降。

Bin
賓

賓門

北魏延昌元年（512 年）《元詮墓誌》："彝倫式序，海水澄源。允膺納篆，且既賓門。報施徒聞，仁壽誰覬？"

按：《漢語大詞典》無"賓門"條。"納篆"意為"掌握國家權力"，動賓結構合成詞。"納篆"與"賓門"在誌文中駢偶相對，則"賓"應為動詞義"陳列"。如《逸周書·度邑》："德不可追於上民，亦不可答於朕；下不賓在高祖，維天不嘉於降來省。"朱右曾校釋："賓，列也。""門"在此非一般意義的"門"，而是特指"朝堂之門"。"賓門"，即"列於朝廷"，即成為朝廷官員之一。

Bo
伯

伯翳

北齊天統元年（565 年）《趙徵興墓誌》："本源悠系，感雲夢帝。

華胄聯綿，清瀾遙裔。稟儀扶始，傳芳伯翳。自茲繼德，世襲高跡。”

按：《漢語大詞典》未收“伯翳”。“伯翳”即伯益（約公元前21世紀），又作柏益、大費，嬴姓。因協助禹治水有功，故受舜賜姓嬴，舜並將姚姓之女許配他為妻。帝舜禪位於禹後，伯翳被任命為執政官，總理朝政，後來又成為夏王啟的卿士。此處言誌主祖上官職顯赫，有輔弼帝王之功。

薄

薄領

北周建德四年（575年）《叱羅協墓誌》：“大周元年，除軍司馬、治御王、司會，捴六府。文武交湊，薄領密物。公應接隨方，曾無疑滯。”

按：《漢語大詞典》未收“薄領”一詞。“薄領”，即“公文、文書”義。

Bu

捕

捕豕

北齊武平四年（573年）《元華墓誌》：“故以樊英答拜，冀缺如賓。夢兆熊羆，庭羅芝玉。訓踰捕豕，教比埋羊。”

按：捕豕，不詳，大抵也是廉潔之類的典故。待考。[1]

其實，該典有所出，見劉基《郁離子·象虎》：“楚人有患狐者，多方以捕之，弗獲。或教之曰：‘虎，山獸之雄也。天下之獸見之，鹹讋而亡其神，伏而俟命’。乃使作象虎，取虎皮蒙之，出於牖下。狐入，遇焉，啼而踣。他日，豕暴於其田，乃使伏象虎，而使其子以戈掎諸衢。田者呼，豕逸於莽，遇象虎而反奔衢，獲焉。楚人大喜，以象虎為可以皆服天下之獸矣。於是，野有如馬，被象虎以趨之。人或止之曰：‘是駁也，真虎且不能當，往且敗。’弗聽。馬雷呴而前，攫而噬之，顧磔而死。”

---

[1] 毛遠明：《漢魏六朝碑刻校注》第十冊，綫裝書局2009年版，第22頁。

"捕豕"是劉基這則寓言的故事情節之一，誌文用"捕豕"代指整則寓言，亦表示"不要墨守成規"的寓意。

不

不次之遇

東魏興和三年（541 年）《司馬興龍墓誌》："雖慈明不次之遇，元始移風之化，不能尚也。"

按：慈明，即東漢荀爽的字。"不次之遇"《漢語大詞典》未收，但收有"不次"，義為"不依尋常次序，猶言超擢、破格"。"遇"即"待遇"。"不次之遇"指受到優厚的對待，此處讚揚誌主頗負聲望。語本《後漢書·荀爽傳》："爽字慈明，一名諝。幼而好學，年十二，能通《春秋》《論語》。太尉杜喬見而稱之，曰：'可為人師'。爽遂耽思經書，慶吊不行，徵命不應。潁川為之語曰：'荀氏八龍，慈明無雙。'"

不憖留、不憖遺

1. 北魏孝昌二年（526 年）《侯剛墓誌》："而天不憖遺，岩頹奄及。"

2. 北魏正光三年（522 年）《盧令媛墓誌》："年甫九齡，召充椒掖，天不憖遺，構疾彌留。"

3. 東魏興和三年（541 年）《李挺墓誌》："方登正鉉，永調玉燭，豈言報施，曾不憖留。"

按："不憖遺"，《漢語大詞典》已載，釋為：不願留。《詩·小雅·十月之交》："不憖遺一老，俾守我王。"後用作對大臣逝世表示哀悼之辭。但未收同義的"不憖留"，可補。"不憖留（遺）"亦可省作"不憖"。

不那

北齊武平二年（571 年）《常文貴墓誌》："不那烏兔遞遷，星機匝換，竿運懸車，忽委虞谷。"

按："不那"，《漢語大詞典》收載，釋為"無奈"。不過所引書證稍遲，為唐孫蜀《中秋夜戲酬顧道流》詩："不那此身偏愛月，等閒看月即更深。"此條墓誌語例可補《漢語大詞典》書證。

步

步出之歎

北魏太昌元年（532 年）《元徽墓誌》：“方當終散馬之休運，倍射牛之密札，而天未悔禍，時屬道消，一繩匪維，我言不用。銅駝興步出之歎，平陽結莫反之哀。”

按：《晉書・索靖傳》：“靖有先識遠量，知天下將亂，指洛陽宮門銅駝，歎曰：‘會見汝在荊棘中耳。’”不久，西晉爆發了“八王之亂”，外族入侵，西晉滅亡。銅駝被荊棘遮蔽，國亡後一片淒涼、殘破景象。“步出（之歎）”《漢語大詞典》未收。“步”在此應看成“國步”一詞的縮略語，釋為“國家的命運”。“步”有“時運”義。《詩・大雅・桑柔》：“於乎有哀，國步斯頻。”高亨注：“國步，猶國運。”“出”為“停止”義。《呂氏春秋・恃君覽・達鬱》：“管仲觴桓公，日暮矣，桓公樂之而徵燭。管仲曰：‘臣卜其晝，未卜其夜，君可以出矣。’”高誘注：“出，罷。”

故“步出之歎”當指國運中止之歎或亡國之歎。

C

Cang

藏

藏舟、藏山

1. 北魏孝昌三年（527 年）《和邃墓誌》：“景應未徵，齡命短促，息馬長驅，藏舟夜速。”

2. 北齊武平二年（571 年）《裴良墓誌》：“乎嗟此室，攸攸未央。藏舟易遠，祲石難亡。”

3. 北齊武平七年（576 年）《趙奉伯妻傅華墓誌》：“藏舟遽失，閱人已故。辰極載傷，衣纓永慕。”

4. 北齊河清四年（565 年）《封子繪墓誌》：“海運不停，鵬圖奄駐。誰謂藏山，忽歌晞露。桃蹊一斷，松風將暮。”

按：《漢語大詞典》收有“藏舟”和“藏山”，且引書證均為《莊子·大宗師》："夫藏舟於壑，藏山於澤，謂之固矣！然而夜半有力者負之而走，昧者不知也。"前者釋為"後用以比喻事物不斷變化，不可固守"。後者釋為"後因以'藏山'比喻客觀事物不斷變化或人世無常，生命短暫"。二者解釋略異，其實意義相同，應以"藏山"的解釋為優。此處誌文四例中"藏舟""藏山"均為人世無常，生命終將逝去義。

而南北朝碑誌文中"舟壑"一詞才指"事物不斷變化"義，具體參"舟壑"條。

Chan

嬋

嬋婔

1. 東魏天平四年（537 年）《高雅墓誌》："中葉以來，綰金电（曳）紫。固以嬋婔千祀，世不乏賢。"

2. 北齊天統元年（565 年）《張起墓誌》："至如繼軌嬋婔者，嗟不可而言矣。"

按：《漢語大詞典》收"嬋聯"和"嬋連"，未收"嬋婔"。《資治通鑒》卷 14《齊紀六·明帝建武三年》："所結姻婔，莫非清望。"胡三省注引《史記·南越傳》："呂嘉宗氏兄弟及蒼梧秦王有連。"其引《史記索隱》曰："有連者，皆親姻也。後人因以姻連之連其旁加女，遂為婔字。"可以認為，"姻婔"是"姻連"的類化詞。同樣，"嬋婔"即"嬋連"的類化詞。

《漢語大詞典》釋"嬋連"為"相連。謂有親族關係"。此亦即"嬋婔"詞義。

纏

纏篤

北魏延昌四年（515 年）《皇甫驎墓誌》："前雍州主簿横水令辛對與君纏篤，臨棺悲慟，彌增哀切，遂尋君平志，刊記金石。"

按：《漢語大詞典》未收"纏篤"一詞。"纏篤"中詞素"纏"，當為疊韻連綿詞"纏綿"之省。碑刻文獻受文體制約，詞語常有縮略現象。"纏綿"義為"情誼深厚"。"篤"亦有"厚"義,一般指感情深厚。《尚書·微子之命》:"予嘉乃德,曰篤不忘。"孔安國傳:"謂厚不可忘。""纏篤"義為"情誼深厚"。

Chang

長

長乳

北魏太昌元年(532年)《元延明墓誌》:"同輿操劍,允屬民英。非直強項見奇,固以長乳斯對。"

按:"長乳"係用典,或出於劉向《列女傳·魏節乳母》:"魏節乳母者,魏公子之乳母。秦攻魏,破之,殺魏王瑕,誅諸公子,而一公子不得,令魏國曰:'得公子者,賜金千鎰。匿之者,罪至夷。'節乳母與公子俱逃,魏之故臣見乳母而識之曰……'乳母倘言之,則可以得千金。知而不言,則昆弟無類矣。'乳母曰……'夫見利而反上者,逆也。畏死而棄義者,亂也。今持逆亂而以求利,吾不為也。且夫凡為人養子者務生之,非為殺之也。豈可利賞畏誅之故,廢正義而行逆節哉!妾不能生而令公子禽也。'遂抱公子逃於深澤之中。故臣以告秦軍,秦軍追,見爭射之,乳母以身為公子蔽,矢著身者數十,與公子俱死。秦王聞之,貴其守忠死義,乃以卿禮葬之,祠以太牢,寵其兄為五大夫,賜金百鎰。"此處"長乳"之典有"捨生取義"之旨。

常

常君

北魏孝昌二年(526年)《楊乾墓誌》:"務濟樂施,常君謝其美;清約節儉,焦生裁以為譬。"

按:常,通"嘗"。嘗君,即孟嘗君。[①]墓誌銘文受制於四字一句的格式,用詞常有縮略。此為碑誌文體用詞的一大特點。

---

① 毛遠明:《漢魏六朝碑刻校注》第六冊,綫裝書局2009年版,第45頁。

Chao
朝

朝貫

北魏景明年间（500—503 年）《魏靈藏、薛法紹等造像記》："凡及眾形，罔不備列。願乾祚興延，万方朝貫。"

按：《漢語大詞典》未收"朝貫"。"貫"，侍奉、服事。《詩經·魏風·碩鼠》："三歲貫汝，莫我肯顧。"毛傳，貫，事也。"朝"，朝賀、朝拜，與"朝事"同，《釋名·釋州國》："趙，朝也，本小邑，朝事於大國也。"《漢語大詞典》釋"朝事"為"臣服"，如此則造像記中"万方朝貫"即"萬方臣服"義。

Chen
辰

辰代

北魏正光二年（521 年）《封魔奴墓誌》："辰代無舍，陵壑有移。實宜備述聲徽，式流伊古。但事歷家禍，先塋靡記，今段雲遷，終天長隔。"

按：《漢語大詞典》無"辰代"條。"辰"即"時辰""時日"義。《漢書·敘傳上》："辰倏忽其不再。"顏師古注："辰，時也。""辰代"即時間的更替。"辰代無舍"義為"時間永無休止地流逝"，如《論語·子罕》所言："子在川上曰：'逝者如斯夫！不舍晝夜。'"

辰巳、辰巳之期

1. 北齊天統元年（565 年）《張海翼墓誌》："方當燮諧天爵，毗正地官，何悟夢逼瓊瑰，歲臨辰巳。"

2. 北齊河清四年（565 年）《薛廣墓誌》："康成夢歲，忽有辰巳之期；聲伯游洹，奄表瓊瑰之贈。"

3. 北齊天統二年（566 年）《崔昂墓誌》："年未庚申，夢猶辰巳，徒聞蘭室之方，枉驗玉機之秘。"

按：《漢語大詞典》收"辰巳"一詞，釋為"東南方"，不過碑誌文中的用例非此義。"辰巳"當語出《後漢書·鄭玄傳》:"五年春,夢孔子告之曰:'起,起,今年歲在辰,來年歲在巳。'既寤,以讖合之,知命當終,有頃寢疾。""辰巳"乃直接從典源中截取兩個關鍵語素"辰"和"巳"組合而成,用此典指死亡之限。碑誌文中"辰巳"皆此義。不過,上述三例在使用"辰巳"這一典故時,語境均有與"夢"相關的詞語出現,如"夢逼瓊瑰""康成夢歲""夢"等來提示。

辰熙

《元榮宗墓誌》:"方申懋烈,光我辰熙,豈圖暴天,弱齡徂虛。"

按:辰,北極星。《文選·顏延之〈應詔宴曲水作〉詩》:"帝體麗明,儀辰作貳。"李善注引毛萇《詩傳》:"辰,北辰也。""熙"意為光明。"辰熙"在此喻指偉業。

陳

陳婦

北魏景明四年(503年)《元誘妻馮氏墓誌》:"率礼從傅,準宋姬於往日;敬奉姑舅,則陳婦於今辰。"

按:《漢語大詞典》未收"陳婦"一詞。此處"陳婦"為"陳寡孝婦"之省,見《列女傳·陳寡孝婦》:"孝婦者,陳之少寡婦也。年十六而嫁,未有子。其夫當行戍,夫且行時,屬孝婦曰:'我生死未可知。幸有老母,無他兄弟,備吾不還,汝肯養吾母乎?'婦應曰:'諾。'夫果死不還。婦養姑不衰,慈愛愈固。紡績以為家業,終無嫁意。居喪三年,其父母哀其年少無子而早寡也,將取而嫁之……因欲自殺,其父母懼而不敢嫁也,遂使養其姑二十八年。姑年八十四,壽乃盡,賣其田宅以葬之,終奉祭祀。"後以"陳寡孝婦""陳婦"等為敬奉公婆之典。

陳門

北魏永平五年(512年)《封昕墓誌》:"弱齡沖德,芳聲早聞。才穎明秀,武藝卓群。悌睦陳門,孝越曾君。"

按:《漢語大詞典》未收"陳門"一詞,"陳門"係用典,出《世說新語·夙惠》:"賓客詣陳太丘宿,太丘使元方、季方炊。客與太丘論議，二人進火，俱委而竊聽。炊忘箸算，飯落釜中。太丘問：‘炊何不餾？’元方、季方長跪曰：‘大人與客語迺俱竊聽，炊忘箸算，飯今成糜。’太丘曰：‘爾頗有所識不？’對曰：‘仿佛誌之。二子俱說，更相易奪，言無遺失。’太丘曰：‘如此，但糜自可，何必飯也？’”此典源言陳元方、陳季方兄弟二人的和睦相處。誌文此處以“陳門”作典面類比誌主兄弟間的和睦。

Cheng
成

成蹊

北齊天保七年（556 年）《李希禮墓誌》：“雖迹著雲臺，形存東觀，而蘭叢一毀，玉樹長淪。成蹊自古，無從已泣。”

按：《漢語大詞典》未收“成蹊”一詞。“成蹊”為“桃李不言，下自成蹊”縮略而成，出《史記·李將軍列傳》：“太史公曰：傳曰‘其身正，不令而行；其身不正，雖令不從。’其李將軍之謂也？余睹李將軍悛悛如鄙人，口不能道辭。及死之日，天下知與不知，皆為盡哀。彼其忠實心誠信於士大夫也？諺曰：‘桃李不言，下自成蹊’。”唐司馬貞《史記索隱》引姚氏云：“桃李本不能言，但以華實感物，故人不期而往，其下自成蹊徑也。以喻廣雖不能出辭，能有所感，而忠心信物故也。”後因以此典比喻懷有才德，不需宣揚即廣為人所知。

澄

澄絹

北魏正始元年（504 年）《山公寺碑頌》：“孝文皇帝……玄化邁於唐軒，道風超於三代。澄絹四瀛，冠冕萬國。”

按：《漢語大詞典》未收“澄絹”。“澄”有“安定”義。《後漢書·光武帝紀贊》：“三河未澄，四關重擾。”“絹”有“纏繫”義。《後漢書·馬融傳》：“絹猑蹄，緤特肩。”李賢注：“絹，繫也，與罥通。”據碑文意，“絹”此處當作“籠絡、經營”講。“澄絹”在此當是“安定經營”義，“澄絹四瀛”即“統治天下”。

澄撓

1. 北魏正光四年（523年）《處士王基墓誌》："任性超遙，有毛關雅量，敖然獨足，齊鴻遙神趣。黃中挺達，恥兼子長，澄撓不渝，著同叔度。"

2. 北魏孝昌二年（526年）《元過仁墓誌》："君少而英槃，澄撓不渝。長而韶亮，淹敏俞正。"

3. 北魏建義元年（528年）《元邵墓誌》："王稟連漢遠祥，極天正氣，體備通理，神炳異眸，牆宇沖邃，涯涘淵曠。宗廟難窺，澄撓不測。"

按："澄撓"，《漢語大詞典》未收。其實，"澄撓"乃"澄之不清，撓之不濁"典故的縮略語。典出《後漢書·郭太傳》："叔度之器，汪汪若千頃之陂，澄之不清，撓之不濁，不可量也。"澄，使液體中的雜質沉澱。撓，攪動液體。"澄撓"指澄濾它，水也不變清；攪動它，水也不變濁。比喻人的器量寬宏，有如江海。故有"澄撓不測"一詞，亦可省作"澄撓"，亦作"撓澄"，如《全唐文》卷一百一十四："文場翹楚，學海波瀾，撓澄不變於二風，躁靜同歸於一德，誠抱兼人之器，諒懷經國之才。"

Chi

持

持戟問老

北齊天保六年（555年）《高建墓誌》："除使持節都督齊州諸軍事本將軍齊州刺史。清約自守，一物不留。聽哭無哀，便知殺夫之女；持戟問老，自變爭山之蟲。轉北豫州鎮城都督。"

按：待考。

侈

侈繆

北魏孝昌二年（526年）《元壽安墓誌》："東齊侈繆之風，西秦亂心之俗，公化等不言，政若戶到。"

按：《漢語大詞典》未收"侈繆"。"侈"，"奢侈"。"繆"有"欺詐"義,《漢書·司馬相如傳上》:"臨邛令繆為恭敬,日往朝相如。"顏師古注:"繆,詐也。""侈繆之風",指"奢侈、欺詐之風"。

翅

翅頭

北魏景明年间(500—503 年)《魏靈藏、薛法紹等造像記》:"求豪光東照之資,闕兜率翅頭之益。"

按:"翅頭",涉佛詞語,《漢語大詞典》未收。"翅頭"是"翅頭末城"的簡稱,彌勒佛的託生地。據《彌勒下生成佛經》所說,到那時,娑婆世界閻浮提有翅頭末城,其王名儴佉的,彌勒屆時將託生於此城中一個名叫修梵摩的大臣家中,降生、出家、成道、説法,其經歷一如釋迦牟尼佛。彌勒繼釋伽成佛後,將在華林園龍華樹下三次説法,廣度衆生。

Chou

綢

綢繆、繆綢、裯繆、椆繆、稠穆

1. 南朝宋大明二年(458 年)《爨龍顏碑》:"悠哉明后,德重道融。綢繆七經,騫騫匪躬。"

2. 北齊乾明元年(560 年)《高淯墓誌》:"是歸玄壙,詎往清都?綢繆典策,終慰黃壚。"

3. 北魏神龜三年(520 年)《元暉墓誌》:"綢繆帷幄,繾綣二宮,深識遠略,雅見知愛。"

4. 北魏神龜三年(520 年)《元暉墓誌》:"繾綣廟廊,綢繆帷室。"

5. 北魏正光元年(520 年)《元孟輝墓誌》:"始遇高祖深知,末為世宗心旅,稠穆禁御廿餘載。"

6. 北魏永安元年(528 年)《唐耀墓誌》:"繆綢帷幄,同文共規,造次清機,縟思雲陛。"

7. 東魏元象元年(538 年)《李憲墓誌》:"入參帷席,出倍輿輦。綢繆樞禁,左右生光。"

8. 北魏延昌三年(514 年)《元珍墓誌》:"繾綣帝謨,椆繆國旅。"

9. 北齊天統元年（565 年）《趙道德墓誌》："送往事居，綢繆寵寄。重之明德，繼以忠貞。操厲風霜，質逾金玉。"

10. 北魏正光四年（523 年）《高猛墓誌》："留連友朋，綢繆讌戲，清風可期，白雲斯寄。"

11. 北魏永熙二年（533 年）《元鑽遠墓誌》："賓客輻輳，冠蓋成陰。綢繆賞會，留連琴酒。"

12. 東魏武定二年（544 年）《元顯墓誌》："祖司徒，盛德懋親，綢繆佐命。"

13. 北齊太寧二年（562 年）《義慈惠石柱頌》："有路和仁者，字思穆，陽平清淵人也。與馮生綢繆往日，依隨法師，聯翩積歲。"義與上不同，似真誠交往義。

14. 北魏孝昌元年（525 年）《元誘墓誌》："情切儲禁，綢繆宴私。"

15. 北魏永安二年（529 年）《元繼墓誌》："至於綢繆榮慶，被服寵靈，保身全名，與祿終始，未有如王者焉。"

16. 北魏正始元年（504 年）《山公寺碑頌》："參侍累朝，委任綢繆。"

17. 北魏永平二年（509 年）《元融妃穆氏墓誌》："戚景如天，綢繆不已。"

18. 北魏正光二年（521 年）《張安姬墓誌》："春秋六十有五，因抱纏疹，綢繆彌久。"

19. 東魏武定五年（547 年）《堯榮妻趙胡仁墓誌》："錫圭分土，主爵是加。禮遇綢繆，昇崇暉華。崇雍顯德，超彼雲霞。"

20. 北齊乾明元年（560 年）《高湛墓誌》："以斯茂親，兼此明德。天眷綢繆，襃錫日委。"

21. 東魏武定二年（544 年）《賈思伯妻劉靜憐墓誌》："絢彼在素，漸歸斯吉。女飾綢繆，婦儀緻密。"

22. 西魏大統十六年（550 年）《韋彧妻柳敬憐墓誌》："垂琮璀璨，綠緌綢繆。纖紝組釧，習而能駿。"

23. 北魏延昌二年（513 年）《嚴震墓誌》："繾綣東扉，南垣雷駭。猛將不御，三軍慘敗。質以方翰之裯繆，終無如何。"

　　按：《漢語大詞典》收有"綢繆"，未收"繆綢""裯樛""裯樛"
"裯繆"等詞語形式。即便是《漢語大詞典》所收"綢繆"，其義項也
未完全包含魏晉南北朝碑誌文語料中詞語的含義。

　　例1—2條為"鑽研、研讀"義，為《漢語大詞典》"綢繆"條未
包含之義項，與之連接的賓語常為"書籍"類詞語。

　　例3—8條為"謀劃"義，為《漢語大詞典》"綢繆"條未包含之
義項，後常接"宮禁""軍旅"等地點類詞語。

　　例9—14條為"真誠殷切"義，為《漢語大詞典》"綢繆"條未
包含之義項，多與"宴席"等交往場合類詞語相接。

　　例15—20條為"連續不斷"義，為《漢語大詞典》"綢繆"條所
含之義項，多與"官職""榮耀""疾病"類詞語相連。

　　例21—22條為"嚴整"義，為《漢語大詞典》"綢繆"條未包含
之義項，多與"佩飾"類詞語相接。

　　例23條為"做好事先準備"義，為《漢語大詞典》"綢繆"條所
含之義項。

疇

疇毒

北魏正光六年（525年）《李超墓誌》："茲冤易削，疇毒難遣。"

　　按：《漢語大詞典》未收"疇毒"條。"疇"《漢語大詞典》有
載，符合此處"疇"的義項應為"猶曩，以往、從前"。《字匯·田
部》："疇，曩也。""毒"《漢語大詞典》亦有載，符合此處"毒"的
義項應為"苦痛"。此處"茲冤"與"疇毒"相對為文，"茲"義為
"現在"，"疇"義為"往昔"。"茲冤"為"現在之冤"，"疇毒"即
"往昔之痛"。

Chu
出

出震

1. 北魏太昌元年（532年）《元瓘墓誌》："配天瑤緒，就日瓊枝。
帝唯出震，王乃生知。慶踵當世，靈睨自斯，誕膺辰昴，載協重義。"

2. 北魏孝昌二年（526 年）《元朗墓誌》："其先龍飛創曆之元，鳳翔出震之美，丹青垂之無窮，國藉炳其鴻烈，文傳已詳，故可得如略也。"

按：《漢語大詞典》收"出震"，僅釋為"八卦中的'震'卦位應東方。出震，即出於東方。"未釋出其引申義。《易·說卦》："帝出乎震。""出震"，後指帝王登基。① 那麼何以有"帝王登基"義呢？《笠翁對韻·元韻》："承乾對出震，疊坎對重坤。""乾、坤、坎、震"為《周易》的四個卦名。"出震"與"承乾"對文。"乾"為龍，現世指帝王，"承乾"即繼承帝位。"震"為雷，為發號施令義，"出震"即皇帝下令，也可引申指處帝王位。

初

初辰

東魏興和三年（541 年）《元鷲墓誌》："故懿德亮於初辰，而全盛冠於成歲。緝熙之績自亮，庸懃之效久著。"

按：《漢語大詞典》無"初辰"一詞。"辰"，"時"義。《漢書·敘傳上》："辰倏忽其不再。"顏師古注："辰，時也。""初辰"乃"初生之辰"的省略，即"初生之時"。

初首、初手

1. 南齊永明八年（490 年）《釋法海與母造像記》："希登初首，一切眾生，普同斯慶。"

2. 南齊建武二年（495 年）《釋法明造像記》："彌勒三會，願同初首，有識群生，鹹［契］斯［樂］。"

3. 北魏永熙二年（533 年）《吳屯造像記》："願使亡妻，並及七世，在所託生，常值諸佛，龍華三會，願登初首。"

4. 北魏時期（386—534 年）《石黑奴造像記》："龍花三會，願在初首，見諦得道。"

5. 東魏天平三年（536 年）《王方略等造塔記》："仰為皇帝陛下，師僧、七世父母、所生父母，因緣眷屬，後為邊地眾生，常與善居，

---

① 徐志學：《魏晉南北朝隋唐五代石刻用典研究》，上海交通大學出版社 2013 年版，第 147 頁。

彌勒三會，唱在初首。"

6. 西魏大統十四年（548 年）《介媚光造像記》："茲福願生，不動世界。彌勒三會，願登初首。"

7. 北齊天統三年（567 年）《紀僧諮造像記》："仰為含靈，己身眷屬，彌勒出世，俱登初首。"

8. 北魏景明元年（500 年）《楊阿紹造像記》："願眷屬大小，龍花三會，道□初手，衣食自然，所願如意。"

按：初首，亦作初手，猶初會。《祖庭事苑》："初會先度釋迦所未度者，次度其餘，凡六十八億人；第二會，六十六億；第三會，六十四億。"① 佛教用語，指佛初會之所度。

楚

楚炭、楚毒

1. 北魏天安元年（466 年）《曹天度造像記》："群遼百辟，存亡宗親，延沈楚炭。有形未亥，菩提是獲。"

2. 北齊天統元年（565 年）《姜纂造像記》："三途楚毒，俱辭苦海。"

按："楚"，痛楚，痛苦。《後漢書·王允傳》："不欲使更楚辱。"李賢注："楚，苦痛。"《文選·陸機〈於承明作與士龍〉》："慷慨含辛楚。"李善注："楚，猶痛也。"《資治通鑒·晉紀八》："自相楚剝。"胡三省注："楚，痛也。""炭"，塗炭，比喻災難、困苦。《尚書·仲虺之誥》："夏昏德，民墜塗炭。"孔傳："民之危險，若陷泥墜火，無救之者。"《新唐書·竇建德傳》："不知委心請命，無為塗炭生民也！"因此，"楚炭"即痛楚塗炭，比喻巨大的痛苦，深重的苦難。"楚毒"同"楚炭"。②

"楚炭"，《漢語大詞典》未收錄該詞條。"楚毒"，《漢語大詞典》收載，但書證遲，為宋蘇軾《與朱鄂州書》。"楚毒"為同義語素構成的並列式複合詞。"毒"，《廣雅·釋詁二》："毒，痛也。""楚"，《後漢書·王允傳》："司徒楊賜以允素高，不欲使更楚辱。"李賢注：

---

① 毛遠明：《漢魏六朝碑刻校注》第七冊，綫裝書局 2009 年版，第 152 頁。

② 郭洪義：《晉唐間佛教石刻文字詞語研究》，博士學位論文，西南大學漢語言文獻研究所，2016 年，第 559 頁。

"楚,苦痛。"

Chuan
踳

踳駁

東魏武定六年（548 年）《義橋石像碑》："況四生踳駁，同悲欣之境；十因還迎，勁風電之力。"

按：踳駁，乖違錯亂，紛繁複雜。踳，用同"舛"。《莊子·天下》："其道舛駁。"也作"踳駁"。《文選》左思《魏都賦》："非醇粹之方壯，謀踳駁於王義。"一本作"舛"。① 《漢語大詞典》收"踳駁"，直接釋為"錯亂，駁雜"。

Chuang
創

創叫

北魏孝昌二年（526 年）《于景墓誌》："昇朝未幾，玉響忽流，九皋創叫，聲聞已著。"

按："創"，"始"義。《廣雅·釋詁一》："創，始也。""創叫"，初始的叫聲。《漢語大詞典》未收該詞。《詩經·小雅·鶴鳴》："鶴鳴於九皋，聲聞於野；魚潛在淵，或在於渚。"九皋，深遠的水澤淤地。碑誌文"九皋創叫，聲聞已著"指誌主做官不久即聲名顯著。

Chun
春

春翬

北魏正光五年（524 年）《孫遼浮屠銘記》："出宿一壈，遄臨百里，秋蝗遠飛，春翬近止。"

按："春翬"，春天的五彩山雉。《詩經·小雅·斯干》："如鳥斯

---

① 毛遠明：《漢魏六朝碑刻校注》第八冊，綫裝書局 2009 年版，第 100 頁。

革，如翬斯飛。”鄭玄箋：“伊、洛而南，素質，五色皆備成章，曰翬。翬者，鳥之奇異者也。”

Chuo

輟

輟湌、輟飯

1. 北齊武平七年（576 年）《趙奉伯妻傅華墓誌》：“加以教深徙里，訓重輟湌，還魚戒廉，斷絲勸學……”

2. 西魏大統十年（544 年）《韋隆妻梁氏墓誌》：“子嵩，中子夏，小子遐等，並幼稟享豚之訓，長承輟飯之規。”

按：《漢語大詞典》收有“輟食”，但未列出典源。未收“輟湌”“輟飯”。其典出《史記·萬石張叔列傳》：“（石奮）子孫有過失，不譙讓，爲便坐，對案不食。然后諸子相責，因長老肉袒固謝罪，改之，乃許。”後用爲家風謹嚴之典。

Ci

慈

慈陰

北齊天保八年（557 年）《高叡修定國寺頌》：“昊倉寡惠，慈陰夙傾。思所以仰報亡靈，祚覃遐裔。”

按：《漢語大詞典》未收“慈陰”。該詞典釋“慈”爲“慈母的省稱。多用以自稱其母”。可理解爲“家慈”的省稱，宋王安石《寄虔州江陰二妹》詩：“庶雲留汝車，慰我堂上慈。”“陰”可指婦女。如《周禮·天官·內宰》：“以陰禮教六宮，以陰禮教九嬪。”鄭玄注引鄭司農曰：“陰禮，婦人之禮。”誌文此處“慈陰”當指母親，亦見於王羲之《建安帖》：“建安靈柩至，慈陰幽絕，垂卅年，永惟崩慕，痛徹五內；永酷奈何？無由言告。”

雌

雌黄

1. 北魏孝昌二年（526 年）《崔鴻墓誌》：“雌黃難久，殺青易蠹，君子萬年，冥之琴路。”

2. 北魏建義元年（528 年）《元譚墓誌》：“公瑤臺籍慶，瓊宮麗景，實琨山之琬琰，鐘嶽之琳琅。号雌黄而豈媞，著煞青而未盡。”

按：“雌黄”指用礦物雌黄製成的顏料。古人寫字用黄紙，如有誤，則用雌黄塗抹後改寫。《漢語大詞典》收有“雌黄”一詞，所釋義項符合此處語境。文中“号雌黄”與“著煞青”對舉，一為言談，一為著書。“号雌黄”當源於孫盛《晉陽秋》：“王衍字夷甫，能言，於意有不安者，輒更易之，時號口中雌黄。”這個王衍喜歡談論老莊，但他所論的義理隨時更改，被人稱為口中雌黄。他與當時對老莊深有研究的郭象來探討時，郭象系統全面地分析了老莊思想，讓王衍無法插嘴。“号雌黄”即“隨口更改”義。

毛遠明認為“媞”：“這裏當是‘媲’的俗字。”[1] 若釋為“媲”字，作“匹敵，並”解釋，不合語境。“媞”釋為“蓋在上面”義，引申為“蓋過、超越”。“号雌黄而豈媞”意為“（他）豈能是隨便改口者所能超越的?”

辭

辭金退玉

北魏正光三年（522 年）《張猛龍碑》》：“乃辭金退玉之貞耿，拔葵去織之信義，方之我君，今猶古□。”

按：《漢語大詞典》未收該詞。“辭金”源於《後漢書·楊震傳》，楊震為東萊太守，“道經昌邑，故所舉荆州茂才王密為昌邑令，謁見，至夜懷金十斤以遺震。震曰：‘故人知君，君不知故人，何也?’密曰：‘暮夜無知者。’震曰：‘天知，神知，我知，子知，何謂無知!’密愧而出”。後因以“四知金”為廉潔自持、不受非義饋贈之典。今碑誌文“辭金”即“四知金”的不同典面。

“退玉”源於《左傳·襄公十五年》：“宋人或得玉，獻諸子罕，子罕弗受。獻玉者曰：‘以示玉人，玉人以為寶也，故敢獻之。’子罕曰：‘我以不貪為寶，爾以玉為寶。若以與我，皆喪寶也，不若人有

---

① 毛遠明：《漢魏六朝碑刻校注》第六冊，綫裝書局 2009 年版，第 179 頁。

其寶。’”後遂有典故“子罕辭寶”“不貪為寶”“不貪寶”等。此墓誌文中“退玉”即上述典故詞的不同詞形。

辭默

北魏永平三年（510 年）《李慶容墓誌》：“率禮無違，履道不忒。彪炳圖經，優遊辭默。積善虛文，餘慶空誥。”

按：《漢語大詞典》未收“辭默”條。“默”，通“墨”。《史記·魏其武安侯列傳》：“魏其默默不得志。”《漢書·竇嬰田蚡灌夫傳》“默”作“墨”。漢揚雄《長楊賦序》：“聊因筆墨之成文章，故藉翰林以為主人，子墨為客卿以風。”後以“筆墨”與“文章”之關係而藉“筆墨”代指“文章”，進而指“書籍”。此處“辭默”與“圖經”對舉，即“書籍、史冊”義。

刺

刺虎

北齊天保十年（559 年）《徐徹墓誌》：“束紳陪侍，莫非刺虎之客；垂纓至止，悉是雕龍之賓。”

按：南朝宋劉義慶《世說新語·自新》：“（周處）即刺殺虎，又入水擊蛟。”後用“刺虎”指武藝高強，為民除害。誌文中“刺虎”為“武藝高強”義。

Cong

葰

葰蒨

北周天和四年（569 年）《拓跋虎妻尉遲將男墓誌》：“及守嬬閨，庶同嘉祉。嘉祉伊何？聲譽葰蒨。玉性自堅，丹色無變。”

按：《漢語大詞典》收“葰蒨”，共四個義項：草木青翠茂盛貌；青綠色；華美，豔麗；比喻才華橫溢。四個義項均不合“聲譽葰蒨”的語境。據文意，此處“葰蒨”當為“比喻（聲譽）顯揚”義。

聰

聰（驄）馬

北魏孝昌二年（526 年）《于景墓誌》：“及至茌事獻臺，則聰馬之風允樹；朝直西省，夙夜之聲尅顯。”

按：“驄”本指一種毛色黑白相間的駿馬，“驄”，通“驄”。此處“驄馬”為“避驄馬”的縮略語。《後漢書·桓榮、丁鴻列傳》：“是時宦官秉權，典執政無所回避。常乘驄馬，京師畏憚，為之語曰：‘行行且止，避驄馬御史。’”後以“避驄馬使”形容御史威嚴。“驄馬”亦可借指侍御史。唐朝丘為詩《湖中寄王侍禦》：“驄馬真傲吏，翛然無所求。”其中“驄馬”指禦史，此處“驄馬”與丘為詩中“驄馬”義同。

從

從心

北魏正始三年（506年）《寇臻墓誌》：“寇臻，字仙勝，春秋甫履從心，寢疾，薨於路寢，禮也。”

按：“從心”代指七十歲，典出《論語·為政》：“吾十有五而志於學，三十而立，四十而不惑，五十而知天命，六十而耳順，七十而從心所欲，不逾矩。”“七十而從心所欲”割裂為“七十”和“從心所欲”，二者可互相指代。而“從心所欲”在此處語境中縮略為“從心”，仍指代“七十歲”義。

Cu

麤

麤斬

北魏孝昌二年（526年）《于景墓誌》：“父太尉薨……君以麤斬在躬，號天致讓。但以帝命屢加，天威稍切，遂割罔極之容，企就斷恩之制。”

按：《漢語大詞典》未收“麤斬”一詞。誌文中“麤斬”與“號天”對文，義相近。“號天”指對天而號泣，形容誌主因“父太尉薨”而極度悲傷。“麤”，同“粗”。“斬”為喪服一種，《釋名·釋喪制》：“三年之縗曰斬。”“麤斬”是古代喪服禮制中禮儀感最重的一種，一般是子女為父母、媳為舅姑、妻為夫所穿，用粗麻布製成，左、右、下皆不縫合。

D

Dai
帶

帶地

北魏正光五年（524 年）《元子直墓誌》：“高峰本於極天，長源邁於帶地。”

按：“帶地”，“帶礪山河” 的縮略化用語。語出《史記·高祖功臣侯者年表》：“封爵之誓曰：‘使黃河如帶，泰山若礪。國以永寧，爰及苗裔。’” 裴駰《集解》引漢應劭曰：“封爵之誓，國家欲使功臣傳祚無窮。帶，衣帶也；礪，砥石也。河當何時如衣帶，山當何時如礪石？言如帶礪，國乃絕耳。”“礪” 为 “厲” 之後起加形字。此典比喻時間久遠，任何動盪也決不變心。此義亦與誌文中 “長源” 義相承。《漢語大詞典》未收 “帶地” 和 “帶礪山河”。

參本書 “誓河” 條。

逮

逮下

北魏延昌三年（514 年）《司馬景及妻孟敬訓墓誌》：“夫人性寡妬娼，多於容納，敦《桃夭》之宜上，篤《小星》之逮下。”

按：《漢語大詞典》有 “逮下” 條，釋為 “謂恩惠及於下人”。但首見書證引《詩·周南·樛木序》：“《樛木》，後妃逮下也，言能逮下而無嫉妒之心焉。” 與誌文提及的《小星》不同。《詩經·召南·小星》序：“小星，惠及下也。夫人無妒忌之行，惠及賤妾，進禦於君。” 誌文此語料可豐富《漢語大詞典》書證。

Dan
丹

丹青、丹書

1. 北魏熙平元年（516 年）《馮會墓誌》：“漢馮唐者，蓋其遠祖也。

列古流聲，丹青垂詠，仍葉重華，綿今不朽，悉備之典策，不復詳論。"

2. 北魏神龜三年（520 年）《元暉墓誌》："厥初邁生於商，本支茂於綿瓞。固已蔚耀丹青，播流竹素，於茲可得而略也。"

3. 北魏延昌四年（515 年）《王紹墓誌》："照灼丹書，菴鬱青史，聯祥挺哲，若人載美。"

4. 北魏永安元年（528 年）《元欽墓誌》："丹書寫其深玄，綠圖窮其妙跡。"

按："丹青"指丹砂和青臒，可作顏料。後引申指史籍，古代丹冊紀勳，青史紀事。故合稱"丹青"。《漢語大詞典》有載。"丹書"指用朱筆書寫的文書，例 4 中為"史籍"義，《漢語大詞典》有"丹書"條，無"史籍"之義項。

丹陽

北魏正始三年（506 年）《鄭君妻墓誌》："居室有行，亟聞義讓。稟訓丹陽，弘風丞相。籍甚二門，風流遠尚。"

按："丹陽"，地名，屬江蘇。《漢書·游俠傳》："（張竦）至丹陽太守，封淑德侯……以列侯歸長安。竦居貧，無賓客，時時好事者從之質疑問事，論道經書而已。"誌文中"丹陽"應為借代，以地名代張竦，在此處含"良好家教"義。

單

單誠

1. 北魏正光四年（523 年）《比丘尼法險造像記》："故敢［率］單誠，為女安樂郡君于氏，□□奢難阤，造釋迦像一區。"

2. 北魏正光四年（523 年）《崔永高等造像記》："敢率單誠，□□□□石像一區。"

3. 北朝（具體時間不詳）《惠相等道俗三十人造像記》："□俗三十人率己單誠，造像供養。"

4. 北齊天統三年（567 年）《紀僧諾造像記》："□慕玄宗，追蹤□載。竭己單成，敬造觀世音石像一軀。"

按：《漢語大詞典》釋"單誠"為"盡忠。單，通'殫'"。該釋義不合此處語境。上述例句"單誠"前為"率""竭"等動詞，該詞應為名詞無疑。《廿二史考異·史記四》："殺其大夫單伯"，錢大昕按：古單、亶字通。單，誠也。《尚書·盤庚中》："誕告用亶。"單，信也。《尚書·洛誥》："乃單文祖德。"《詩經·小雅·天保》："俾爾單厚。"陳奐傳疏："單有信、厚兩訓，皆亶之假借。"故"單誠"為同義複合詞，"誠心"義，有時訛作"單成"。

當然，"單"亦通"殫"，不過不適用上述諸例。"單"通"殫"例如北齊武平三年（572 年）《平等寺碑》："匠人單五郡之妙，畫繪極［中］土之奇。"

單牛

北周建德四年（575 年）《叱羅協墓誌》："氐夷滑夏，反我疆域。豐馬曉塵，單牛夜出。殲斯妖寇，曾匪旬日。"

按："單牛"為"田單火牛"的省稱，《漢語大詞典》未載。語出《史記·田單列傳》："田單乃收城中得千餘牛，為絳繒衣，畫以五采龍文，束兵刃於其角，而灌脂束葦於尾，燒其端。鑿城數十穴，夜縱牛，壯士五千人隨其後。牛尾熱，怒而奔燕軍，燕軍夜大驚。牛尾炬火光明炫耀，燕軍視之皆龍文，所觸盡死傷。五千人因銜枚擊之，而城中鼓噪從之，老弱皆擊銅器為聲，聲動天地。燕軍大駭，敗走。"又作"燒牛""即墨龍文""即墨牛""火牛入燕壘""火牛""牛陣"等。

單醪注水

北齊武平元年（570 年）《吳遷墓誌》："叱吒則三軍稽顙，單醪注水，使戎徒醉滿。"

按：《漢語大詞典》有"單醪"條，義為"猶言樽酒。單，通'簞'"。《呂氏春秋·察微》："凡戰必悉熟配備。"漢高誘注："古之良將，人遺之單醪，輸之於川，與士卒從下流飲之，示不自獨享其味也。""單醪注水"在此義同"單醪"。

Dang

盪

盪魄、盪魂

1. 北魏延昌二年（513 年）《元顯儁墓誌》："日就月將，若望舒盪魄；年成歲秀，若騰曦潔草。"

2. 北魏延昌二年（513 年）《元演墓誌》："臨穴思仁，盪魂喪精。"

按：《漢語大詞典》未收該二詞。"盪"為"移動"義，《周易·繫辭下》："剛柔相摩，八卦相盪。"韓康伯注："相推盪也，言運之推移。""魄"義為"月光"。《書·康誥》："惟三月哉生魄。"陸德明釋文："月三日始生兆朏，名曰魄。""魄"《說文》作"霸"。《說文·月部》："月始生霸然也。"在此處誌文語境中，"盪"應引申指"露出"義。"盪魄"，義為"露出月光"。《詩經·周頌·敬之》："日就月將，學有緝熙於光明。"孔穎達疏："日就，謂學之使每日有成就；月將，謂至於一月則有可行。言當習之以積漸也。"聯繫誌文，"日就月將，若望舒盪魄"的意思就是"每日每月都增長學問，如同月亮一點點露出光亮一樣"。

李漁《笠翁對韻·東韻》有："過天星似箭，吐魄月如弓。"其中"吐魄"其義即類似"盪魄"。古人認為，月亮裏面有只蟾蜍，月出月沒是那只大蟾蜍反復吞吐形成的，"吐魄月"就是指剛被吐出來的月亮。可為佐證。

"盪魂"義同"盪魄"。

Dao

倒

倒裳

北魏永安元年（528 年）《元景略妻蘭將墓誌》："恭孝之性，發自天然；倒裳之志，未筓而備。"

按：《詩經·齊風·東方未明》："東方未明，顛倒衣裳。顛之倒之，自公召之。"誌文中"倒裳"取《詩經·齊風·東方未明》中"東方未明，顛倒衣裳"句意，表示誌主每天早起，勤於家務。

悼

悼裞

北齊天統元年（565 年）《張起墓誌》："雅操鬱在沖年，金姿發於悼裞。少年志學，習五禮以立身；長如經國，善弓馬如偏巧。"

　　按:《漢語大詞典》未收"悼稔"條。"稔"在此同"稔"。《廣雅·釋詁》:"稔,年也。"故"悼稔"即"悼年"。《釋名·釋長幼》:"七年曰悼。悼,逃也。知有廉恥,隱逃其情也。亦言是時而死可傷悼也。""悼稔"指幼年,七歲左右。《漢語大詞典》失收。

盜

盜增

　　北魏武泰元年（528年）《元暐墓誌》:"維城之志以勸,靖亂之心未逞。忽離盜增之禍,奄及推墻之災。以孝昌三年十月廿日薨於長安之公館。"

　　按:《漢語大詞典》未收"盜增"。增,通"憎"。《國語·晉語八》:"懼子之應且增也。"宋庠本"增"字作"憎"。故"盜增"可理解爲"盜憎","盜憎"是"盜憎主人"縮略詞。語出《左傳·成公十五年》:"初,伯宗每朝,其妻必誡之曰:'盜憎主人,民惡其上,子好直言,必及於難。'"後以"盜憎主人"比喻壞人忌恨正直的人。誌主元暐字仲冏,為同朝蕭寶夤所殺。《魏書·蕭寶夤傳》:"寶夤密遣其將郭子恢等攻而殺之,詐收道元屍,表言白賊所害。又殺都督、南平王仲冏。是月,遂反,僣舉大號,赦其部內,稱隆緒元年,立百官。"誌文"離盜增之禍"即指此事。

道

道牙

　　北齊天保八年（557年）《高盍修定國寺塔銘碑》:"法明出世,天宮近人。齊聖廣淵也如彼,菩提道牙也如此。"

　　按:"道牙"即"道芽",義為萌發階段的佛性,又泛指佛性。《漢語大詞典》釋"道牙"為"佛牙",義爲"後用以喻指修道之功德",不適用於此處。

Deng
等

等謂

　　北魏神龜二年（519年）《寇憑墓誌》:"恢恢雅亮,叡遠神融,方崇等謂，比景齊躬。”

　　按：《漢語大詞典》未收“等謂”。據誌文，“等謂”與“齊躬”相對為文，意義當相近。“躬”即“身”，“齊躬”即“等身、齊平”。“謂”即“稱謂、評論”，“等謂”即“同樣的評論”。

Di

敵

敵年

　　北齊天保七年（556年）《李希禮墓誌》：“曉聞夜誦，朝聽暮講。先進罕得為疇，敵年莫與為匹。”

　　按：《漢語大詞典》未收“敵年”。“敵”，對等，相當。《孫子·謀攻》：“故用兵之法，十則圍之，五則攻之，倍則分之，敵則能戰之，少則能逃之。”梅堯臣注：“勢力均則戰。”“敵年”，此處指“年齡相近者”，類似“同年、同輩”。

地

地重應韓

　　北魏建義元年（528年）《元譚墓誌》：“朝廷以公地重應韓，戚親凡蔣，分星裂土，執玉磐石，封城安縣開國侯。”

　　按：《左傳·僖公二十四年》：“昔周公吊二叔之不咸，故封建親戚以蕃屏周。管、蔡、郕、霍、魯、衛、毛、聃、郜、雍、曹、滕、畢、原、酆、郇，文之昭也。邘、晉、應、韓，武之穆也。凡、蔣、邢、茅、胙、祭，周公之胤也。”“應、韓”是“武之穆”中的兩個。“凡、蔣”，即誌文中的“凡蔣”，乃“周公之胤”中的兩個。“地重應韓”是拿“應、韓”之於周武王的重要性類比誌主的地位之於北魏的重要性。“戚親凡蔣”亦參照此典源理解。

Die

疊

疊映

1. 北魏景明三年（502年）《穆亮墓誌》：“四葉重暉，三臺疊映，餘慶流演，實挺明懿。”

2. 北魏延昌四年（515 年）《王紹墓誌》：“自茲厥隆，疊映崇輝，或沖素累條，或負條聯蕚。”

3. 北魏建義元年（528 年）《元瞻墓誌》：“汗光降靈，神女下娉；攸縱自天，重輝疊映。”

按：“疊映”，指交相輝映。“三臺”，指三公。“三臺疊映”，是說世代做官。《漢語大詞典》無“疊映”詞條。《重編國語辭典》有收，釋義“謂相累疊而遮挡”，不適合上述三條碑誌文語例，且書證為唐李匡乂《資暇集》卷中：“錢戲有每以四文爲一列者，即史傳所云意錢是也。俗謂之攤錢，亦曰攤舖其錢，不使疊映欺惑也。”較遲。

Ding

頂

頂最

北齊天統元年（565 年）《郭顯邕造經記》：“道素競奏，五百餘人，皆是一邦豪傑，邑里頂最。”

按：《漢語大詞典》未收此詞。“頂最”字面意思不難懂，結合語境及造像記的載體屬性，此詞口語化較明顯，類似於現在口語詞“頂呱呱的”，屬形容詞用如名詞，義為“一流人物、上層人物”。

Dong

冬

冬晷

北魏正始四年（507 年）《元鑒墓誌》：“撫齊慕齡，滑氓順軌。作牧彭蕃，導德以禮。猛協秋凝，仁匝冬晷。”

按：《漢語大詞典》有“冬日”，但未釋出其典故義，未收“冬晷”。“晷”即“日晷”，是一種靠日光確定時間的工具，與“日、日光”聯繫緊密。根據語境，此處“冬晷”與“冬日”義同。《左傳·文公七年》：“酆舒問於賈季曰：‘趙衰、趙盾孰賢?’對曰：

'趙衰，冬日之日也；趙盾，夏日之日也。'"意謂趙衰如冬日，溫暖可愛；趙盾如夏日，嚴烈可畏。後因用"趙日"喻"仁慈者、仁政"，又作"趙盾日""趙日""冬日"。此處又添一典故形式"冬暑"，係在"冬日"基礎上的演變形式，原因或許和此處誌文"軌""禮""暑"協韻有關。

東

東平

北魏正始二年（505 年）《元鸞墓誌》："為善越東平，柔慎踰萬石。"

按："東平"，係用典，《漢語大詞典》未收。語出《後漢書·光武十王列傳》：東平憲王（劉）蒼"建武十五年封東平公……蒼與諸王朝京師。月餘，還國。帝臨送歸宮，悽然懷思，乃遣使手詔國中傅曰：'……日者問東平王處家何等最樂，王言爲善最樂，其言甚大，副是要腹矣。'"誌文"為善越東平"是稱讚誌主在"為善"方面超越了歷史上"為善最樂"的東漢東平憲王劉蒼。

東神

北齊武平二年（571 年）《常文貴墓誌》："大齊天保七年，旨遣杜尚書板除兗州贏縣令。雖光兒西垂，東神莫轉。至皇建九年，復贈青州樂安郡太守。"

按：《漢語大詞典》未收"東神"。誌文中"光兒西垂"是說誌主去西部邊陲為官。"東神"即"東曦"。"東曦"之"曦"指曦和，是傳說中為太陽駕車的神，據說起點為東方的湯谷，終點為西方的崦嵫。"東神"在誌文中的意思為"東方的代稱"。和前句"雖"相照應，"東神莫轉"應釋為"回東方（為官的想法）沒有改變"。回東方的原因，誌文中提及：一是出生地為東部的"滄州浮陽郡高城縣崇仁鄉脩義里"，二是其曾在東部任"兗州贏縣令"。終於回任了，所以才有下文的"復贈青州樂安郡太守"的"復"字。"東神莫轉"中的"莫"字，文獻中也有通"暮"的用例，則"東神莫轉"可釋為"暮年又返回了東方"。誌文中誌主天保七年（556 年）任"兗州贏縣令"，"皇建九年，復贈青州樂安郡太守"，"皇建九年"應為"皇建元年（560

年)"。對照原拓,實為"元"①,且歷史上"皇建"年號僅存年餘,"皇建九年"與事理不合。

Duan
端

端右

1. 北魏神龜二年(519年)《元玨妻穆玉容墓誌》:"名冠宗英,望隆端右。"

2. 北魏正光五年(524年)《元昭墓誌》:"規違矩濁,端右聳氣。"

按:《漢語大詞典》收"端右",釋義為:"指宰輔重臣。亦特指尚書令。"但解釋不太細緻。"端"為"端門"的省稱,宮殿的正南門。"右",古代崇右,"右"為尊位。"端右"尚書令、尚書僕射的別稱,居尚書省首列,故名。《晉書·職官》尚書令,"受拜則策命之,以在端右故也"。

端衡

北魏正光六年(525年)《李遵墓誌》:"方將剋終令軌,顯陟端衡,而鐘山墜玉,桂圃摧芳。"

按:《漢語大詞典》未收"端衡"。"端"為"端門"的省稱,宮殿的正南門,喻指重要職位。"衡",本義為綁在牛角上以防觸人的橫木,引申指秤,後比喻權力的中樞。"端衡"在此指"重要職位"義。

端庠

北魏孝昌二年(526年)《染華墓誌》:"臨終明悟,辭理端庠。親故請訣,罔不執手。"

按:《史記·儒林列傳》:"周曰庠。"張守節正義:"庠,詳也。言詳審經典。""端","端緒、有條理。""端庠",有條理而周密。

---

①　毛遠明:《漢魏六朝碑刻校注》第九冊,綫裝書局2009年版,第357—358頁。

E

E

娥

娥

北魏景明四年（503 年）《元誘妻馮氏墓誌》："四教徘徊，七德
猷逸。瞻婺兹雙，方娥是匹。"

按：即娥皇。傳說中帝堯長女娥皇。她與妹女英，同為舜妻。
《史記·五帝本紀》："於是堯妻之二女。"張守節正義："二女，娥皇、
女英也……舜升天子，娥皇為后，女英為妃。"

Er

二

二連

1. 北魏正光五年（524 年）《韓虎墓誌》："雖二連善喪，□□能
孝，無以逾也。"

2. 北魏孝昌二年（526 年）《元朗墓誌》："資仁以性，稟孝自天。
騰蹠柴閔，豈伊二連。"

3. 東魏天平元年（534 年）《程哲碑》："亮齊八儁，德俟四公。
孝並二連，佀雷等縱（蹤）。揮章落玉，曠世少雙。"

按：《禮記·雜記下》："孔子曰：'少連、大連善居喪，三日不
怠，三月不解，期悲哀，三年憂。東夷之子也。'""二連"即本此，
指少連、大連，代指居喪盡禮者。①《漢語大詞典》未收該詞。

二門

北魏正始三年（506 年）《鄭君妻墓誌》："稟訓丹陽，弘風丞相。
籍甚二門，風流遠尚。"

按：《漢語大詞典》收"二門"條，義項有三："兩種途徑；兩樣

---

① 梁春勝：《六朝石刻典故詞例釋》，《漢語史學報》2016 年第 1 期。

結局”“指大門内的一道總門”“佛家謂止門與觀門”。但均不符合此處誌文語境。這裏“二門”指娘家之門和夫家之門，代指娘家和夫家。

二難

1. 東魏武定元年（543 年）《元憬墓誌》：“作衛稱嚴，司宗有序。兩歧在詠，二難皆去。”

2. 北齊天保六年（555 年）《竇泰墓誌》：“及幼主君臨，問對為重。新邦肇建，糾察增隆。二難之道，匹此為易。”

按：二難，指衆怒難犯，專欲難成兩件難事。語出《左傳·襄公十年》：“子產曰：‘衆怒難犯，專欲難成，合二難以安國，危之道也。’”① 《漢語大詞典》收“二難”條，但除典源外，書證為唐代，稍遲，此語例可補之。

F

Fa
發

發穎

東魏元象二年（539 年）《公孫略墓誌》：“筆力如神，口才惑鬼，故以發穎上京，聲流遠國。”

按：《漢語大詞典》有收，釋為：脱穎，喻露出頭角，才能顯現出來。南朝齊謝朓《酬德賦》：“昔仲宣之發穎，實中郎之倒屣。”此語例可作另一書證補充之。

Fan
凡

凡厥

北魏太昌元年（532 年）《元馗墓誌》：“年尚童幼，如儀神遠暢，凡厥府僚，莫不歎伏。”

---

① 毛遠明：《漢魏六朝碑刻校注》第七册，綫裝書局 2009 年版，第 327 頁。

按："凡厥"，指老百姓。語出《尚書·周書·洪範第六》："錫汝保極：凡厥庶民，無有淫朋，人無有比德，惟皇作極。凡厥庶民，有猷有為有守，汝則念之。不協於極，不罹於咎，皇則受之。而康而色，曰：'予攸好德。'汝則錫之福……曰：皇，極之敷言，是彝是訓，於帝其訓，凡厥庶民，極之敷言，是訓是行，以近天子之光。曰：天子作民父母，以為天下王。"是以"凡厥"乃一典故節縮詞，即"凡厥庶民"的截取，詞形取"凡厥"，詞義則取"庶民"。所謂"凡厥府僚，莫不歎伏"，就是百姓和府僚，沒有誰不嘆服的。"凡厥"一詞，《漢語大詞典》闕收。① 此處"凡厥"的"庶民"義為隨文釋義，一般情況下並非此解。《宋書·恩幸傳》："歲月遷訛，斯風漸篤，凡厥衣冠，莫非二品，自此以還，遂成卑庶。"此文中"凡厥衣冠，莫非二品"之"凡厥"非"庶民"義。《史記·宋微子世家》："凡厥庶民，有猷有爲有守，女則念之。"南朝宋裴駰《集解》引馬融曰："凡其眾民有謀有爲，有所執守，當思念其行有所趣舍也。"由此可知，上兩例中"凡厥"，"凡"為"凡是"義，"厥"為"其"義。

煩

煩躬

北魏神龜三年（520 年）《慈香、慧政造像記》："是以仰渴法津，應像臀微，福形且遙，生託煩躬，愿騰无碍之境。"

按：《漢語大詞典》未收該詞。"煩"，"困乏"義。《文選·左思〈招隱詩〉》："躊躇足力煩，聊欲投吾簪。"李善注："言世務勞促，故足力煩殆也。""躬"，通"窮"，"窮困"義。《公羊傳·宣公十五年》："潞子之為善也躬，足以亡爾。"王引之《經義述聞·春秋公羊傳》："古字躬與窮通。躬，當讀為窮。潞子之為善也窮，言潞子之為善，其道窮也。蓋潞子去俗歸義而無黨援，遂至於窮困。"總之，"煩躬"乃"窮困"義。宋刁約《過溪口廣慈寺（其二）》："雲吐前峰疑需雨，泉飛別澗旋凝冰。陋容憔悴煩躬筆，待結錢唐九老朋。"其中

"煩躬"即"窮困、困難"義，"煩躬筆"指"難以寫出文章之毛筆"。

樊

（楚）樊

北魏永平二年（509 年）《元原平妻王氏墓誌》："望齊躡姬，瞻楚陵樊。"

按："（楚）樊"即"楚莊樊姬"縮略語。語出《列女傳·賢明傳·楚莊樊姬》："楚姬，楚莊王之夫人也。莊王即位，好狩獵。樊姬諫不止，乃不食禽獸之肉，王改過，勤於政事……於是避舍，使人迎孫叔敖而進之，王以為令尹。治楚三年，而莊王以霸。""（楚）樊"是賢妃的代名詞，誌文"瞻楚陵樊"，意謂誌主的賢良超過了樊姬。

翻

翻追

東魏武定二年（544 年）《元湛妃王令媛墓誌》："有淼清原，翻追黃鳥；兼市為珍，連城稱寶。"

按：《說文》："翻，飛也。""追"，"跟隨、追隨"。漢張衡《歸田賦》："諒天道之微昧，追漁父以同嬉。""翻追"字面意為"緊緊地跟隨"，這裏有"超過"義。

反

反隅

北齊天保六年（555 年）《高建墓誌》："紐蘭佩芷，懷瑾握瑜。文高入室，學邁反隅。"

按：《漢語大詞典》收"反隅"：比喻類推，能由此而知彼。語本《論語·述而》："舉一隅不以三隅反，則不復也。"後固化為成語"舉一反三"。但《漢語大詞典》書證遲於此語例，為宋程大昌《考古編·中庸論一》："苟去聖日遠，又不得天下英才以教，而徒執反隅故法，則恐微言由己而絕，故寧極書所得，以待知者。"典故的形式又作"隅反"。

反風

東魏武定八年（550 年）《蕭正表墓誌》："而王秉行逸群，勳多異績。潛惠若神，糾姦猶聖。豈直弭獸反風，留犢縣魚而已。"

按：《漢語大詞典》收"反風"一詞，義為"風向倒轉"，僅為字面意解釋。《後漢書·儒林列傳·劉昆傳》："除爲江陵令。時縣連年火災，昆輒向火叩頭，多能降雨止風。徵拜議郎，稍遷侍中、弘農太守。先是崤、黽驛道多虎災，行旅不通。昆爲政三年，仁化大行，虎皆負子度河。帝聞而異之。"後以"反風滅火""返風滅火""反風"來形容地方官吏施行仁政。此典故詞後隋唐墓誌亦有用例，如隋開皇十六年（596 年）《元伏和墓誌》："除太山郡守。反風滅火，五袴兩岐，境有避役之牛，車逢夾軒之鹿。"唐开元十八年（730 年）《劉庭訓墓誌》："百萬充擲，五丈聳巘，返風滅火，幕天席地。"

參本書"滅火""弭獸"條。

Fang

放

放囚赴期

東魏天平四年（537 年）《張滿墓誌》："君褰帷陳禮，下車布政，放囚赴期，逃吏服罪。"

按："放囚赴期"典出《北齊書·循吏傳》："州獄先有囚千餘人，華原皆決遣，至年暮，惟有重罪者數十人，華原亦遣歸家申賀，依期至獄。"① 華原遣重罪囚犯"數十人""歸家申賀"，囚犯卻能"依期至獄"，以此顯示循吏華原之治績。誌文以"放囚赴期"顯示誌主張滿之治績。《漢語大詞典》未收該詞。

Fei

飛

飛纓

1. 東魏天平三年（536 年）《高盛墓碑》："所謂君子，實稱民望。飛纓王室，曳裾公門。"

2. 北齊武平二年（571 年）《劉忻墓誌銘》："佩□升朝，飛纓參

---

① 毛遠明：《漢魏六朝碑刻校注》第七冊，綫裝書局 2009 年版，第 192 頁。

迿。雖職秩未高，才名穎出。"

3. 北齊武平二年（571 年）《朱岱林墓誌銘》："飛纓鳴玉，作範垂音。"

按：《漢語大詞典》收有該詞，釋為"飄散著冠帶，形容匆忙"。但不適合此處語境。"飛纓"的字面意思是"飄散著冠帶"，誌文中應是此義基礎上的引申義，即指"擔任官職"。

Fen

分

分環

北齊武平三年（572 年）《徐之才墓誌》："但以分環有日，尋箭無期，痛結當歸，悲纏銜索。頻表還南，辭旨懇到。"

按：《漢書・五行志第七中之上》："公衣之偏衣，佩之金玦。"顏師古注曰："金玦，以金為玦也。半環曰玦。""半環"即"分環"之半，則"分環"即"玦"。《康熙字典》引《廣韻》："玦如環而有缺，逐臣待命於境，賜環則返，賜玦則絕，義取決。"則"玦"即"絕"也。《後漢書・袁紹劉表列傳下》：袁尚和袁譚在袁紹病故後爭權奪利，謀士審配寫信勸說袁譚："伏惟將軍至孝烝烝，發於岐嶷，友於之性……輕榮財於糞土，貴名（高）位於丘嶽。何意奄然迷沈，墮賢哲之操，積怨肆忿，取破家之禍！翹企延頸，待望讎敵，委慈親於虎狼之牙，以逞一朝之志，豈不痛哉！若乃天啟尊心，革圖易慮，則我將軍匍匐悲號於將軍股掌之上，配等亦當？躬布體以聽斧鑕之刑。如又不悛，禍將及之。願熟詳吉凶，以賜環玦。"譚不納。李賢注引孫卿子曰："絕人以玦。"這表示袁譚與袁尚徹底決裂。此處指誌主隨豫章王蕭綜與南朝梁決裂而降魏。

分竹

1. 北魏永平四年（511 年）《司馬悅墓誌》："分竹兩邦，化流民詠。再牧郢豫，江黔被澤。"

2. 北魏太昌元年（532 年）《元徽墓誌》："入處股肱，式衛元首。出應分竹，流潤帝畿。"

按：《漢語大詞典》收"分竹"條，釋為"給予作為權力象徵的竹使符，謂封官授權"。但此解不太切合此處誌文語境。實際上"分竹"為用典，語出《漢書·孝文帝紀》："初與郡守為銅虎符、竹使符。"顏師古注："與郡守為符者，謂各分其半，右留京師，左以與之。"《後漢書·杜詩傳》："舊制發兵，皆用虎符。其餘徵調，竹使而已。"後遂以"分虎竹"謂官拜郡守，此處誌文限於四言駢體形式，故縮略為"分竹"。

粉

粉頤
九疇

北魏永平四年（511 年）《元冏墓誌》："王誕懋英韻，氣烈風舒，籌練七武，粉頤九疇。"

按：《漢語大詞典》未收"粉頤"一詞。"粉"有"修飾"義，《集韻·問韻》："粉，傅也，飾也。""頤"有"保養"義，晉葛洪《抱樸子·道意》："養其心以無欲，頤其神以粹素。"誌文中"粉頤"意為"修養（學問、道德）"。"九疇"即"九疇"，指傳說中天帝賜給禹治理天下的九類大法，泛指治理天下的大法，又作"龜疇"。語出《尚書·洪範》："天乃錫禹《洪範》九疇，彝倫攸敘。"孔傳："天與禹，洛出書，神龜負文而出，列於背，有數至於九。禹遂因而第之，以成九類常道。"後遂以"龜疇"指治理天下的大法。

焚

焚限

北齊天保九年（558 年）《皇甫琳墓誌》："方加茅封，忽遇焚限。後除正任，秉質權衡。蕃伯咸譽，朝野同詠。"

按：《漢語大詞典》無"焚限"一詞。"焚"，當是"焚如"之省。《易·離》："焚如。"王弼注："其明始進，其炎始盛，故曰焚如。"後以"焚如"稱遭受火災。"限"，《說文·皀部》："阻也。一曰門榍。從皀艮聲。"《集韻·屑韻》："《爾雅》：'柣，謂之閾，或從屑。'"則榍、柣為異體字。"閾"，即門檻。此誌文中"焚限"當指家中遭受了火災。

Feng

風

風樹

北魏太昌元年（532 年）《長孫季及妻慕容氏墓誌》："方願盡歡膝下，永保期頤，烏鳥之志未從，風樹之悲奄及。"

按：《漢語大詞典》收載。語出漢韓嬰《韓詩外傳》卷九："樹欲靜而風不止，子欲養而親不待也。"後用"風樹"喻指父母（長輩）死亡，未及奉養。因該誌文為誌主子孫所樹，銘文後附刻有立碑者名字，"長子壽……次子盛……次子慶……嫡孫柬……"等，誌文也是按照子孫們的語氣來書寫的，但此處語境義和《漢語大詞典》解釋略有不同，"風樹之悲"應婉指母親（祖母）的死亡。

豐

豐毳

北魏太昌元年（532 年）《楊順墓誌》："左蔚豐毳，右峻戎章。世逢多詖，運屬無望。道消泰極，落惠摧芳。"

按：《漢語大詞典》未收"豐毳"。"豐"，多、盛義。"毳"，獸毛，此處指軍馬。"豐毳"，在此言軍隊數量眾多。

Fu

扶

扶始

北齊天統元年（565 年）《趙徵興墓誌》："本源悠糸，感雲夢帝。華胤聯綿，清瀾遙裔。稟儀扶始，傳芳伯醫。自茲繼德，世襲高跡。"

按：《漢語大詞典》未收"扶始"一詞。"扶始"為皋陶母之名。皋陶為少昊裔，是與堯、舜、禹齊名的"上古四聖"之一，被奉為中國司法鼻祖。據《藝文類聚》卷九九《祥瑞部下·騶虞》引《春秋元命苞》云：堯為天子，季秋下旬，夢白虎遺吾馬啄子。其母曰扶始，升高丘，覩白虎，上有雲，感己，生皋陶。此處用此典類比誌主的出身源遠而高貴。

扶（扶）輪

北齊天保六年（555 年）《報德像碑》：“蓋聞益天之明者，莫若於日月；益人之善者，莫若於脩福。是以一飡之惠，扶輪之報。”

按：扶，為“扶”字。扶輪，春秋時晉卿趙盾在首陽山打獵，給餓人靈輒食，後晉靈公借飲酒欲殺趙盾，靈輒扶趙盾登車逃走，並倒戈御公徒，趙盾得免。後以“扶輪”為懷恩報德之典。① 此處誌文“扶（扶）輪”即此義。

扶桑

北魏孝昌二年（526 年）《元玤墓誌》：“猗歟帝族，德茂扶桑。誕茲懿猷，早令珪璋。”

按：《漢語大詞典》有收，適合此處誌文的義項應是“神話中的樹名”。此處的“德茂扶桑”是比喻性的說法，指“家族所傳承的德行修養比扶桑樹還要茂盛”。

获

获蔬、芙疎、扶疎、获蔬

1. 北魏正光三年（522 年）《馮邕之妻元氏墓誌》：“用能鬱暎寰中，获蔬六合，代承五運，迭用三正，河啚洛璽，世襲相傳。”

2. 北魏建義元年（528 年）《元瞻墓誌》：“而帝宗隱賑，皇胤获蔬，華蕚相資，驕敖難理。”

3. 東魏興和三年（541 年）《李仲琁修孔廟碑》：“瑤光休彩，赫弈於上齡；若水嘉祥，获蔬於季葉。”

4. 北齊天保八年（557 年）《劉碑造像銘》：“皆是軒姬获蔬，英裔之孤挺；晉魏九域，磐根之樑棟。”

5. 北齊天保九年（558 年）《□子輝墓誌》：“崇基峻於維岳，源流深於江漢。获蔬共鄧林等茂，芬芳與蘭桂俱生。”

6. 北齊武平四年（573 年）《臨淮王造像碑》：“通鬱萬善而获蔬，超百非而迥越。”

7. 北魏孝昌三年（527 年）《征虜將軍于纂墓誌》：“蘭趾芙疎，

秀幹遙裔。穎悟早懋，岐嶷夙成。”

8. 北魏永安二年（529 年）《穆彦墓誌》：“弈葉扶疎，分柯瀾潒，冠冕相承，朱輪結轍。”

9. 北齊武平二年（571 年）《裴子誕墓誌》：“自翼周命氏，佐漢分珪，根蔕扶疎，源流淼潒，彰於史策，可得稱焉。”

10. 北齊天統元年（565 年）《張起墓誌》：“除巴州曾口太守。君入境海潤，林澤蒙麗。威武摧剛，恩風漸扇。土壤萩蔬，曾□鬱而獨春；德液生民，優握於是流演。”

按：《漢語大詞典》未收“萩疎”“芙疎”，收“扶疎”“萩蔬”。《漢語大詞典》“扶疎”釋為“見扶疏”，“扶疏”條釋義為“枝葉繁茂分披貌”。《漢語大詞典》“萩蔬”條釋為“扶疏。形容枝葉繁茂。亦泛言繁盛”。且引書證兩條：《北齊臨淮王造像碑》：“郁萬善而萩蔬。”《東魏修孔子廟碑》：“嘉祥萩蔬於季葉。”這兩條書證中“蔬”字在墓誌文中的書寫形式為“蔬”，分別見例 6 和例 3。

“萩蔬、芙疎、扶疎、萩蔬”四個詞形中，其對應的詞義是相同的。“疏、疎”和“蔬、蔬”皆異體字關係，而“萩蔬、芙疎、扶疎、萩蔬”是記錄連綿詞〔f'uʂ'u〕這一語音的四個不同的詞形符號。《漢語大詞典》明確說明了“扶疎”同“扶疏”，但未明確說明“萩蔬”同“萩蔬”，也未明確說明“萩蔬”同“扶疏”，只是在釋義中表明“扶疏。形容枝葉繁茂。亦泛言繁盛”。且“萩蔬（其實是蔬）”條兩書證時間遲後，例 1 和例 2 的時間均早於《漢語大詞典》這兩條書證。另外，書證《東魏修孔子廟碑》：“嘉祥萩蔬於季葉。”其斷句亦有誤，正確斷句見例 3。

誌文中四個詞形同義，皆指“比喻（世系）繁盛，（枝系）綿長”。

浮

浮虎

1. 北魏正光五年（524 年）《檀賓墓誌》：“拜訖，以西河地接邊胡，民懷異志，自非浮虎卻蝗，何以肅其蕃愚。”

2. 北魏永熙二年（533 年）《元鑽遠墓誌》：“浮虎懃仁，還珠謝渥。慕同立祠，感如市哭。”

　　按：《漢語大詞典》收"浮虎"條，其典源出《後漢書·儒林傳上·劉昆》："先是崤黽驛道多虎災，行旅不通。昆為政三年，仁化大行，虎皆負子度河。"後以"浮虎"作為地方官為政仁德的典故。書證為北魏楊衒之《洛陽伽藍記·靈應寺》："牧民之官，浮虎慕其清塵；執法之吏，埋輪謝其梗直。"《漢語大詞典》書證較單一，可補充誌文中的兩例語料。

　　典面"浮虎"又作"渡虎"。

　　"渡虎"典故應屬於非單一典源典故。又見《後漢書·宋均傳》："宋均字叔庠，南陽安眾人也。""遷九江太守。郡多暴虎，數為民患，常募設檻阱而猶多傷害。均到，下記屬縣曰：'夫虎豹在山，黿鼉在水，各有所托。且江淮之有猛獸，猶北上之有雞豚也。今為民害，咎在殘吏。而勞動張捕，非憂恤之本也。其務退奸貪，思進忠善，可一去檻阱，除削課制。'其後傳言虎相與東游渡江。"

　　參本書"弭獸"條。

浮休

　　北齊天保九年（558 年）《□子輝墓誌》："躍水濯鱗，陵風拊翼，□途方遠，清雲未倚。天遂何因，浮休誰力？"

　　按：浮休，謂人生短促，世事無常。語出《莊子·刻意》："其生若浮，其死若休。"成玄英疏："夫聖人動靜無心，死生一貫。故其生也，如浮漚之蹔起，變化俄然；其死也，若疲勞休息，曾無繫戀也。"[1]

　　《漢語大詞典》收"浮休"一詞，出處見上文毛遠明說，不過除典源外，《漢語大詞典》書證為唐白居易《永崇里觀居》詩："何必待衰老，然後悟浮休。"稍遲，可補此條墓誌語例。

島

島憘

　　北魏正光三年（522 年）《張猛龍碑》："何以島憘，風化日新。"

　　按：島，疑是"鳧"的俗字。《萃編》："'何以島憘'句，實不能識，《曲阜志》作'鳧憘'。"《平津讀碑記》卷二："島，即'鳧'字

---

① 毛遠明：《漢魏六朝碑刻校注》第九冊，綫裝書局 2009 年版，第 18 頁。

之俗，'鳧憘'猶'鳧藻'。"備參。①

《漢語大詞典》"鳧藻"條釋為：謂鳧戲於水藻。比喻歡悅。《後漢書·杜詩傳》："陛下起兵十有三年，將帥和睦，士卒鳧藻。"李賢注："言其和睦歡悅，如鳧之戲於水藻也。"

甫

甫邇

北齊武平二年（571 年）《裴良墓誌》："十月，除太府卿，餘如舊。於時遷殷甫邇，百度權輿，少府之任，實難恆日。"

按：《漢語大詞典》無"甫邇"條。下文銘文中有"百度爰創，帝構伊邇"與誌文中"遷殷甫邇，百度權輿"對應，其中"伊邇"對應"甫邇"。《漢語大詞典》釋"伊邇"為：近，將近，不遠。《詩·邶風·谷風》："不遠伊邇，薄送我畿。"《漢語大詞典》所引書證"伊邇"為空間意義上的"近"，"伊"為助詞。

結合墓誌文語境，此處"甫邇"應釋為時間意義上的"臨近"。"甫"有"始"義，《周禮·春官·小宗伯》："葘葬兆，甫竁，亦如之。"鄭玄注："甫，始也。"此條語例可作《漢語大詞典》書證以補之。

拊

拊塵

北魏普泰二年（532 年）《韓震墓誌》："君稟粹開靈，含元挺質。始自擁樹，爰及拊塵。風彩潤徹，意思清遠。"

按：《漢語大詞典》無"拊塵"條。"拊"同"撫"，"撫塵"，兒童玩弄泥沙的遊戲，比喻舊交。《初學記》卷十八引漢東方朔《與公孫弘書》："大丈夫相知，何必以撫塵而遊，垂髮齊年，偃伏以日數哉！"《藝文類聚》卷六引三國魏應璩《與曹公箋》："昔漢光武與戴子高有撫塵之好。"誌文中"擁樹"與"拊塵"對舉，義相近。《文選·陸機〈漢高祖功臣頌〉》："馬煩轡殆，不釋擁樹。"其中"擁樹"《漢語大詞典》釋為"抱小孩"義，在此處誌文中義應為"幼年時期"。"撫

---

① 毛遠明：《漢魏六朝碑刻校注》第五冊，綫裝書局 2009 年版，第 145 頁。

塵”在誌文中應引申指“幼年時期”。

楊華森曾論及“撫塵”，擇相關內容聊舉於下，以作補充：兒時，幼年，小孩七歲左右的年齡。或稱“撫塵而遊”。《新修增補大藏經·唐蘇州武丘山釋法恭傳》：“爰泊撫塵便能舍俗，事武丘聚法師為弟子也。”唐·釋飛錫《念佛三昧寶王論》卷中：“智者大師爰自撫塵之歲，終於耳順，臥便合掌，坐必面西。”《續高僧傳·後梁荊州大僧正釋僧遷傳》：“風鑒貞簡，神志凝靜，撫塵之歲，有異凡童。惟聚沙為佛塔，疊石為高座，七歲便求入學。”①

簠

簠簋

北魏建義元年（528 年）《元廠墓誌》：“藍蓝不施，舟楫莫設。而望舒示褉，山頹奄及。”

按：藍蓝，“簠簋”的俗訛字，為古代禮器。② 誌文中“簠簋”與“舟楫”相對，意義用法相近。《尚書·說命上》：“命之曰：‘朝夕納誨，以輔臺德。若金，用汝作礪；若濟巨川，用汝作舟楫……’”則“舟楫”可喻作“輔佐賢臣”。“簠簋”意義應與“舟楫”相近。《漢語大詞典》釋“簠簋”為：“簠與簋。兩種盛黍稷稻粱之禮器。”未釋出其比喻義。誌文此處“簠簋”當喻指“治國之輔臣”義，可補《漢語大詞典》“簠簋”條義項之闕。

負

負劍

1. 北魏孝昌元年（525 年）《元誘墓誌》：“公降靈景宿，蘊氣風雲，殊異表於弄璋，岸崖聳於負劍。”

2. 北魏永熙二年（533 年）《乞伏寶墓誌》：“君資和余慶，稟靈峻極，岐嶷表於弄璋，明悟形於負劍。”

按：“負劍”表示幼年，典出《禮記·曲禮上》：“負劍辟咡詔之，則掩口而對。”鄭玄注：“負謂置之於背，劍謂挾之於旁。”言指抱小

---

① 楊華森：《“撫塵”臆說》，載《中華中醫藥學會醫古文分會成立 30 周年暨第二十次學術交流會論文集》，2011 年，第 128 頁。

② 毛遠明：《漢魏六朝碑刻校注》第六冊，綫裝書局 2009 年版，第 214 頁。

孩狀。《漢語大詞典》收"負劍"條，書證除典源外，引清錢謙益《趙景之宮允六十壽序》："余兒時受先宮保負劍之訓，曰：'孺子如有聞也，必以趙先生為師。'"過遲。可補上述北朝墓誌語例。

傅

傅門就草

西魏大統二年（536年）《趙超宗妻王氏墓誌》："雖蔡氏遺篇，韋家絕典，傅門就草，曾未獨奇。故能蘋藻盡其敬，閨庭肅其道。"

按：《漢語大詞典》未收"傅門就草"條。該詞當出《南史·卷十五·列傳第五》："傅亮，字季友，北地靈州人也。……高祖有受禪意，而難於發言……至都，即徵帝入輔。永初元年，遷太子詹事，中書令如故。以佐命功，封建城縣公，食邑二千戶。入直中書省，專典詔命。"史傳中的"高祖"即劉裕，傅亮諷諫恭帝禪位給劉裕，並草擬詔令，讓恭帝抄寫後發布。誌文借此典形容誌主文學方面的才華。

覆

覆匱

1. 北魏建義元年（528年）《元瞻墓誌》："方當就槐論道，左右分治；而覆匱伊半，為山未極。夢奠先征，殆將奄及。春秋五十一，以建義元年四月十三日，薨於位。"

2. 東魏武定五年（547年）《元澄妃馮令華墓誌》："基起覆匱，源資濫觴，連峰既遠，清瀾遂長。"

按："覆匱"，《漢語大詞典》未收。"覆匱"當語出《論語·子罕》："子曰：'譬如為山，未成一簣，止，吾止也；譬如平地，雖覆一簣，進，吾往也。'"《漢書·王莽傳上》："綱紀咸張，成在一匱。"顏師古注引《論語》云："譬如為山，未成一匱。"由"匱""簣"異文可知，"匱""簣"通。結合誌文語境，"覆匱"由字面意思"倒一筐土"，喻指"一點一點建立功業，加官進爵"。

"覆匱"在之後的墓誌文中，也多有用例。如隋開皇四年（584年）《楊居墓誌》："其先舉桐受封之前，積寶璽而為基。執文命氏之後，垂玉佩而為鄰。猶若為山覆匱，運海從微，芝蘭蔚矣而榮，瓊玩錯珞而出。"唐天寶元年（742年）《徐嶠墓誌》："遠圖九仞之山，尚勞覆匱，百川雲逝，無以藏舟。不吊昊天，奪其壯志。”

G

Gao
高

高梁

北魏建義元年（528 年）《元宥墓誌》：“痛哉懿哲，惜矣高梁。邦之不幸，人亦云亡。”

按：“高梁”，《漢語大詞典》收載，義項為：高橋；屋梁；高挺。但此處“高梁”與“懿哲”對文，三個義項均不合適。“高”有“優秀、突出”義。“梁”有“棟樑”義。朱駿聲《說文通訓定聲·木部》“棟”字注：“屋大材，東西曰棟，南北曰梁。”渾言之，則“梁”即“棟”，亦即“棟梁”，喻指人才。“高梁”，此處即指“優秀的人才”義。

告

告款

北周保定二年（562 年）《賀蘭祥墓誌》：“侯景據潁川告款，公又率騎眾［解］圍。”

按：《漢語大詞典》未收“告款”一詞。“告”應釋為“宣佈”，《荀子·禮論》：“輿藏而馬反，告不用也。”王先謙集解：“告，示也，言也。”“款”有“叩打、敲擊”義。《史記·商君列傳》：“發教封內，而巴人致貢；施德諸侯，而八戎來服。由餘聞之，款關請見。”裴駰《集解》引韋昭曰：“款，叩也。”在此誌文中即“叩關”義。“告款”，即“宣佈叩關”，在此即“造反”義。

Ge
戈

戈淑

北魏永安二年（529 年）《笱景墓誌》：“聲華鞭板，績茂戈淑。

皇曆已圮，帝業將昇。"

按：《漢語大詞典》未收"戈淑"一詞。此誌文中"淑"當通"殳"。"戈淑"即"戈殳"，戈和殳的合稱，泛指武器，後亦用作儀仗。《故訓匯纂》："殳，前驅之器也，以木為之。後世滋偽，無復典刑，以赤油韜之，亦謂之油戟，亦謂之棨戟，王公以下通用之以前驅。"[1] 誌文中的"戈淑"應由"儀仗"義引申指"高級官吏"。

Geng
梗

梗概、剛概

1. 北魏永平四年（511 年）《司馬悅墓誌》："梗概之風，歧嶷而越倫；卓爾之秀，總角而逸群。"

2. 北魏永平四年（511 年）《元悅墓誌》："排風霜而立節，亢剛概於當年。"

按：《漢語大詞典》收"梗概"，釋為：剛直的氣概。《三國志·吳志·淩統傳》："時有薦同郡盛暹於權者，以為梗概大節，有過於統。"未收"剛概"。"剛"即"剛直"義，"剛概"義同"梗概"。

Gong
弓

弓車

北魏永熙二年（533 年）《元鑽遠墓誌》："屬明皇在運，寤寐求賢，貴束帛之禮，委弓車之聘。"

按：《漢語大詞典》釋"弓車"為"延聘賢人的車子"，不確。"弓車"一詞當為並列結構，是指"古時延聘賢人的弓和車"。"弓車"實際上是綜合"弓以招士""蒲車特徵"兩個典故並縮略而成。"弓以招士"出《左傳·昭公二十年》："弓以招士，皮冠以招虞人。""蒲車"參見《文選·范曄〈逸民傳論〉》："旌帛蒲車之所徵賁。"張銑

---

① 宗福邦、陳世鐃、蕭海波主編：《故訓匯纂》，商務印書館 2003 年版，第 1196 頁。

注："蒲車，招隱之車也。"

　　公王長君、公王長者、侯王長者……

　　1. 北魏永平三年（510 年）《法慶造像記》："願使來世托生西方妙樂國土，下生人間，公王長君。"

　　2. 北魏永平三年（510 年）《惠智造像記》："願使來世托生西方妙樂國土，下生人間，為公王長者，永離三途。"

　　3. 北魏永熙二年（533 年）《解保明造像記》："復為亡者往生西方，上生兜率，會遇彌勒；下生人中，公王長君，衣食自然，所願如是。"

　　4. 東魏天平三年（536 年）《七寶山靈光寺造像記》："上至兜率，與彌勒佛會；下生人間，公王長君。"

　　5. 東魏天平三年（536 年）《王方略等造塔記》："仰為皇帝陛下，師僧、七世父母、所生父母，因緣眷屬，後為邊地眾生，常與善居，彌勒三會，唱在初首。下生人間，侯王長者，合邑諸人，所願如是。"

　　6. 北魏皇興五年《仇寄奴造像記》："願父母上生天上，值遇諸佛；下生人間，侯王長者。"

　　7. 北魏神龜二年（519 年）《崔懃造像記》："上為皇帝陛下，三公主司，後為居家眷屬，咸同斯福。"

　　8. 北魏正光五年（524 年）《劉根四十一人等造像記》："仰為皇帝陛下、皇太后、中宮眷屬、士官僚庶、法界有形，敬造三級塼浮屠一區。"

　　9. 北魏正光五年（524 年）《仇臣生造像記》："上為皇帝陛下，州郡令長，七世父母，願上生天上，值遇諸佛，下墜人間，侯王□者。"

　　10. 東魏天平四年（537 年）《劉雙周造塔記》："上為皇帝陛下，州郡令長，七世師僧，生緣父母、兄弟、姊妹，居家眷屬，□義等……普同斯福。"

　　11. 東魏天平四年（537 年）《道玉、嚴懷安造像記》："上為皇帝陛下，左右□□令長，群僚百官，使□弼清高，率心崇正。"

　　12. 東魏武定元年（543 年）《聶顯標六十餘人造像記》："上為皇帝陛下，群官司牧，復為七世父母並家眷屬，復為邊地鹹生輩類，造四面石像一軀，璨然煥目。"

13. 東魏武定二年（544 年）《僧敬等三人造像記》："上為國王帝主，群僚百官，亡過師僧，現世師僧，七世父母，現在父母，居家眷屬，現世安隱，無諸疢苦，一切眾生，濡動之類，普同其福。"

14. 東魏武定五年（547 年）《張顯珍造像記》："又為皇帝陛下，群僚百官，州郡令長，法界眾生，普同斯福。"

15. 東魏武定八年（550 年）《曇□、曇朗造像記》："上為皇帝陛下，州郡令長，[社] 境萬民，[濡] 動眾生，普同其 [富]。"

16. 北齊乾明元年（560 年）《慧承等造像記》："上為皇帝陛下，群臣宰守，諸師父母，含生之類，願使電轉冥昏，三空現靈。"

17. 北齊河清二年（563 年）《阿鹿交村七十人造像記》："皇帝陛下，百遼百官，兵駕不起，五穀熟□，民安□□。"

18. 北齊河清二年（563 年）《王幸造像記》："上為國王帝主，下為七世父母，因緣眷屬，有形之類，一時成□。"

19. 北齊天統四年（568 年）《和紹隆墓誌》："英情獨遠，量拔不群。取異黃中，標名日下。若令君之子，似王公之孫。有文有武，多才多藝。"

20. 北齊武平六年（575 年）《圓照、圓光造像記》："上為皇帝陛下，群僚百官，州郡令長；又為七世先亡，現存眷屬，一切含生，有形之類，普沾斯福。"

按：郭洪義認為，從語境分析來看，"公王"與"長君"同義並稱。[①] 東魏天平二年（535 年）《嵩陽寺碑》："公王卿士，咸發布向之心；凡厥庶民，並欣喜捨之志。"毛遠明釋為，公王，或公或王。[②]

綜合來看，上述魏晉南北朝碑誌文語料可分為兩類，一類是例1—例6，一類是例7—例20。

第一類是說願亡靈託生人間時，能成為"公王長君/公王長者/侯王長者"這樣的人，但絕對不可以說成為"皇帝陛下/國王帝主"，這

———————

① 郭洪義：《晉唐間佛教石刻文字詞語研究》，博士學位論文，西南大學漢語言文獻研究所，2016 年，第 432 頁。

② 毛遠明：《漢魏六朝碑刻校注》第七冊，綫裝書局 2009 年版，第 137 頁。

可能會招來殺身之禍。

　　而第二類是針對所造佛像，發願的現世對象是某某，但列第一位的是"皇帝陛下/國王帝主"等，第二位的是"州郡令長/群官司牧/群僚百官，州郡令長"等，第三位的是"七世父母/七世父母並家眷屬，復為邊地咸生輩類/七世師僧，生緣父母、兄弟、姊妹，居家眷屬法界眾生/七世父母，因緣眷屬，有形之類"等。其中第一位和第二位前往往用"上為"標示，第三位前往往用"下為"標示。

　　第一類中"公王長君/公王長者/侯王長者"，其義既不像郭洪義所說"公王"與"長君"同義並稱，也不像毛遠明所說公王即或公或王，而是"公王＝侯王""長君＝長者"。"公王"或"侯王"指擁有高級爵位或高級官職者，"長君"或"長者"一般指各級官吏，但不包括高級官吏。和第二類的稱呼語相比較，則可以這麼認為：公王長君/公王長者/侯王長者＝群僚百官，州郡令長。

宮

宮連

　　東魏興和三年（541 年）《元寶健墓誌》："身照日月，德潤淵泉。入為卿士，乃作宮連。"

　　按：《漢語大詞典》未收"宮連"。《周禮·天官·大宰》："三曰官聯，以會官治。"鄭注引鄭司農云："'官聯'謂國有大事，一官不能獨共，則六官共舉之。'聯'讀為'連'，古書'連'作'聯'。'聯'謂連事通職。"上述引文即謂"聯"乃古本用字，後續本作"連"。則"官聯"即"官連"。聯繫此處誌文，"宮"乃"官"之誤書，誤書例在魏晉南北朝碑刻中習見。又曰："'官常'謂各自領其官之常職，非連事通職所共也。"由此對應誌文，則"官常"即對應"為卿士"，"連事通職"即對應"作宮（官）連"。就重要性而言，"宮（官）連"當重於"官常"。

　　賈公彥疏亦云："'聯'即'連'也，一官不能獨共，則眾官共舉之，然後事得合會，故云'以會官治'。""聯""連"通，《周禮》其餘處亦見。《周禮·天官·塚宰》："王宮每門四人，囿遊亦如之。"賈公彥疏："別官同職者唯有官連耳。"阮元《校勘記》："閩監毛本

‘連’改‘聯’，非。案，《大宰》‘官聯’注鄭司農云：‘聯’讀為‘連’，此作‘官連’從鄭讀耳。”

宮宇數仞、牆宇重仞

1. 東晉大亨四年（405年）（碑文爲大亨四年——編者注）《爨寶子碑》：“弱冠稱仁，詠歌朝鄉。在陰嘉和，處淵流芳。宮宇數仞，循得其牆。”

2. 梁普通元年（520年）《蕭敷墓誌》：“雖牆宇重仞，而溫其如玉；氣厲秋霜，而體含春露。”

按：《漢語大詞典》未收“宮宇數仞”一詞。該詞係典故詞，出《論語·子張》：“叔孫武叔語大夫於朝曰：‘子貢賢于仲尼。’子服景伯以告子貢。子貢曰：‘譬之宮牆，賜之牆也及肩，窺見室家之好。夫子之牆數仞，不得其門而入，不見宗廟之美，百官之富。得其門者或寡矣。夫子之云，不亦宜乎！’”

此段意思是說，孔子的學生子貢以牆的高低比喻道德學問的程度，說自己為“及肩牆”，稱夫子（孔子）為數仞之墻，喻指孔子道德學問高深。後以“夫子墻”“夫子宮墻”為稱頌道德學問高深之典。此處碑誌文中的“宮宇數仞”“牆宇重仞”皆為化用典故，義即讚頌碑誌主高妙的道德學問。也有其他典面形式，詞形比較靈活，如北魏和平三年（462年）《邸元明碑》：“夫子之數仞也，對□忘適，千紛不勞。”典面作“夫子之數仞”。

參本書“窺墻累刃”條。

恭

恭伯之悲

北周建德五年（576年）《王德衡墓誌》：“豈謂傳家之感，翻致恭伯之悲，何華先落，哲人其萎。”

按：《漢語大詞典》未收“恭伯之悲”，亦無“恭伯”條。伯姬，魯宣公之女，嫁於宋恭公，又稱恭伯姬，碑誌文中“恭伯”乃“恭伯姬”省稱。語出《穀梁傳·襄公三十年》：“伯姬之舍失火，左右曰：‘夫人少辟火乎？’伯姬曰：‘婦人之義，傅母不在，宵不下堂。’左右又曰：‘夫人少辟火乎？’伯姬曰：‘婦人之義，保母不在，宵不下堂。'遂逮乎火而死。婦人以貞為行者也，伯姬之婦道盡矣。詳其事，賢伯姬也。"恭伯姬因信守"保傅不俱、夜不下堂"之禮，遂死於火災。誌文中用"恭伯之悲"的典故，意在說明守德從禮的誌主，卻不幸離世而給人帶來的悲傷。

Gu

孤

孤融

北魏延昌四年（515 年）《皇甫驎墓誌》："深量難惻，沖識孤融。矛能撫眾，武亦折雄。丹磨不異，鑽仰彌崇。"

按：《漢語大詞典》未收"孤融"一詞。誌文"沖識孤融"句中"識"通"志"。《故訓匯纂》："識，古作志。《札樸》卷四：'漢石經《論語》：賢者志其大者。'今《論語》作識。"[1] "志"，"德行、品行"。《呂氏春秋·遇合》："凡舉人之本，太上以志，其次以事，其次以功。"高誘注："志，德也。""孤"有"孤單、不合群"義，《史記·韓非列傳》："雖欲為孤豚，豈可得乎？"張守節正義："孤，不群。""孤"在誌文中義為"不合群之人，孤獨之人"。"融"有"包容、消溶"義，《文選·孫綽〈遊天臺賦〉》："融而為川瀆。"誌文中"孤融"當為"融孤"之倒語，因協"雄、崇"韻而顛倒。"沖識孤融"句義為"謙虛的品行可包容孤獨之人"。

鼓

鼓琴

東魏武定二年（544 年）《元湛妃王令媛墓誌》："方當致偕老於君子，成好仇於哲王。鼓琴之志詎申，擊缶之期奄及。"

按："鼓琴"，《漢語大詞典》釋為"彈琴"，書證之一為《詩經·小雅·鹿鳴》："我有嘉賓，鼓瑟鼓琴。"但此處碑誌文並無此義。此處"鼓琴"應出自《詩經·小雅·常棣》："妻子好合，如鼓琴瑟。"意為夫妻相處，如彈奏琴瑟一樣和諧。"鼓琴"乃"鼓琴瑟"之縮略語。

---

① 宗福邦、陳世鐃、蕭海波主編：《故訓匯纂》，商務印書館 2003 年版，第 2149 頁。

顧

顧復

1. 北齊天保六年（555 年）《王憐妻趙氏墓誌》：“如何不弔，少撫遺孤。成斯顧復，寔曰母儀。”

2. 北齊武平元年（570 年）《高殷妃李難勝墓誌》：“尼乃沙鹿分精，重輪旁祉。承剪髮之慈，受顧復之訓。敦詩悅禮，好善親仁。”

按：顧復，父母養育子女。語出《詩經·小雅·蓼莪》：“父兮生我，母兮鞠我。拊我畜我，長我育我，顧我復我，出入腹我。”鄭玄箋：“顧，旋視；復，反覆也。”①《漢語大詞典》收該詞條，因其不常用，且兩條語例可作補充書證，故錄之。

Gua
栝

栝羽

北魏太昌元年（532 年）《楊暐墓誌》：“公世藉連聲，夙挺英駿，栝羽成於廿歲，風焱茂自弱年。”

按：《漢語大詞典》未收。《說文·木部》：“栝，一曰矢栝，檃弦處。”段玉裁注：“矢栝字經傳多用括，他書亦用筈。”則“栝羽”即“括羽”。“括羽”為“括而羽之”的縮略形式。語出《孔子家語·子路初見》：“子路曰：‘南山有竹，不柔自直，斬而用之，達於犀革。以此言之，何學之有？’孔子曰：‘括而羽之，鏃而礪之，其入之不亦深乎？’”其寓意是說人經過刻苦磨煉，技藝會更加精進。此處用“栝羽”讚頌誌主的知識技能優秀。

參本書“金羽”“羽栝”條。

掛

掛床

1. 北魏孝昌三年（527 年）《元淵墓誌》：“尋徵為吏部尚書，侍中、將軍如故。乃掛床言邁，留藥將歸，無不棄子攀車，垂淚抱馬。”

---

① 毛遠明：《漢魏六朝碑刻校注》第八冊，綫裝書局 2009 年版，第 367 頁。

2. 北魏正光五年（524 年）《元璨墓誌》："德被荊郊，化刑江邑。掛床留牘，風高獨立。"

3. 東魏元象二年（539 年）《公孫略墓誌》："察山妖之誦，理亭婦之寃。帝嗟有德，以歌奇政。及掛床柬下，留櫝（牘）言蹄，人切棄子之怨，吏深遮道之慕。"

4. 東魏武定五年（547 年）《穆景相墓誌》："祖……父……並流美政，俱扇清風，留藥掛床，同符往哲。"

5. 北周建德四年（575 年）《叱羅協墓誌》："功移邦部，化及傍鄰。掛床表政，懸魚有晨。"

按："掛床"，《校注》注云："猶'掛榻'，謂禮待賢士。典出《後漢書·徐穉傳》：'陳蕃禹太守，以禮請署功曹，穉不免之，既謁而退。蕃在郡，不接賓客，唯穉來特設一榻，去則懸之'。"此說非是。《三國志》卷二三《魏志·裴潛傳》裴注引《魏略》："始潛自感所生微賤，無舅氏，又為父所不禮，即折節仕進，雖多所更歷，清省恪然。每之官，不將妻子，妻子貧乏，織藜芘以自供。又潛為兗州時，嘗作一胡床，及其去也，留以掛柱。""掛床"即本此，與"懸魚"（出《後漢書·羊續傳》）一樣，皆是為官清廉之典。陳蕃懸榻常用作禮賢之典，與此處"掛床"出典不同，表意亦異。[1]

掛劍之樹

北齊天統元年（565 年）《崔德墓誌》："嗟乎，霜沒仰斧之埏，風飄掛劍之樹。昔曹操雀臺，望墳無益；孫皓飛閣，造冢徒然。"

按：《漢語大詞典》未收。"掛劍之樹"語出《史記·吳太伯世家》："季札之初使，北過徐君。徐君好季札劍，口弗敢言。季札心知之，爲使上國，未獻。還至徐，徐君已死，於是乃解其寶劍，繫之徐君冢樹而去。"後用為重友誼、守信用及弔唁亡友之典，又作"季札掛劍""掛劍""季札劍"等。誌文此處以"掛劍之樹"作"死亡"的代語。

參"脫劍"條。

---

① 梁春勝：《六朝石刻典故詞例釋》，《漢語史學報》2016 年第 1 期。

絓

絓建

北魏正光三年（522 年）《郭定興墓誌》：“弟強弩將軍，永寧景明都將，名安興。智出天然，妙感靈授。所為絓建，世莫能傳。论功酬庸，以授方伯。”

按：《漢語大詞典》未收“絓建”一詞。“絓”即“掛”，《後漢書·杜欒劉李劉謝列傳》：“其危猶舉函牛之鼎，絓纖枯之末。”李賢注：“絓，掛也。”“建”，通“鞬”，《方言》：“所以藏弓謂之鞬。”在此處誌文中，“絓建”指武將掛在腰間的箭囊。誌主的弟弟為“強弩將軍，永寧景明都將”，正是一員武將。

Guai

乖

乖堂

北魏正光二年（521 年）《劉華仁墓誌》：“金菊易摧，不能永康，人何不壽，一旦乖堂。”

按：《漢語大詞典》未收“乖堂”一詞。《玉篇·北部》：“乖，暌也，戾也，背也。”引申出離開、離去義。《廣韻·皆韻》：“乖，暌也，離也，戾也，背也。”“堂”指誌主生前所住房屋。此處“乖堂”引申指離開人世間。

Guan

輨

輨轄

北魏熙平二年（517 年）《元遙墓誌》：“能官任武，委以群責。腹心之寄，輨轄國門。內充喉舌，外當納言。”

按：《漢語大詞典》未收“輨轄”一詞。《漢語大詞典》收“輨”：包在車轂頭上的金屬套。《說文·車部》：“輨，轂耑鐕也。”段玉裁注：“轂孔之裏，以金裹之曰釭；轂孔之外，以金表之曰輨。輨之言管也。”《漢語大詞典》收“輨”：古代為固定車輪而插在車軸兩端的鍵。《詩·邶風·泉水》："載脂載轄，還車言邁。"孔穎達疏："古者車不駕則脫其轄……今將行，既脂其車，又設其轄。"車輪是車子的重要部件，"輨"和"轄"是車輪的重要部件，特別是"轄"，車行則設，不駕則脫。"輨轄"之於車輪之重要，猶誌主對於國家之重要。由段注《說文》"輨之言管也"知，"輨轄"即"管轄"，在此處誌文中"輨轄"用如動詞，"管理、把守"義。

觀

觀牖知人

東魏興和三年（541年）《封柔妻畢脩密墓誌》："剋恭似鎰，肅敬如寴，斷機戒子，觀牖知人。"

按：《漢語大詞典》未收"觀牖知人"條。語當出《後漢書·鄧張徐張胡列傳第三十四》："胡廣字伯始，南郡華容人也……廣少孤貧，親執家苦。長大，隨輩入郡爲散吏。太守法雄之子真，從家來省其父。真頗知人。會歲終應舉，雄敕真助其求才。雄因大會諸吏，真自於牖間密占察之，乃指廣以白雄，遂察孝廉。既到京師，試以章奏，安帝以廣爲天下第一。旬月拜尚書郎，五遷尚書僕射。"誌文借法真"觀牖知人"之典，讚揚誌主善於識人。

卄

卄初、卄日、卄歲、童卄

1. 北魏正光四年（523年）《元斌墓誌》："識洞卄初，情昭弁始，樂是愛閑，研茲文史。"

2. 北魏正光四年（523年）《元仙墓誌》："之子誕生，稟茲靈幹。溫明類玉，寬富如漢。韶年結譽，卄歲風流。"

3. 北魏孝昌元年（525年）《元晫墓誌》："鵠矯卄初，鵷飛弁始，令問令望，日新薑薑。"

4. 北魏孝昌二年（526年）《元則墓誌》："卄日有成，觸年通理。愛仁尚義，敦詩悅史。"

5. 北魏永安二年（529年）《元純陀墓誌》："岐嶷發自韶年，窈窕傳於卄日。"

6. 北魏正光五年（524年）《孫遼浮圖銘記》："是以童卄之年，

信心三寶。厥齡十八，禁酒斷肉。"

　　按：《漢語大詞典》收"卝"，未收"卝初、卝日、卝歲、童卝"。《詩·齊風·甫田》："婉兮孌兮，總角卝兮。"朱熹《詩集傳》："卝，兩角貌。""卝"即指古時兒童束髮成兩角的樣子，後借以表示童年。誌文中"卝初""卝日""卝歲""童卝"均表示童年。

冠

冠日、冠年、冠歲、弱冠

　　1. 北魏延昌四年（515 年）《邢偉墓誌》："君資性溫裕，識悟明愍。岐嶷表於綺年，業尚播於冠日。"

　　2. 北魏正光三年（522 年）《鄭道忠墓誌》："君剋膺純粹，載挺珪璋，美行著於弱年，嘉譽盛於冠日。"

　　3. 北魏永熙二年（533 年）《張寧墓誌》："學歲不群，冠年獨立。容豫鄉國，逍散閭閻。卷書辭親，彈冠問世。"

　　4. 北魏建義元年（528 年）《元彝墓誌》："自天攸縱，器並生知，學年標乎令問，冠歲備以成德。"

　　5. 北魏永安元年（528 年）《唐耀墓誌》："故觿年處素，譽該邦倫；冠歲登榮，義播朝右。"

　　6. 北魏太和廿三年（499 年）《韓顯宗墓誌》："以成童之年，貢秀京國，弱冠之華，徵榮麟閣。"

　　7. 北魏景明三年（503 年）《穆亮墓誌》："公弱冠登朝，爰暨知命，內贊百揆，外撫方服，宣道揚化卅餘載。"

　　按：《漢語大詞典》未收"冠日"，收"冠年、冠歲、弱冠"。"冠日"與"冠年、冠歲、弱冠"同義，均指男子二十歲。因古代男子二十歲行冠禮，故稱"冠歲、冠年"。男子二十歲行加冠禮，因體猶弱於壯年，故稱"弱冠"。"冠日"為"加冠之日"之縮略。

蓷

藋蒲

　　1. 東魏元象元年（538 年）《李憲墓誌》："懷組下車，衣繡從政。化同春氣，澤侔時雨。枳棘靡遺，藋蒲自息。"

　　2. 東魏興和三年（541 年）《封延之墓誌》："公藉連芳之盛緒，

蘊生靈之秀氣，水至而萑蒲以茂，土積而風雨自興。”

3. 東魏武定元年（543年）《元惊墓誌》：“亦既登舟，鵷鷥自徙；甫及下車，萑蒲輒散。”

4. 北齊河清四年（565年）《薛廣墓誌》：“虢鄶之郊，民猶恃險，萑蒲之澤，盜亦公行。”

按：“萑蒲”，《漢語大詞典》有載，釋為：蘆葦和蒲草，泛指水草。其中例2與《漢語大詞典》釋義相合。其他三例均非此義。萑蒲，本水草名，蘆葦和蒲草，盜賊常藏身其中，因以代指盜賊兇徒。語出《左傳·昭公二十年》：“鄭國多盜，取人於萑苻之澤。”杜預注：“萑苻，澤名，於澤中劫人。”①《漢語大詞典》亦收“萑苻”，解釋同毛遠明上述釋文。古萑、萑同，誌文中例1、例3、例4中的“萑蒲”義同“萑苻”，“萑蒲”是當時主要的詞語形式。

Guang

光

光究

北魏正光三年（522年）《郭定興墓誌》：“欽泣友於，情禮光究。敬銘櫬前，千載垂籍。”

按：《漢語大詞典》未收“光究”。“光”有“榮耀”“顯耀”義，《詩經·大雅·韓奕》：“百兩彭彭，八鸞鏘鏘，不顯其光。”鄭玄箋：“光，猶榮也。”“究”有“盡”義，《漢書·司馬遷傳》：“累世不能通其學，當年不能究其禮。”顏師古注：“究，盡也。”誌主郭定興被安葬，是其弟負責的：“弟……乃為以禮送終，墳塋旒，葬祭之儀，不奢不儉。”“情禮光究”是說弟弟為兄長辦的喪葬儀式於情於禮都是顯耀而盡情盡禮（合情合禮）的。

Gui

閨

閨閫

西魏大統十二年（546年）《鄧子詢墓誌》：“王父韞器藏華，顯

---

① 毛遠明：《漢魏六朝碑刻校注》第七冊，綫裝書局2009年版，第220頁。

考含光挺秀，並發閭閻之譽，信義州里有聞。"

按：《漢語大詞典》未收"閭閻"條。此處"閭閻"之"閭"，泛指門戶。"閻"，指里巷。"閭閻"誌文此處為"鄉里"義，與下句誌文中"州里"對應。

閨庭

1. 北魏延昌四年（515 年）《邢偉墓誌》："君爰在志學，孝友睦於閨庭；脫巾近禁，匪懈形於夙夜。"

2. 北魏熙平元年（516 年）《王昌墓誌》："孝敬之道，雍穆於閨庭；禮讓之德，顯英於邦國。"

3. 北魏正光五年（524 年）《元颺妃李媛華墓誌》："河州未必其德，琴瑟豈況其和？閨庭整峻，言不越閾。"

4. 北魏建義元年（528 年）《元邵墓誌》："閨庭睦睦，無可閒之言；朝廷侃侃，有匪躬之譽。"

5. 北魏太昌元年（532 年）《于祚妻和醜人墓誌》："師氏之訓，昭晰閨庭，媛德之隆，儀形邦國。"

6. 西魏大統二年（536 年）《趙超宗妻王氏墓誌》："雖蔡氏遺篇，韋家絕典，傅門就草，曾未獨奇。故能蘋藻盡其敬，閨庭肅其道。"

按：《漢語大詞典》有收，釋"閨庭"為家庭。例 3 有"閨庭整峻，言不越閾"，此處"閾"字即指女子居住之內室。

閨閫

1. 北魏正光四年（523 年）《元祐妃常季繁墓誌》："政立閨閫，化形邦國。與仁芒昧，報善冥默。"

2. 北魏孝昌元年（525 年）《元誘妻薛伯徽墓誌》："伯祖親西河長公主，以母儀之美，肅雍閨閫。"

3. 北魏太昌元年（532 年）《長孫季及妻慕容氏墓誌》："爰陶世緒，體茲坤德，功容擅於閨閫，婦儀盛於來嬪。"

4. 北齊天保五年（554 年）《高顯國妃敬氏墓誌》："資靈夜月，稟質朝霞，德成閨閫，道被邦家。"

按：《漢語大詞典》有收，"閨閫"特指婦女居住的地方。上述"閭閻""閨庭"都無這一特指用法。本組四例皆女性墓誌，和"閨閫" 釋義對應。

閨門

1. 北魏熙平二年 (517 年) 《張宜墓誌》: "孝悌穆於閨門, 篤敬著於邦邑。"

2. 北魏熙平二年 (517 年) 《楊舒墓誌》: "閨門垂孝敬之譽, 鄉黨流汎愛之仁。"

3. 北魏神龜二年 (519 年) 《元琨妻穆玉容墓誌》: "閨門仁善, 室家多福。遂誕英娥, 蘭輝艷淑。"

4. 北魏正光四年 (523 年) 《張孃墓誌》: "兄弟友於, 閨門雝睦, 鄉國用為美談。"

5. 北魏正光四年 (523 年) 《元仙墓誌》: "君以孝敬光於閨門, 忠清著於朝野, 擢為太子舍人。"

6. 北魏正光四年 (523 年) 《元靈曜墓誌》: "孝友之譽, 夙彰於閨門; 貞白之操, 備聞於鄉國。"

7. 北魏正光四年 (523 年) 《元靈曜墓誌》: "陵峰秀穎, 盡壑埋根。忠貞朝國, 孝友閨門。"

8. 北魏正光六年 (525 年) 《李遵墓誌》: "君孝以奉親, 恭以敬上, 行著閨門, 信敷朋執, 經文履義, 體道弘仁, 學洞儒宗, 辞單林菀。"

9. 北魏孝昌三年 (527 年) 《元融墓誌》: "因心則友, 率由斯極。閨門之內, 人無閒言。"

10. 北魏孝昌三年 (527 年) 《元融墓誌》: "行著閨門, 風成准裁。有矩有規, 無玷無悔。"

11. 北魏建義元年 (528 年) 《元宥墓誌》: "雖寵望稍崇, 而志彌挹損。至於閨門之訓, 時人觖其無簡; 事君之節, 朝士仰其高山。"

12. 北魏普泰元年 (531 年) 《賈瑾墓誌》: "恩恭悌順, 協穆閨門。弘和肅整, 導 [俗] 邦邑。"

13. 北魏太昌元年 (532 年) 《宋虎墓誌》: "內懃孝弟, 閨門敬讓; 外施篤信, 義結交友。"

14. 北魏太昌元年 (532 年) 《楊仲宣墓誌》: "研精六籍, 遊訪百書。閨門以孝，會友中孚。價高楚玉，明兼魏珠。"

15. 北魏太昌元年（532 年）《楊遁墓誌》："日就成寶，月旦歸高，苞卷道德，栖息禮讓，言為準的，動中規矩，內行茂於閨門，外譽彰於邦國。"

16. 北魏太昌元年（532 年）《楊遵智墓誌》："惟君之德，韶令早聞。閨門嚴敬，肅事如神。"

17. 北魏太昌元年（532 年）《楊暐墓誌》："閨門敷睦，邑里以為美談；出忠入孝，朝野稱其盛則。"

18. 東魏天平二年（535 年）《司馬昇墓誌》："君志性貞明，稟操鯁直，又能孝敬閨門，肅雍九族，鴻才峻邁，聲溢洛中。"

19. 東魏天平四年（537 年）《崔鶺墓誌》："茲慶效靈，世載其美，如月之暉，如離之昬。孝友閨門，在朝清慎。"

20. 東魏武定元年（543 年）《崔景播墓誌》："加以推厚居薄，行茂閨門；先人後己，信彰儕類。"

21. 北齊天保二年（551 年）《□道明墓誌》："猷猷君子，閨門有則。行脩釋氏，志述彌勒。"

22. 北齊天保九年（558 年）《□子輝墓誌》："孝敬表於閨門，仁義著於閭里。輕金重諾，湛若凝淵。"

23. 北齊天統四年（568 年）《薛懷儁妻皇甫豔墓誌》："夫人恭服浣衣，取勞推逸，閨門之內，人無閒言。"

24. 北齊天統五年（569 年）《蔡府君妻袁月璣墓誌》："夫人……孝敬聞乎朝野，恭儉發自閨門。"

25. 北齊武平四年（573 年）《崔博墓誌》："十二世祖琰，魏中尉；八世祖岳，晉司徒。並已閨門孝友，名格海岱。"

26. 北齊武平七年（576 年）《趙奉伯妻傅華墓誌》："太妃……故使志立閨門，譽華邦國，一德孔脩，□能備舉。"

27. 北周宣政元年（578 年）《獨孤藏墓誌》："便騎射，愛朋友，兄弟緝熙，閨門嚴正。風格樸尚，思理淵邈。"

按：《漢語大詞典》收"閨門"一詞，基本義項為五：①宮苑、內室的門，借指宮廷、家庭；②婦女所居之處；③借指婦女、妻子；

④城上小門；⑤泛指城門。義項①對應的誌文語料為例1—2、例4—22、例25、例27。義項②對應的誌文語料為例3、例23—24、例26，這四例用義項①解釋亦可，因是女性墓誌，遂歸於義項②。

由此看來，魏晉南北朝時期碑誌文中"閨門"的義項較集中，多指"家庭"義。

閨閣

1. 北魏普泰元年（531年）《元誨墓誌》："入奉青蒲，出陪黃屋，簪金帶組，鳴珮垂紳。閨閣仰其音彩，冠冕慕其風裁。"

2. 北魏普泰元年（531年）《穆紹墓誌》："除散騎常侍，在通直，尋轉正員。俄然閨閣，儀形蟬冕。"

3. 北齊河清元年（562年）《庫狄迴洛妻斛律昭男墓誌》："六行備舉，四德兼揚。敷訓閨閣，日就月將。"

4. 北齊武平五年（574年）《李祖牧妻宋靈媛墓誌》："爰鍾淑女，果號貞柔。德盈閨閣，譽動河州。"

按：《漢語大詞典》收"閨閣"一詞，列義項五：①宮禁的門戶；②婦女所居內室的門戶；③特指夫婦的居室；④指家門、家庭；⑤借指女眷。

例1中元誨，字孝規，河南洛陽人。北魏宗室大臣，孝文帝元宏之孫，廣平武穆王元懷之子，孝武帝元修之兄。此例中的"閨閣"應和義項①近，但應是在此義項的基礎上的引申義——"宮禁中的同僚"。例2—4則同義項②。

閨壼、闈壼、閨闈、閨閫

1. 東魏天平四年（537年）《元鷙妃公孫甑生墓誌》："政治閨壼，化流家國。道尚曹孟，德邁樊嬀；好和琴瑟，契合填篪。"

2. 東魏興和二年（540年）《閭伯昇及妻元仲英墓誌》："永熙在運，詔除女侍中。倍風闈壼，實諧內教。"

3. 東魏武定五年（547年）《元澄妃馮令華墓誌》："撫養異宮，恩同己子。固能化自閨闈，聲聞邦國。"

4. 北齊武平五年（574年）《李祖牧妻宋靈媛墓誌》："及結摛成禮，齊眉展敬。閨壼之內，風教穆如。"

5. 北魏永興二年（533 年）《長孫士亮妻宋靈妃墓誌》："閨闈嗟羨，九族歸仁。非玉潔在性，蘭芳自天，其孰能若斯者哉。"

6. 東魏武定八年（550 年）《高湛妻閭叱地連墓誌》："聲穆閨闈，譽流邦族。若其尊重師傅，訪問詩史，先人後己，履信思順，庶姬以為謨楷，眾媛之所儀形。"

7. 北齊天保五年（554 年）《高顯國妃敬氏墓誌》："於是閨闈擅美，遠邇流音。"

8. 北齊天保六年（555 年）《王憐妻趙氏墓誌》："而郡君政訓陳門，恩逮眾妾，肅穆閨闈，皆趙夫人慈育之所致也。"

9. 北齊武定二年（571 年）《堯峻妻獨孤思男墓誌》："譽滿閨闈，芳流邦國，爰自高族，作配君子。"

10. 北周大象元年（579 年）《安伽墓誌》："母杜氏，昌松縣君。婉茲四德，弘此三從。肅睦閨闈，師儀鄉邑。"

按：《漢語大詞典》收有"閨壼""閨闈"條，其義項之一為"內宮"，並由此特指"婦女居住的地方"。未收"闈壼""閭闈"條。闈，同"闈"，又作"壼"，《集韻·稕韻》："壼，宮中巷也。""闈壼"同"閭闈"，指深宮、內室。上述誌文皆女性墓誌也可證"闈"與"閭"同。

在誌文中，"閨壼""闈壼""閭闈""閨闈"四詞義同，絕大多數指"婦女居住的地方"，只有例 10 是男性墓誌，是"內宮"義，非特指女性。

閨閾

1. 吳鳳凰元年（272 年）《谷朗墓碑》："積行閨閾，九族睦雍。羽儀上京，德與雲騰。"

2. 北魏正光元年（520 年）《元氏妻趙光墓誌》："淑著閨閾，芳問自揚。"

3. 東魏武定二年（544 年）《羊深妻崔元容墓誌》："六行夙成，四德早備。儀訓著於閨閾，芳風表於遠邇。"

4. 東魏武定二年（544 年）《賈思伯妻劉靜憐墓誌》："盡和讓於閨閾，姒訓備於異宮，母儀彰於兩族。"

5. 東魏武定七年（549 年）《李府君妻鄭氏墓誌》："儀範宗姬，譽滿閨閫。結離受訓，匹事君子。"

6. 北齊武平四年（573 年）《高建妻王氏墓誌》："高建亡妻王氏，高門挺載，備禮言歸。婦德母儀，聲流閨閫。"

按：《漢語大詞典》收該詞條，義項有二：①指家庭；②指内宮。在魏晉南北朝碑誌文語料中，義項②使用居多，可特指"婦女居住的地方"義，如例 2—6。例 1 義指家庭。

龜

龜鼎（龜書、河書、彝鼎、鐘）鼎

1. 北魏武泰元年（528 年）《元舉墓誌》："其玉祗綿天之緒，金流定海之源，固已煥乎龜鼎，鬱明璽牒，於茲可得而略也。"

2. 北魏普泰元年（531 年）《赫連悅墓誌》："其先茂德雄圖，作霸河夏，懷仁輔義，襟帶通都，鬱鬱之美，煥炳金經，綿祗之盛，龜書具載。"

3. 北魏永熙二年（533 年）《元肅墓誌》："葳蕤龍序，庵鬱龜書，啟茲魏德，握鏡宸居。"

4. 北魏孝昌三年（527 年）《元融墓誌》："蟬聯瓜祗之緒，眇邈瑤水之原，固已炳發河書，昭明玉版，於茲可得而略也。"

5. 北魏正光六年（525 年）《李遵墓誌》："乃連滑謀以走吳兵，獻奇略以屠新野。功吉彝鼎，胙土湮防。"

6. 北魏孝昌二年（526 年）《于纂墓誌》："祖太尉成景公，燮道上臺，司董中候，故以周宗方邵，漢世平勃，言勤緗績，勒功彝鼎。"

7. 北魏正光六年（525 年）《李遵墓誌》："胄烈鐘鼎，族炳金符，綿綿不已，世挺寶瑜。"

8. 北魏建義元年（528 年）《元順墓誌》："式裁空石，用傳不朽，豈徒鐘鼎，獨播徽猷。"

按：《漢語大詞典》載"龜鼎"，釋作"元龜與九鼎"，不過在例 1 中"龜鼎"當指記錄宗族世系的史籍或譜牒。《漢語大詞典》無該義項。

《漢語大詞典》收"龜書"，釋義為：神龜負書；神龜所負之書。例 2、例 3 中的"龜書"應是在義項"神龜所負之書"基礎上的泛指，泛指史書。

《漢語大詞典》未收"河書"條，此處亦是泛指史籍，見例4。

《漢語大詞典》收"彝鼎"條，釋義為"泛指古代祭祀用的鼎、尊、罍等禮器"。與誌文中語義不協。因這些彝尊鐘鼎禮器之上常刻畫記事表功的文字，也可以此作為史書的代稱，例5—8即是如此。

歸

歸首

北周天和三年（568年）《杜世敬等造像記》："亡父為國落難，尸靈不覩，亡母歸首空曠。良師占卜，宜為亡父造老君一區。"

按：《漢語大詞典》收"歸首"條，釋義為歸首：歸降，自首。書證為《後漢書·李固傳》："於是賊帥夏密等斂其魁黨六百餘人，自縛歸首。"三國蜀諸葛亮《南征表》："初謂高定失其窟穴，獲其妻子，道窮計盡，當歸首以取生也。"本語例"歸首"當非"歸降、自首"義。"亡母歸首空曠"，母已亡，何以"歸降"？義項與此處語境不合。"空曠"即"空寂"義，此處代指"墳墓"。"亡母"已"歸首空曠"，而"亡父為國落難，尸靈不覩"，故"為亡父造老君一區"，使遊魂安定。故此處"歸首"義當為"回歸、安葬"。

唐明皇李隆基《聽逃戶歸首敕》："特聽歸首，容至今年十二月三十日內首盡。其本貫有產業者，一切令還。若先無者，具戶數聞奏，當別有處分。其有限外不首。"其中"歸首"即"回歸"義。又有"首盡"，"回來完（盡）"義。"限外不首"，即"期限之外不回來"。則"首"即"歸"義。"歸首"為並列式同義複合詞。

歸化

北魏孝昌二年（526年）《染華墓誌》："惟正光五年十月卅日，遘疾崩於京都。幹不報善，殲此名德，春秋六十，奄然歸化。"

按：《漢語大詞典》收"歸化"條，義項有三：①歸順，歸附；②同化；③舊謂甲國人入乙國籍。但例句中"歸化"一詞於上述諸義項不合，應為死亡義。

歸妹

北魏孝昌二年（526年）《丘哲妻鮮于仲兒墓誌》："處上善謙，

居先必退。操重關雎，性和歸妹。"

按：《漢語大詞典》未收"歸妹"一詞。"歸妹"為周易六十四卦卦名之一。《周易·彖卦》曰："歸妹，天地之大義也。天地不交，而萬物不興。歸妹，人之終始也。說以動，所歸妹也。""歸妹"卦義是"急於求成、欲速則不達"。誌文"性和歸妹"義即"性格溫和，能和急性子的人相處"。

歸塘

北齊武平三年（572 年）《徐之才墓誌》："但虞淵不駐，歸塘未已，懸車將老，［岱］遊邐迫。"

按：歸塘，即"歸虛""歸墟"，傳說為海中無底之谷，眾水匯集之處。《列子·湯問》："渤海之東，不知幾億萬里，有大壑焉，實惟無底之谷，其下無底，名曰歸墟。"張湛注："歸墟，或作歸塘。"①

歸軒

北魏正光五年（524 年）《元子直墓誌》："及解任還都，歸軒東首，吏民泣慕，老幼相嗟。"

按：《漢語大詞典》未收"歸軒"。《左傳·閔公二年》："鶴有乘軒者。"注："軒，大夫車。""歸軒"應指高官告老歸家。《魏書·列傳·遊雅·高閭》："以其先朝儒舊，告老永歸，世宗爲之流涕。詔曰：'閭歷官六朝，著勳五紀，年禮致辭，義光進退，歸軒首路，感悵兼懷……'"此語料中"歸軒"即"告老歸家""卸任（官職）"義，和誌文中"歸軒"義同。

Guo

過

過庭

北齊武平五年（574 年）《元始宗墓誌》："君稟和星象，降神川岳。生知自美，弗俟過庭。天性卓然，無勞善誘。"

按：過庭，指家教，父親的教育。② "過庭"，《漢語大詞典》有

---

① 毛遠明：《漢魏六朝碑刻校注》第九冊，綫裝書局 2009 年版，第 416 頁。
② 毛遠明：《漢魏六朝碑刻校注》第十冊，綫裝書局 2009 年版，第 62 頁。

載，語出《論語·季氏》："鯉趨而過庭，曰：'學《詩》乎?'對曰：'未也。''不學《詩》，無以言。'鯉退而學《詩》。他日又獨立，鯉趨而過庭，曰：'學《禮》乎?'對曰：'未也。''不學《禮》，無以立。'鯉退而學《禮》。"後因以"過庭"指受父訓或徑指父訓。《漢語大詞典》與毛氏解釋相同。

過牖

1. 東魏興和三年（541 年）《元寶健墓誌》："命之不淑，曷雲能久，忽如開電，奄同過牖。以斯辯智，同之先後，永捐華屋，長歸芒阜。"

2. 東魏武定二年（544 年）《元顯墓誌》："方當剋壯難老，補茲［庿］闕，誰謂伊人，遽等過牖。以永安二年……薨於洛陽里宅。"

按：《漢語大詞典》未收"過牖"。"過牖"實無難解之處，誌文"遽等過牖"中，"過牖"即"遽""快速"義。"過牖"，經過窗前，形容時間過得極快。其他語例尚多，如晉代楊苕華《與（竺僧）度詩》："人生一世間，飄若風過牖。榮華豈不茂，日夕就彫朽。"再如唐陳子昂《臨卭縣令封君遺愛碑》："枯魚衔索，疾風過牖。匪降自天，誰執其咎?"該兩例中"過牖"皆為"時間過得極快"義。

H

Hai

海

海箱

北魏正始四年（507 年）《元鑒墓誌》："帝酬休烈，奄有海箱。化溢東夏，滑區再汪，式遵先惠，世濟其光。"

按："箱""箱"異體，"海箱"即"海箱"。《漢語大詞典》未收該詞。"箱（箱）"原指車廂，後引申指像車廂一樣的東西。"海箱（箱）"，即言"容量像海一樣的箱子"。誌文此處用"海箱"比喻誌主的業績宏大。

害

害浣

北魏孝昌元年（525 年）《王君妻元華光墓誌》：“乃備六德以和親，修害浣以歸寧，內協外諧，香音鏡鬱。”

按：“害浣”，源自《詩經·周南·葛覃》：“害澣害否，歸寧父母。”毛傳：“害，何也。”陸德明釋文：“澣，本又作‘浣’。”是以“害澣”又作“害浣”。“害澣害否”之意義是歷代解《詩》家都很關注的問題，作者截取“害浣”，並結合“歸寧”一詞，共同體現“害澣害否，歸寧父母”這一語義。“害浣”，本指勤於浣濯，或服浣濯之衣，這裏指勤儉之美德。魏晉南北朝時期，割裂經典中的語句構成新詞是很常見的手法。本例中取“害浣”和“歸寧”兩個詞語來表意，僅是對原詩句的改寫而已，應該是割裂造詞的初級形式。雖說目前只發現這一個例證，但綫索清楚，意義明確，可以確認是源自經典的詞語，至少對閱讀碑文有幫助。《漢語大詞典》無“害浣”，也無“害澣”。①

Hao

號

號慕

北魏太昌元年（532 年）《王溫墓誌》：“公踐奄髂之鴻基，蹈笙歌之芳烈。□訓惠於韶齔，天資篤於號慕。”

按：《漢語大詞典》收“號慕”一詞，釋為：《孟子·萬章上》：“萬章問曰：‘舜往於田，號泣於旻天，何為其號泣？’孟子曰：‘怨慕也。’……大孝終身慕父母。五十而慕者，予於大舜見之矣。”後以“號慕”謂哀號父母之喪，表達懷戀追慕之情。《漢語大詞典》此解，在魏晉南北朝碑誌文中，多有出現。但此解不合該誌文語境。此處“號慕”當出自《禮記·檀弓上》：“其往也如慕，其反也如疑。”鄭玄注：“慕，謂小兒隨父母啼呼。”孔穎達疏：“謂父母在前，嬰兒在後，恐不及之，故在後啼呼而隨之。”“號慕”即對應典源中“小兒隨父母

---

① 徐志學：《北朝石刻詞語八則》，《漢字文化》2010 年第 3 期。

啼呼"，由此又轉指"小兒"，在此指"孩童時期"。

浩

浩汗

1. 北魏孝昌三年（527 年）《侯愔墓誌》："崇峰架月，齊峻崿於紫城；長源浩汗，啟洪濤於宸紀。"

2. 北魏永安二年（529 年）《笱景墓誌》："源流浩汗，鴻波浚於委水，基構隆崇，葰峰邁於積石。"

3. 東魏武定二年（544 年）《元顯墓誌》："依天起峻，託日垂明；長瀾浩汗，高岫崢嶸。"

4. 東魏武定二年（544 年）《侯海墓誌》："崇峰架月，齊峻崿於層城；長源浩汗，啟洪濤於光紀。"

5. 東魏武定三年（545 年）《元晔墓誌》："崇基邐迤，鴻源浩汗，別嶺崑峰，分流天漢。"

6. 北齊天保二年（551 年）《元賢墓誌》："韞玉作峰，貯珠成岸。派彼濫觴，鬱茲浩汗。"

7. 北齊年間（550—577 年）《吳洛族造像記》："泉源浩汗，無邊無畔。應似而有，□之洪漢。"

按：《漢語大詞典》收"浩汗"一詞，釋義為：形容廣大繁多。南朝宋劉義慶《世說新語·賞譽》："王司州與殷中軍語，歎曰：'己之府奧，蚤已傾寫而見，殷陳勢浩汗，眾源未可得測。'"毛遠明："汗，假借為'瀚'。浩瀚，無邊無際。"①"浩汗"即"浩瀚"。

He
合

合巽離堅

東魏武定元年（543 年）《崔景播墓誌》："君含璋載育，伐柯程象。和而能勑，博而靡雜。合巽離堅，早流拔群之譽；敦詩悅礼，幼擅鄉曲之談。"

---

① 毛遠明：《漢魏六朝碑刻校注》第十冊，綫裝書局 2009 年版，第 130 頁。

　　按："合巽離堅"，《漢語大詞典》未收。"合巽離堅"由兩部分組成，"合巽"和"離堅"。"合巽"中的"巽"，周易六十四卦之一，由下巽上巽相疊而成，卦意為"遜順、謙和"。"離堅"中的"離"，亦是周易六十四卦之一，由上離下離組成，卦意為"附和、依託"。"合巽離堅"的意思就是"遜順和合，依託堅貞"，此處形容誌主性格謙和、品格堅貞。"合巽"又見唐《李令暉墓誌銘》："縣主憑華宸極，宅粹璿郊。合巽之貞，受坤之順。韶資月滿，疏桂影於神軒；逸韻霜橫，肅松標於智宇。"

和

和

　　北魏孝昌二年（526 年）《元則墓誌》："本枝斯茂，載誕英賢，如和出岫，若隋曜淵。"

　　按：和，指和氏璧。① 因受制於銘文四言一句的形式，"和氏璧"縮略為"和"。

Hen
很

很暴

　　南朝宋大明二年（458 年）《爨龙颜碑》："歲在壬申，百六遘釁州土，擾亂東西二境。兇豎很暴，緬成寇場。"

　　按：《漢語大詞典》未收"很暴"一詞。《尚書·酒誥》："厥心疾很，不克畏死。"《漢語大詞典》收"疾很"，釋為"猶強狠"。可見，"很"即"狠"。"很"義為"狠毒，殘忍，後多寫作'狠'"。"很暴"，為"狠毒殘暴"義。

Hong
薨

薨放

　　北魏太和二十二年（498 年）《始平公造像記》："父使持節光□

---

　　① 毛遠明：《漢魏六朝碑刻校注》第六冊，綫裝書局 2009 年版，第 70 頁。

大夫、洛州刺史、始平公奄焉薨放。”

按：《漢語大詞典》未收“薨放”一詞。“薨放，死的諱稱。”①
但未見其他使用語例。

鴻

鴻潛於陸

北魏孝昌二年（526 年）《秦洪墓誌》：“君少協雅量，淵度長飆，
廓海融風。然鴻潛於陸，居玄養素。”

按：鴻潛於陸，謂賢達君子的高尚舉止。語出《易·漸》：“鴻潛
於陸，其羽可用為儀，吉。”王弼注：“進處高絜，不累於位，無物可
以屈其心而亂其志。”②《漢語大詞典》未收該詞。

鴻鶵、鶵鴻

東魏興和三年（541 年）《封延之墓誌》：“公比翥鴻鶵，齊驥驤
騄，神謀上算，每出等夷。”

按：《漢語大詞典》未收“鴻鶵”，收“鶵鴻”，二詞同素異序，
應同義。“鶵鴻”義為“鶵雛、鴻雁飛行有序，比喻朝官班行”。在此
誌文中，“鴻鶵”應為名詞“鶵雛”“鴻雁”的縮略詞。

Hou
喉

喉鍵

北魏神龜二年（519 年）《元暉墓誌》：“執茲喉鍵，總彼禁戎，
文武兼姿，具瞻惟允。”

按：《漢語大詞典》未載該詞。“喉鍵”，是“咽喉”和“關鍵”
合并省簡，喻指宮廷中與帝王親近的重要職位。《廣韻·侯韻》：“喉，
咽喉也。”《玉篇·金部》：“鍵，管鑰。”故“喉鍵”用以比喻重要的
職位。

喉謨

北魏正始四年（507 年）《元鑒墓誌》：“私光子敬，公闡臣忠，

---

① 毛遠明：《漢魏六朝碑刻校注》第三冊，綫裝書局 2009 年版，第 301 頁。
② 毛遠明：《漢魏六朝碑刻校注》第六冊，綫裝書局 2009 年版，第 34 頁。

喉謨帝闈，宣侍皇風。"

按：《漢語大詞典》未收"喉謨"一詞。此誌文中"喉"當"喉舌"之省，可引申為"出言、談論"義。"謨"義為"謀劃"。"喉謨"即"出言謀劃"。

Hu

弧

弧昴

北齊天保六年（555 年）《竇泰墓誌》："公稟弧昴之精，負雲霞之氣。容表環雄，姿神秀上，英規傑量，無輩一時。"

按："弧昴之精"即弧精、昴精。"弧精"即弧矢星。弧矢，古星名，又名天弓，屬井宿，在天狼星東南，八星如弓形，外一星像矢，分屬大犬、南船兩星座。古人以"弧矢"喻武功。"昴精"本指漢相蕭何，傳說他為昴星精轉世。《初學記》卷一引《春秋·佐助期》："漢相蕭何，長七尺八寸，昴星精。"後用以稱頌顯貴。此處"弧昴"連用，是讚頌之語，稱讚人的文治武功。《漢語大詞典》無此詞，應據收。①

胡

胡苟

北魏景明四年（503 年）《元弘嬪侯氏墓誌》："應享胡苟，憲儀內外。昊天不吊，春秋五十三，奄然薨殞。"

按：《漢語大詞典》收"胡耇"。此處"苟"應通作"耇"，非誤書，無傳世文獻用例。但碑誌文有用例，如東魏武定八年（550 年）《蕭正表墓誌》："天地無心，與善茫昧，景命頹齡，不登黃苟。"其中"黃苟"即作"耇"，"黃耇"，黃髮老年人。"苟""耇"通。《釋名·釋長幼》："（九十）或曰胡耇，咽皮如雞胡也。"《左傳·僖公二十二年》："雖及胡耇，獲則取之。"杜預注："胡耇，元老之稱。"孔穎達疏："《謚法》：'保民耆艾曰胡。'胡是老之稱也。《釋詁》云：'耇，

---

① 鄧瑩：《六朝碑刻詞語劄記》，《語文學刊》2010 年第 11 期。

壽也。’” 胡耈，泛指老年人，此處为 “長壽” 義。

瑚

瑚璉

1. 北魏永平四年（511 年）《楊阿難墓誌》：“器襲瑚璉，刀錦更持。”

2. 北魏正光五年（524 年）《元瓛墓誌》：“君器等瑚璉，出處多藝。”

3. 北魏孝昌二年（526 年）《尹祥墓誌》：“脫巾司空府行參軍，瑚璉攸俟。”

4. 北魏孝昌三年（527 年）《元融墓誌》：“由是瑚璉之器，遐邇屬心；楨幹之才，具瞻無爽。”

5. 北魏永熙二年（533 年）《元悅及妻郭氏墓誌》：“岐嶷肇於弱年，瑚璉成於早歲。”

6. 東魏興和三年（541 年）《司馬興龍墓誌》：“故魯陽太守興龍，黼藻為德，瑚璉成器，瞻言既往，空念與歸。”

7. 北齊武平二年（571 年）《劉忻墓誌》：“實有杞梓之材，寧非瑚璉之用？起家襲爵，為平昌子。”

8. 北周天和四年（569 年）《鄭術墓誌》：“以君器稱瑚璉，獨步當時，乃徵還，除建忠郡守。”

按：《漢語大詞典》收 “瑚璉” 一詞。釋義為：宗廟禮器，用以比喻治國安邦之才。例 1—4、例 5、例 8 指 “瑚璉” 本義 “宗廟禮器”。例 6—7 用的是 “瑚璉” 的比喻義 “治國安邦之才”。

虎

虎觀

北齊武平元年（570 年）《暴誕墓誌》：“皆名書虎觀，形圖麟閣，非藉耆舊之談，詎假歌謠之說？”

按：虎觀，漢宮殿 “白虎觀” 的省稱，語出《後漢書·章帝紀》：“至永平元年，長水校尉儵奏言，先帝大業，當以時施行。欲使諸儒共正經義，頗令學者得以自助。……於是下太常，將、大夫、博士、議郎、郎官及諸生、諸儒會白虎觀，講議《五經》同異，使五官中郎將魏應承制問，侍中淳于恭奏，帝親稱制臨決，如孝宣甘露石渠故事，作《白虎議奏》。”後用為稱讚儒家講經之典。此處用在誌文中，代指史籍。《漢語大詞典》收該詞條，但不甚詳細且與此處語境義稍異。

Hua

化

化等不言

北魏孝昌二年（526 年）《元壽安墓誌》：“東齊侈繆之風，西秦亂心之俗，公化等不言，政若戶到。”

按：《漢語大詞典》未收“化等”一詞。“化等不言”，相當於“不言之教”“不言之化”。前者見《莊子·知北遊》》：“夫知者不言，言者不知，故聖人行不言之教。”後者見晉劉寔《崇讓論》：“人無所用其心，任眾人之議，而天下自化矣；不言之化行，巍巍之美於此著矣。”又作“不言而化”，見魏徵《諫太宗十思疏》：“文武爭馳，君臣無事，可以盡豫游之樂，可以養松喬之壽，鳴琴垂拱，不言而化。”其中“不言而化”的意思是“不必多說，老百姓就可以被教化”。此處“化等不言”中的“等”，有“同”義，《漢書·郊祀志上》：“與黃帝時等。”顏師古注：“等，同也。”“化等不言”義同“不言而化”。

化年

北魏太和二十二年（498 年）《元詳造像記》：“永願母子長瀁化年，眷屬内外，終始榮期。”

按：《漢語大詞典》未收“化年”一詞。“化年，化度之年。”[1]“化度”，《漢語大詞典》收，義為：佛教謂感化救度眾生，使達樂土。

化覃禽葦

東魏武定元年（543 年）《王偃墓誌》：“疊履專城，再揚邦彩。化潭（覃）禽葦，恩結生民。”

---

① 毛遠明：《漢魏六朝碑刻校注》第三冊，綫裝書局 2009 年版，第 303 頁。

按：“化覃禽葦”，用《詩經·大雅·行葦》之典，以公劉恩及草木，以譬誌主美德。《行葦·序》：“《行葦》，忠厚也。周家忠厚，仁及草木，故能内睦九族，外尊事黄耇，善老乞言，以成其福祿也。”①《漢語大詞典》未收“禽葦”，亦未收“化覃禽葦”。

畫

畫地

北周天和元年（566年）《豆盧恩碑》：“校戰岐陽，申威隴坻。城壘畫地，山林聚米。上馬諭書，臨戎習禮。”

按：“畫地”指“善於謀劃”；較早見於《晉書·張華傳》：“武帝嘗問漢宮室制度及建章千門萬戶，華應對如流，聽者忘倦，畫地成圖，左右屬目。”②

徐志學所說“畫地”出處過晚，《漢語大詞典》收“畫地”條，釋義為“在地上畫界綫”，書證為《孫子·虛實》：“我不欲戰，畫地而守之，敵不得與我戰者，乖其所之也。”孫子所言是一種軍事謀略，所以後來用“畫地”指軍事上的“運籌決策”，此處碑文中的“畫地”即屬此義。後亦多見，如唐劉知幾《史通·點煩》：“是以聚米為穀，賊虜之虛實可知；畫地成圖，山川之形勢易悉。”

畫諾

北齊武平五年（574年）《李琮墓誌》：“既方公孝，時聞坐嘯之謠；還類范滂，更聽畫諾之語。”

按：《漢語大詞典》收“畫諾”，義項為二：舊時主管官員在文書上簽字，表示同意照辦；泛指同意、贊成。書證為《北史·令狐整傳》：“刺史魏東陽王元榮辟整為主簿……榮器整德望，嘗謂僚屬曰：‘令狐延保，西州令望，方成重器，豈州郡之職所可縶維？但一日千里，必基武步，寡人當委以庶務，畫諾而已。’”書證遲後，且“畫諾”乃典故詞，未給出正確典源。

“畫諾”語出《後漢書·黨錮列傳第五十七》：“後汝南太守宗資

---

① 毛遠明：《漢魏六朝碑刻校注》第七冊，綫裝書局2009年版，第357頁。
② 徐志學：《魏晉南北朝隋唐五代石刻用典研究》，上海交通大學出版社2013年版，第10—11頁。

任功曹范滂，南陽太守成瑨亦委功曹岑晊，二郡又爲謠曰：'汝南太守范孟博，南陽宗資主畫諾。南陽太守岑公孝，弘農成瑨但坐嘯。'"范滂字孟博，汝南征羌人。宗資字叔都，南陽安眾人。岑晊字公孝，南陽棘陽人也。成瑨字幼平，弘農人。誌文中"既方公孝"之"公孝"指岑晊，"時聞坐嘯之謠"中之"坐嘯"對應成瑨，"還類范滂"中之"范滂"指范孟博，"更聽畫諾之語"中之"畫諾"對應宗資。范滂、岑晊二人皆循吏，辦事幹練，故使上級宗資"畫諾"、成瑨"坐嘯"，皆垂手而治。誌文"既方公孝，時聞坐嘯之謠；還類范滂，更聽畫諾之語"義指誌主清正有為，深得上官器重。

Huai

槐

槐路

1. 北魏正光五年（524 年）《郭顯墓誌》："臺階峻極，槐路悠凝。唯祖唯父，克踐克升。"

2. 北魏永安二年（529 年）《爾朱紹墓誌》："方當變四序於臺階，正五緯於槐路，齊十亂於周蔿，陰八元於唐典。"

3. 北魏正光五年（524 年）《元崇業墓誌》："逝將變教於端闈，宣風化於槐路。而輔仁之慶虛文，草露之危先集。"

4. 北魏延昌四年（515 年）《王紹墓誌》："宜將緝裔槐路，永變朝彝。福善徒唱，殲此彥士。"

按：《漢語大詞典》"槐路"條釋義"指京城槐蔭大道"。但從墓誌對"槐路"的使用看，應該是"仕途經歷"的意思，《漢語大詞典》應該增加該義項，這是在原來意義上的抽象引申。

壞

壞堵

北魏建義元年（528 年）《王誦墓誌》："性愛林泉，情安貧苦。退食自公，優遊壞堵。散書滿筵，交柯蔽戶。"

按：《漢語大詞典》未收"壞堵"。"堵"即"墻"，"壞堵"，殘破的院墻，形容住處簡陋。

Huan

桓

桓功

東魏武定七年（549 年）《義橋石像碑》："芒芒禹績，眇眇桓功。為魚左袵，遞聽前風。"

按：墓誌"為魚"，上承"禹績"而言，如果沒有大禹疏通九河之功，則人民都將為魚鱉。"桓功"，上承"左袵"而言，如果沒有管仲輔佐齊桓公稱霸，一匡天下，則中原將會變成夷狄。《論語·憲問》："管仲相桓公，霸諸侯，一匡天下，民到於今受其賜。微管仲，吾其被髮左袵矣。"[1] "桓功"即"齊桓公之功"的縮略語。

桓山

北魏永熙二年（533 年）《元鑽遠墓誌》："長兄暉業，痛在原而莫追，悲桓山之絕響。一離同體，永辭偕老。淚結親知，哀動行路。"

按："桓山"乃"桓山之悲"之縮略語。《漢語大詞典》收"桓山之悲"，《孔子家語·顏回》："孔子在衛，昧旦晨興，顏回侍側，聞哭者之聲甚哀。子曰：'回，汝知此何所哭乎？'對曰：'回以此哭聲非但為死者而已，又將有生離別者也。'子曰：'何以知之？'對曰：'回聞桓山之鳥生四子焉，羽翼既成，將分於四海。其母悲鳴而送之，哀聲有似於此，謂其往而不返也。回竊以音類知之。'孔子使人問哭者，果曰：'父死家貧，賣子以葬，與之長決。'"後因以"桓山之悲"稱指家人離散的悲痛。

"桓山"，徐州北部的一座歷史名山，傳說春秋時期宋國司馬桓魋之石室墓在此，該石墓據載耗費三年才完成。誌文此處非此義。

還

還魚

北齊武平七年（576 年）《趙奉伯妻傅華墓誌》："加以教深徙里，訓重輟湌，還魚戒廉，斷絲勸學……"

---

① 毛遠明：《漢魏六朝碑刻校注》第八冊，綫裝書局 2009 年版，第 101 頁。

按：還魚，又作"還鮓"，是母親嚴格教子以守廉潔的典故。《三國志·吳志·孫皓傳》"司空孟仁卒"句下裴注引《吳錄》載，孟仁"為監池司馬，自能結網，手以捕魚，作鮓寄母，母因以還之，曰：'汝為魚官，而以鮓寄我，非避嫌也。'"又，《孟宗別傳》："宗侍母至孝，母亦能訓之以禮。宗初為雷池監，奉魚於母，母還其所寄，遂絕不復食魚。"①

渙

渙汗

1. 北魏建義元年（528 年）《元邵墓誌》："衣青典闈，珥筆鴛沼。起予唯新，渙汗載密。"

2. 北魏建義元年（528 年）《元子正墓誌》："除散騎侍郎，不拜，尋改中書。青囊是職，紫泥斯奉。絲綸載敍，渙汗增輝。"

按：《漢語大詞典》收"渙汗"，義為：喻帝王的聖旨、號令。《宋書·範泰傳》："是以明詔爰發，已成渙汗，學制既下，遠近遵承。"書證稍遲，應出《漢書·劉向傳》："《易》曰：'渙汗其大號。'言號令如汗，汗出而不反者也。"顏師古注："言王者渙然大發號令，如汗之出也。""渙汗其大號"，後簡化為"渙汗大號"，"渙汗"乃喻體，"大號"為本體。使用中，"渙汗大號"縮略為"渙汗"，用喻體取代了本體，"渙汗"也就具有了本體"大號"義，"渙汗大號"比喻格中的喻體"渙汗"，由暫時的動態辭格義固化成比喻義。

Huang
荒

荒芒

1. 北魏武泰元年（528 年）《梁國鎮將元舉墓誌》："素車白馬，時譽民英。寥廓歸途，荒芒隴路。"

2. 北魏建義元年（528 年）《元悛墓誌》："墳路荒芒，泉門窈窕。"

---

① 毛遠明：《漢魏六朝碑刻校注》第十冊，綫裝書局 2009 年版，第 106 頁。

3. 東魏武定二年（544 年）《賈思伯妻劉靜憐墓誌》："玄宮杳眇，原野荒芒。哀哉飄風，痛矣穹倉。"

按：《漢語大詞典》收"荒芒"，義項有二：①指上古之時；②猶渺茫。義項①不適合此處墓誌文語境，義項②適合上述三例，但書證過遲，為明何景明《七述》："然荒芒而不可徵，未暇為也。"此三則北朝墓誌文語料可為《漢語大詞典》書證之補充。

黃

黃霸

北魏永平元年（508 年）《元淑墓誌》："至於始立而栽黃霸之風，暨於不或而樹勿撝之化，標九功於千祀，顯六德於萬葉，故文煥於魏史，可得而略之。"

按："黃霸"乃人名，西漢循吏，《漢語大詞典》未收。見《漢書·循吏傳第五十九》："黃霸字次公，淮陽陽夏人也，以豪桀役使徙雲陵。霸少學律令，喜爲吏……霸爲人明察內敏，又習文法，然溫良有讓，足知，善御衆。爲丞，處議當於法，合人心，太守甚任之，吏民愛敬焉。……其識事聰明如此，吏民不知所出，咸稱神明。姦人去入它郡，盜賊日少。霸力行教化而後誅罰……"

黃耳

1. 北魏孝昌元年（525 年）《元顯魏墓誌》："往躡丹墀，來毗黃耳。"

2. 北魏孝昌二年（526 年）《元伯陽墓誌》："往躡丹墀，來毗黃耳。列榮有聞，邦教斯理。"

3. 北齊天保七年（556 年）《李希禮墓誌》："贊職黃耳，攝官紫庭。始司禮樂，民和俗平。仍掌刑訟，小大必情。"

按：《漢語大詞典》收"黃耳"一詞，義為：用黃金或黃銅所製的器物之耳。《周易·鼎》："六五，鼎黃耳，金鉉利貞。"漢桓寬《鹽鐵論·散不足》："今富者銀口黃耳，金罍玉鐘。"此處三例誌文中的"黃耳"皆為"朝廷"代稱，與上述《漢語大詞典》所釋稍異。

黃館

北魏正光元年（520 年）《元賄墓誌》："出辭黃館，入事丹闈。再兼禁旅，三襲戎衣。"

按：《漢語大詞典》無"黃館"條。"黃館"，應因誌主元賄出生皇族，故以"黃館"稱其住所。"黃""皇"古通用。《韓非子·十過》："昔者黃帝合鬼神於西泰山之上。"王先慎《集解》引盧文弨曰："黃，藏本、張本作皇，《文選〈赭白馬賦〉》注引亦作皇，古通用。"

黃耇、黃苟

1. 吳鳳凰元年（272 年）《谷朗墓碑》："當永黃耇，翼佐帝庸。昊天不弔，哲人其終。"

2. 東魏武定八年（550 年）《蕭正表墓誌》："天地無心，與善茫昧，景命頹齡，不登黃苟。"

按：《漢語大詞典》無"黃苟"條，收"黃耇"。"苟"通"耇"，"黃耇"與"黃苟"同。《漢語大詞典》釋"黃耇"為：年老。《詩經·小雅·南山有臺》："樂只君子，遐不黃耇。"毛傳："黃，黃髮也；耇，老。"參見"胡苟"條。

黃石

北魏延昌二年（513 年）《孫標墓誌》："大樹將軍之威，永以作方；幽谷高武之變，曆焉式述。教奉黃石，備詳神冊。"

按："黃石"，《漢語大詞典》有載，釋義為黃石公，但言其出處不詳。當語出《史記·留侯世家》："有一老父，衣褐，至良所，直墮其履圯下，顧謂良曰：'孺子，下取履！'良鄂然，欲毆之。爲其老，彊忍，下取履。父曰：'履我！'良業爲取履，因長跪履之。父以足受，笑而去。良殊大驚，隨目之。父去里所，復還，曰：'孺子可教矣。後五日平明，與我會此。'良因怪之，跪曰：'諾。'……有頃，父亦來，喜曰：'當如是。'出一編書，曰：'讀此則爲王者師矣。後十年興。十三年孺子見我濟北，穀城山下黃石即我矣。'"張守節《正義》引孔文祥云："黃石公（狀），鬚眉皆白，（狀）杖丹黎，履赤舄。"誌文中"黃石"，乃"黃石公"縮略語。黃石公名狀。"教奉黃石"，是說誌主是奉（敬）像黃石公一樣的人為師（來學習軍事才能的）。

黃羊之社

北齊武平七年（576 年）《李希宗妻崔幼妃墓誌》："自非蹈德履仁，正視胎教，何以□□太陰，剋生國母？既得黃羊之社，兼膺積善之慶。”

按：黃羊之社，謂獲得巨富。語出《後漢書·陰識傳》：“家有黃羊，因以祀之，自是以後，暴至巨富……故後常以臘日祭竈，而薦黃羊焉。”原刻“社”，疑是“祀”字之誤。①

黃中

1. 北魏正光四年（523 年）《元秀墓誌》：“君稟黃中之逸氣，懷萬頃之淵量，器宇深華，風尚虛遠。”

2. 北魏正光四年（523 年）《王基墓誌》：“黃中挺達，恥兼子長；澄撓不渝，著同叔度。”

3. 北魏正光四年（523 年）《高貞碑》：“黃中通理之名，卓爾不群之目，固已殊異公族，見稱於匠者。”

4. 北魏孝昌元年（525 年）《元寶月墓誌》：“摛文爽麗，風調閑遠，清襟外徹，黃中內潤。”

5. 北魏孝昌二年（526 年）《公孫猗墓誌》：“惠結綺襦，業峻紈袴。黃中流潤，席上飛譽。”

6. 北魏孝昌二年（526 年）《元彧墓誌》：“黃中萬頃，至德文蹤。清風素軌，寔曰時綜。”

7. 北魏建義元年（528 年）《元邵墓誌》：“沖鑒外發，叡質內朗。藍田是嗟，黃中招賞。”

8. 東魏天平四年（537 年）《張滿墓誌》：“君幼挺黃中，早播眸照。經目必記，歷耳不忘。”

9. 東魏武定元年（543 年）《王偃墓誌》：“君稟黃中之妙韻，資南侶（呂）之禎祥。”

10. 東魏興和二年（540 年）《敬顯儁碑》：“公資黃中之雅氣，稟川岳之粹靈，苞一德於懷抱，淵萬頃於胸衿。”

11. 北齊天統四年（568 年）《和紹隆墓誌》：“英情獨遠，量拔不群。取異黃中，標名日下。”

12. 北周大象元年（579 年）《崔宣靖墓誌》：“年十五……辟為記室

---

① 毛遠明：《漢魏六朝碑刻校注》第十冊，綫裝書局 2009 年版，第 114 頁。

參軍事，從容東閣，去來秘省。宰朝有黃中之譽，郎署稱僮子之美。”

　　按：《漢語大詞典》收“黃中”條，有三個義項：心臟，内德；中間黃色；皇帝。毛遠明解釋為：“黃中，古代以五色配五行五方，黃為中央正色，故稱黃中。《易·坤》：‘君子黃中通理。正位居體，美在其中，而暢於四支。’後以指皇帝、皇家。”① 毛遠明認為“皇帝、皇家”為誌文中的意思。但“皇帝、皇家”義代入到誌文中多不妥，如例9“君稟黃中之妙韻”，誌主王偃非皇族，怎麼“稟皇帝之妙韻”或“稟皇家之妙韻”呢？黃為中和之色，“黃中”，比喻美德，例1—6、例8—10用此義。義項“皇帝”為天下之中，故可引申指“朝廷”，例7、例11用此義。義項“内臟”為人身體重要部位或核心部位，比喻重要人物或核心人物，例12當此義。

Hui
揮

揮光

　　北魏景明年間（500—503年）《楊大眼造像記》：“楊大眼，誕承龍曜之資，遠踵應符之胤，稟英奇於弱年，挺超群於始冠，其□□也，垂仁聲於未聞；揮光也，摧百万（原文作万）於一掌。震英勇則九宇鹹駭，存侍納則朝野必附。”

　　按：《漢語大詞典》未收該詞。“揮光”近於通俗文，“揮動刀劍”義，“刀劍”光亮，故云。西晉張載《安石榴賦》：“揮光垂绿，擢幹曜鮮。煽若群翡俱棲，爛若百枝並然。”其中“揮光”為“閃光”，與此處語例義同。

Hun
婚

婚母

　　北周保定四年（564年）《張永貴造像記》：“婚母劉定朱，婚母

---

① 毛遠明：《漢魏六朝碑刻校注》第九冊，綫裝書局2009年版，第90頁。

吳伯匹，婚母□□□，外孫女陳明光，外孫女陳明月，貴息女張□姬，妹張客女，妹張醜女。"

按："婚母"為何義？辭書無說。《爾雅·釋親》："婦之父為婚。"《荀子·富國》："婚姻娉內，送逆無禮。"楊倞注："婦之父為婚（婚）。"《後漢書·順帝紀》："其閻顯、江京等知識婚姻禁錮，一原除之。"李賢注："妻父曰婚。"據此推之，"婚母"疑指妻之母，前人未有考釋，錄以備參。《辭源》《辭海》《漢語大詞典》均未收錄該詞條。① 網上有一"親翁帖"（見下圖）。發文者在講解怎樣書寫時說：在"'尊姻母'與'太孺人'字樣間，填上丈母娘的名字。'尊姻翁大人閣下'字樣正上方填上老丈人的名字"。由此知"婚母"就是指"丈母娘"，"婚翁"就是指"老丈人"。② 可為郭洪義文之佐證。

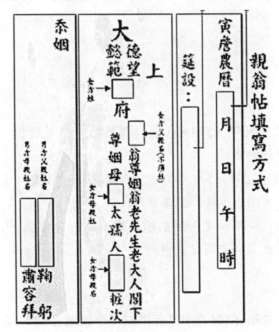

① 郭洪義：《晉唐間佛教石刻文字詞語研究》，博士學位論文，西南大學漢語言文獻研究所，2016 年，第 430 頁。

② 《十二版帖寫法和用法》，https：//talk. wed168. com. tw/158848. html，2011 年 6 月 10 日。

Huo

禍

禍瑤

北魏太昌元年（532 年）《楊暐墓誌》："禍瑤莫驗，倚伏難明。如何不弔，奄忽潛靈。"

按：《漢語大詞典》未收"禍瑤"一詞。"瑤"，假借為"繇"。《故訓匯纂》："《春秋左傳異文釋》卷十：'哀廿三年傳：晉荀瑤伐齊。'淮南修務注作繇。"[1]　"繇"有"喜"義，《廣雅·釋詁下》："繇，喜也。"則誌文中"禍瑤"即義為"禍福"，同"倚伏"相對。

J

Ji

稽

稽顙

1. 北齊武平元年（570 年）《吳遷墓誌》："叱吒則三軍稽顙，單醪注水，使戎徒醉滿。"

2. 北齊武平二年（571 年）《裴良墓誌》："賊魁十餘人，感斯遺愛，相率稽顙，頃巢盡落，請罪軍門。"

按：稽顙，一種極度虔誠的跪拜禮，為古之常語。[2]　《漢語大詞典》有載，但此二語例可補其書證。

擊

擊缶

東魏武定二年（544 年）《元湛妃王令媛墓誌》："方當致偕老於君子，成好仇於哲王。鼓琴之志詎申，擊缶之期奄及。"

按：《漢語大詞典》未收"擊缶"，收"缶擊"，釋為：敲擊瓦缶。古人或以缶為樂器，用以打拍子。缶，瓦盆。書證為《詩經·陳風·

---

① 宗福邦、陳世鐃、蕭海波主編：《故訓匯纂》，商務印書館 2003 年版，第 1459 頁。
② 毛遠明：《漢魏六朝碑刻校注》第九冊，綫裝書局 2009 年版，第 346 頁。

宛丘》："坎其缶擊，宛丘之道。"毛遠明釋為：擊缶，即"缶擊"。引
例同為《詩經·陳風·宛丘》。並說："由缶擊聯想到宛丘，再由宛丘
聯想到墳墓。因以'擊缶之期'表示人死亡。"[①] 解釋稍迁曲。其實
"擊缶"此典當出《莊子·至樂》："莊子妻死，惠子吊之，莊子則方
箕踞鼓盆而歌。"成玄英疏："盆，瓦缶也。莊子知生死之不二，達哀
樂之為一，是以妻亡不哭，鼓盆而歌，垂腳箕踞，敖然自樂。"後遂
用"鼓盆"作喪妻之典，此處指元湛之妻王令媛亡。"擊缶"俗稱
"鼓盆"，是在同一典源的基礎上不同的典面形式。

羈

羈年

北周大象元年（579 年）《李府君妻祖氏墓誌》："岐嶷之性，兆
自羈年；婉嫕之風，備於笄日。"

按：《漢語大詞典》未收"羈年"。古時成童的髮式，女曰羈，男
曰貫。《穀梁傳·昭公十九年》："羈貫成童，不就師傅，父之罪也。"
范寧注："羈貫，謂交午剪髮以為飾。成童，八歲以上。"後用"羈貫
之年"指童年。在此處誌文中，"羈年"並非"羈貫之年"的縮略，
而是僅用於女童。此處誌主為女性，"羈年"此指（女童）童年。

緝

緝釐、釐緝

1. 東魏武定八年（550 年）《關勝碑》："遂復章彩朝儀，緝釐王
道。璨若孤鳳之非雞鵠，淨若明月之出雲霞。"

2. 北齊天保四年（553 年）《司馬遵業墓誌》："陪遊雕輦，釐緝
文昌。樞機可則，喉舌生光。"

按：《漢語大詞典》未收"緝釐""釐緝"，二者為同素異序詞，
同義。"緝""釐"均有"治理"義。《文選·王儉〈褚淵碑文〉》：
"是時天步初夷，王途尚阻，元戎啟行，衣冠未緝。"呂延濟注："緝，
理也。"《尚書·堯典》："允釐百工，庶績咸熙。"孔傳："釐，治。"
"緝釐""釐緝"，義為"治理整頓"。

---

① 毛遠明：《漢魏六朝碑刻校注》第七冊，綫裝書局 2009 年版，第 77 頁。

緝熙

1. 北魏孝昌三年（527 年）《征虜將軍于纂墓誌》："一莅聯城，再翼鎮府，弼諧蕃岳，緝熙邦宇。"

2. 北魏太昌元年（532 年）《長孫季及妻慕容氏墓誌》："父尚書，緝熙帝宇。或勳齊伊邵，或功並蕭張。"

3. 東魏天平元年（534 年）《程哲碑》："英哉休哲，皇魏棟樑。布澤唐晉，緝熙遠彰。"

4. 東魏興和三年（541 年）《元鷟墓誌》："故懿德亮於初辰，而全盛冠於成歲。緝熙之績自亮，庸勳之效久著。"

5. 東魏武定二年（544 年）《賈思伯妻劉靜憐墓誌》："郁穆外成，緝熙中饋。聽車察賢，望顏知事。"

6. 北齊皇建元年（560 年）《雋敬碑》："應孝義以改物，揚人風以布則。於是緝熙前緒，照顯上世。"

7. 北周天和二年（567 年）《華嶽廟碑》："大師大冢宰晉國公任屬阿衡，親惟旦奭，弼諧六樂，緝熙五禮。"

8. 北周建德五年（576 年）《韋彪墓誌》："傳芳累葉，芬馥萬載，顯顯雙珠，昂昂千里。緝熙魏晉，世多哲人。"

9. 北周宣政元年（578 年）《獨孤藏墓誌》："便騎射，愛朋友，兄弟緝熙，閨門嚴正。風格樸尚，思理淵邈。"

10. 北周宣政二年（579 年）《寇熾墓誌》："脩明理，緝熙風俗；近者悅，遠者懷附。"

按：《漢語大詞典》收有"緝熙"一詞。《詩經·大雅·文王》："穆穆文王，於緝熙敬止。"毛傳："緝熙，光明也。"又，《周頌·敬之》："日就月將，學有緝熙於光明。"鄭玄箋："緝熙，光明也。"後因以"緝熙"指光明，又引申為光輝。

上述《漢語大詞典》釋義為形容詞性和名詞性，而誌文語例中不少為動詞，應釋為"閃耀"，如例 1、例 2、例 5、例 8，特別是例 6 中，"緝熙前緒"與"照顯上世"相對為文，"緝熙"為動詞"照顯"義愈明。名詞性義項"光明"，在誌文中也應隨文釋義為"光顯的品德/家世/功績等"，如例 3、例 4。而例 7 中的"緝熙"意義應是在"閃耀"詞義上的進一步引申，為"在……（方面）顯得突出/十分熟悉"義。

例9、例10中的"緝熙"義為《漢語大詞典》未釋出之義項，應釋為"（使）和諧、融洽"。"緝"有"和合"義。《國語·晉語八》："（士會）及為成師，居太傅，端刑法，緝訓典，國無姦民。"韋昭注："緝，和也。"《後漢書·陳蕃王允傳贊》："陳蕃蕪室，志清天綱。人謀雖緝，幽運未當。"李賢注："緝，合也。""熙"有"溫暖、和煦"義，《文選·潘岳〈關中詩〉》："靡暴於眾，無陵於強；惴惴寡弱，如熙春陽。"張銑注："熙，猶煦也。"可引申指"融洽、和樂"，如《資治通鑒·漢紀》："以致雍熙。"胡三省注："熙，和也。"例9中的"緝熙"可釋為"和諧"，例10中的"緝熙"可釋為"使……和諧"，形容詞的使動用法。

笄

笄辰、笄發、笄年、笄歲、笄纓、初笄、方笄、未笄

1. 北魏延昌三年（514年）《司馬景及妻孟敬訓墓誌》："自笄髮從人，撿無違度，四德孔脩，婦宜純備。"

2. 北魏永安二年（529年）《元端妻馮氏墓誌》："貞姿彰乎總日，閑淑膽乎笄辰。"

3. 北魏正光二年（521年）《司馬顯姿墓誌》："情陵玉潔，志原冰堅，彰婉奇歲，顯淑笄年。"

4. 北魏正光二年（521年）《司馬顯姿墓誌》："閑淑發於髫年，四德成於笄歲。"

5. 北魏太昌元年（532年）《和醜仁墓誌》："令淑著自綺年，婉順彰於笄歲。"

6. 北魏孝昌元年（525年）《元華光墓誌》："幼哲天聰，早膽休溢。及始笄纓，貞風稍遠。"

7. 北魏永安二年（529年）《元純陀墓誌》："初笄之年，言歸穆氏。懃事女功，備宣婦德。"

8. 北魏正光二年（521年）《內司楊氏墓誌》："年在方笄，性志貞粹。"

9. 北魏正光五年（524年）《李媛華墓誌》："爰初設帨，及此方

笄，播彩公宮，摛光牖下。”

10. 北魏正光三年（522 年）《馮邕妻元氏墓誌》：“是使長息向冠，臺府垂辟，二女未笄，皇子雙娉。”

11. 北魏正光四年（523 年）《常季繁墓誌》：“故明慧之鑒，允昭於載卜之春；恭順之規，克曆於未笄之日。”

按：《漢語大詞典》收有“笄歲”“笄年”“初笄”三詞，“笄辰”“笄發”“笄纓”“方笄”《漢語大詞典》闕收。“笄歲”“笄年”“初笄”“笄辰”“笄發”“笄纓”“方笄”，均指女子十五歲，乃及笄之年，謂女子成年。

《漢語大詞典》收“未笄”，例 9、例 10 中的“未笄”意思和上述詞語意義不同，指女子未成年。

藉

藉甚、籍甚

1. 南朝梁普通元年（520 年）《蕭敷墓誌》：“亡兄……德履沖粹，識葉淵通，徽聲嘉譽，風流藉甚。”

2. 北魏孝昌元年（525 年）《元暐墓誌》：“翠若寒松，爽同秋月，固已藉甚洛中，紛綸許下。”

3. 北魏孝昌元年（525 年）《元暐墓誌》：“紛綸今古，藉甚南北。”

4. 北魏孝昌二年（526 年）《元乂墓誌》：“於是遠近推慕，藉甚京師。”

5. 北魏孝昌二年（526 年）《侯剛墓誌》：“爰逮于公，慶餘藉甚，貞和簡粹，本乎其性。”

6. 北魏孝昌二年（526 年）《元壽安墓誌》：“自是藉甚之聲，遐迩屬望；瑚璉之器，朝野傾心。”

7. 北魏孝昌二年（526 年）《銀青光祿大夫于纂墓誌》：“用能茂實之名，羈角已高；藉甚之稱，巾弁踰遠。”

8. 北魏孝昌二年（526 年）《元彧墓誌》：“茲焉藉甚，望古無雙。”

9. 北魏孝昌三年（527 年）《征虜將軍于纂墓誌》：“清風遠著，徽譽藉甚。蕃牧敬其能，縉紳欽其美。”

10. 北魏建義元年（528 年）《王誦墓誌》：“敏學同於生知，好善由乎不及。於是徽譽藉甚，親朋捐慕。"

11. 北魏永安元年（528 年）《元禮之墓誌》："方欲藉甚日新，飛芳竹素，積善虛言，遂同萬古。"

12. 北魏永安二年（529 年）《邢巒妻元純弛墓誌》："西河王魏慶，穆氏之出，即夫人外孫，宗室才英，聲芳藉甚。"

13. 北魏普泰元年（531 年）《穆紹墓誌》："鑽六藝之膏腴，遊文章之苑囿。由是風流藉甚，朝野傾屬。"

14. 北魏普泰二年（532 年）《韓震墓誌》："考平州使君，撿格峻舉，藉甚當世。"

15. 北魏太昌元年（532 年）《長孫季及妻慕容氏墓誌》："譽高千里，名冠非常。爰騰藉甚，儀來集灌。"

16. 北魏太昌元年（532 年）《元襲墓誌》："緝釐東觀，毗讚槐庭。藉甚有聞，聲實無爽。"

17. 北魏永熙二年（533 年）《乞伏寶墓誌》："祖尚書，清規雅量，藉甚前朝。"

18. 東魏天平三年（536 年）《昌樂王元誕墓誌》："未習義方，自然成德。寧笏登朝，風流藉甚。"

19. 東魏天平四年（537 年）《崔鶠墓誌》："又除本州別駕。翼讚之美，藉甚有聲。"

20. 東魏興和二年（540 年）《閭伯昇及妻元仲英墓誌》："爰自彈冠，任逕出處。聲芳藉甚，所在流譽。"

21. 東魏武定五年（547 年）《堯榮妻趙胡仁墓誌》："當世以為貴盛，縉紳慕其藉甚。"

22. 北周保定五年（565 年）《王士良妻董榮暉墓誌》："祖義，素論藉甚，接武名傑。"

23. 北周建德二年（573 年）《宇文顯和墓誌》："公稟山岳之靈，擅風雲之氣，容止矜莊，聲名藉甚。"

24. 北周宣政元年（578 年）《宇文瓘墓誌》："率由孝敬，藉甚聲名。徐榻屢下，蔡屣頻迎。"

25. 北齊河清四年（565 年）《封子繪墓誌》："吏部郎中、清河崔瞻與公禮闈申好，州里通家，摛綴之美，籍甚河朔。"

按：《漢語大詞典》收"藉甚""籍甚"。"藉甚"釋義為：盛大，卓著；首舉書證為《史記·酈生陸賈列傳》："陸生以此遊漢廷公卿間，名聲藉甚。""籍甚"釋義為：盛大，盛多；首舉書證為《漢書·陸賈傳》："賈以此遊漢廷公卿間，名聲籍甚。"其實，"藉""籍"二字同，魏晉南北朝碑刻中構件"艹""竹"常相混，如《韓顯宗墓誌》"節"字作節，《元定墓誌》"節"字作莭，而"籍"字之"竹"多混同"艹"，如《元悅墓誌》"籍"作藉。故"藉甚""籍甚"其實只是詞形不同，表意相同，《漢語大詞典》各自做出解釋，釋義亦稍有差異，且未溝通"藉甚""籍甚"二者關係。

碑誌文中"籍甚/藉甚"多用為"卓著"義，"盛大、盛多"基本不合乎語境。除此，少數語例應釋為名詞義"名聲"較妥，如例6、例7、例11、例15。

極

極陽

北魏延昌三年（514年）《元濬嬪耿氏墓誌》："哀痛感於極陽，追贈過於殊限。依禮送終，備御東園。"

按：極陽，與"極陰"相對，九為陽卦之極數。《漢上易傳》："九，極陽也；六，極陰也。"這裏以"極陽"指皇帝。[1]《漢語大詞典》直接釋為"帝王"，为解釋詞義的淵源，書證亦此條。

捝

捝扼

北魏孝昌三年（527年）《元融墓誌》："龜龍捝扼，雲樹徘徊。万春自此，一去不来。"

按：《漢語大詞典》未收"捝扼"一詞。"捝"為"牽制"義，《國語·魯語下》；"我先君襄公……捝止晏萊焉，齊師退而後敢還。"意思是"我國的先君魯襄公……牽制並俘虜了齊國的晏萊，直到齊軍從晉國撤退以後才敢率軍回國"。"扼"有"停止"義，《廣雅·釋詁

---

① 毛遠明：《漢魏六朝碑刻校注》第四冊，綫裝書局2009年版，第254—255頁。

三》：“抳，止也。” 王念孫疏證：“《姤》初六：‘繫於金梡。’《釋文》：‘梡，《說文》作櫙，云：絡絲柎也。王肅作抳，子夏作鑈，蜀才作尼；止也。’……並聲近而義同。” “掎抳” 乃同義語素組成的並列式合成詞，“停止” 義，《玉篇·手部》：“抳，尼倚切。掎抳。”

冀

冀缺、冀室

北齊武平四年（573年）《元華墓誌》：“故以樊英答拜，冀缺如賓。夢兆熊羆，庭羅芝玉。”

按：“冀缺”，《漢語大詞典》收，春秋時晉人缺的別名，因其父芮封冀，故又稱冀缺。《左傳·僖公三十三年》：“初，臼季使，過冀，見冀缺耨，其妻饁之，敬，相待如賓。與之歸，言諸文公曰：‘敬，德之聚也。能敬必有德。德以治民，君請用之！臣聞之：出門如賓，承事如祭，仁之則也。’” 此處用 “冀缺” 之典言誌主元華有仁德。“冀缺” 在誌文中亦常形變為 “冀室”，“冀” 指 “冀缺”，“室” 指 “冀缺之妻”。《禮記·曲禮上》：“人生十年曰幼，學；二十曰弱，冠；三十曰壯，有室。” 鄭玄注：“有室，有妻也。妻稱室。” 如唐貞觀《韓君妻綦毋氏墓誌》：“潔誠蘋藻，和如琴瑟，相重如賓，有逾冀室。”《漢語大詞典》收 “冀缺”，未收 “冀室”。

Jia

佳

佳城、佳域

1. 北齊武平四年（573年）《高建妻王氏墓誌》：“兩楹始夢，百祀催期。佳城乃立，大壇言歸。”

2. 北齊武平五年（574年）《李君穎墓誌》：“將恐佳城見日，陵谷貿遷，用鐫芳烈，置彼幽埏。”

3. 北周保定四年（564年）《拓跋虎墓誌》：“惜陵谷之貿遷，懼風煙之歇滅，方為常樂之觀，無復祁連之山。佳城儻開，乃見銘曰……”

4. 北周天和二年（567年）《乙弗紹墓誌》：“佳城鬱鬱，丘隴蕪蕪。終遊狐菟，空禁樵蒭。”

5. 北周建德元年（572年）《匹婁歡墓誌》："幽幽壟路，鬱鬱佳城。丘陵若徙，冀識遺聲。"

6. 北周建德四年（575年）《叱羅協墓誌》："青松界術，白楸易朽。鬱此佳城，營魂永久。"

7. 北周建德五年（576年）《王鈞墓誌》："薤歌纔響，轜送佳城。稚子哀酷，順父傷情。"

8. 北周大象元年（579年）《安伽墓誌》："陵谷易徙，居諸難息，佳城有毀，鐫勒無虧。"

9. 北齊武平六年（575年）《範粹墓誌》："如何不淑，方都佳域，懸生拱木，人路飛泡，世事難希。"

按：《漢語大詞典》收"佳城"，未收"佳域"，屬於典故詞，前者較常見，後者是前者的又一典面形式，典源相同。典出西漢劉歆《西京雜記》："滕公駕至東都門，馬鳴踟不肯前，以足跑地久之。滕公使士卒掘馬所跑地，入三尺所，得石槨。滕公以燭照之，有銘焉……曰：'佳城鬱鬱，三千年見白日。籲嗟滕公居此室！'滕公曰：'嗟乎天也！吾死其即安此乎？'死遂葬焉。"後用"佳城"稱墓地，又作"佳域"。

家

家勤

北齊乾明元年（560年）《高淯墓誌》："於是聲飛海外，迹超日下。魏朝式仰家勤，敬引人傑，拜通直散騎常侍……"

按：《漢語大詞典》未收"家勤"一詞。"家"，"家族"義。"勤"是"為國而勤"義，即"為國操勞"，見《周禮·秋官·小司寇》："七日議勤之辟。"鄭玄注："勤，謂憔悴以事國。""家勤"為"家族中能夠為國事操勞的人"，即"家族中的傑出者"。

Jian

緘

緘籥

北魏建義元年（528年）《元邵墓誌》："慎深曳踵，文工操紙。絲綸有蔚，緘籥無褫。"

按：《漢語大詞典》未收"緘簹"一詞。查"簹"字的解釋，義為"簹子，船具。"自古及今，一系列工具書均為此解。顯然"簹"的意義不適合該誌文語境。"綸"應為"帝王的詔書旨意"。《禮記·緇衣》："王言如絲，其出如綸。""絲綸"亦指"帝王詔書"。誌文前言"絲綸有蔚"，後語"緘簹無褫"，其中"綸""簹"義同，皆是圍繞"帝王詔書而言"，"綸""簹"是同一詞義的不同的文字符號，如"碗、椀、鋺""砲、炮"等。只不過"綸""簹"二形，一者表明詔書材質為絲，一者表明詔書材質為竹罷了。遺憾的是"綸""簹"異體的證據未找到。"緘簹"在此當指封緘詔書。"絲綸有蔚，緘簹無褫"是說誌主在從事撰寫、封緘帝王詔書等重要工作，從未被褫奪官職。

簡

簡繩

北魏孝昌二年（526 年）《侯剛墓誌》："當官正色，在法斯明。簡繩一舉，遠震邇驚。"

按：《漢語大詞典》未收"簡繩"。"簡"有"大"義，《尚書·堯典》："簡而無傲。"孫星衍《今古文注疏》引《詩傳》云："簡者，大也。""繩"有"准則、法度"義，如《商君書·開塞》："王道有繩。""簡繩"義為"大的原則、基本法度"，即"國家基本律令"。

簡言

東魏興和二年（540 年）《閭伯昇及妻元仲英墓誌》："善始令終，自家刑國。徽猷刱茂，人無簡言。"

按：《漢語大詞典》未收"簡言"。"簡"有"輕慢"義，《漢書·谷永傳》："治天下者尊賢考功則治，簡賢違功則亂。"顏師古注："簡，略也，謂輕慢也。""簡言"，即"輕慢之語。"

Jiang

降

降靈

1. 北魏景明三年（502 年）《穆亮墓誌》："雲岩升彩，天淵降靈；履順開祉，命世篤生。"

2. 北魏建義元年（528年）《元悌墓誌》："惟嶽降靈，誕茲淑令。處嶷號神，在童稱聖。"

3. 北魏孝昌二年（526年）《于纂墓誌》："軒轅降靈，壽丘柘緒，導積石以爭流，混滄溟而俱浚。"

4. 北魏神龜二年（519年）《元誘墓誌》："公降靈景宿，蘊氣風雲，殊異表於弄璋，崖岸聳於負劍。"

按：靈，指靈氣、福祉等。"降靈"，指賜給靈氣、福祉。多用於敘述人之生平之初時，謂之稟靈氣而生，殆成套語。①

降靈，是東漢魏晉時社會心理的一種反映。當時，佛教傳入我國，黃老之學、讖緯之術深入人心，人們認為天地、山川、星宿等具有神秘力量，對之心存畏懼，希望它們能賜給人們靈氣、福祉等。文獻中用例，自漢及唐，多不勝舉。如王褒《四子講德論（並序）》："品物鹹亨，山川降靈，神光耀暉，洪洞朗天。"蔡邕《太傅祠堂碑銘》："天鑒有漢，山嶽降靈。於赫文恭，應期誕生。"盧思道《在齊為百官賀甘露表》："竊以河榮洛變，授祉於勳華，玄玉素鱗，降靈於湯武。"唐太宗《授長孫無忌尚書右僕射詔》："斯固立德佐時，降靈輔闕，宜以翼贊。"文宗《令鎮州行營兵馬各守疆界詔》："賴天地降靈，中外葉力，凶渠就戮，滄海甫安。"在祭文中，也有把人物想象成具有神的力量，冀其賜福的。如權德輿《祭賈魏公文》："潔此觴豆，歆於冥漠。仿佛風采，公其降靈。尚饗！"《漢語大詞典》有"降靈"詞條，釋為"使神靈下降，召神"。書證為魯迅《漢文學史綱要》第一篇："試察今之蠻民，雖狀極狂獠，未有衣服宮室文字，而頌神抒情之什，降靈召鬼之人，大抵有焉。"此非"降靈"之初始義，待補。②

降鳳岐嶺

東魏武定二年（544年）《元湛妃王令媛墓誌》："榛楛濟濟，瓜瓞綿綿；降鳳岐嶺，御鵠伊川。"

按："降鳳岐嶺"，《漢語大詞典》失載，也未見其他相近詞條。《國語·周語上》："周之興也，鸑鷟鳴於岐山。"韋昭注："鸑鷟，鳳

---

① 徐志學：《北朝石刻詞語八則》，《漢字文化》2010年第3期。

② 徐志學：《北朝石刻詞語八則》，《漢字文化》2010年第3期。

之別名。"後因以"岐山鳴鳳"指興王道成帝業的瑞兆。此處"降鳳岐嶺"義同"岐山鳴鳳"。

Jiao

焦

焦生

北魏孝昌二年（526 年）《楊乾墓誌》："務濟樂施，常君謝其美；清約節儉，焦生裁以為譬。"

按：此處"焦生"當即焦延壽，其人字贛，西漢梁國人。《漢書·京房傳》載："贛貧賤，以好學得幸梁王，王共其資用，令極意學。既成，爲郡史，察舉補小黃令。以候司先知姦邪，盜賊不得發。愛養吏民，化行縣中。"誌文中"清約節儉，焦生裁以為譬"是以焦延壽的"清約節儉"類比誌主，讚揚其"清約節儉"。

叫

叫咷

1. 東魏武定二年（544 年）《元顯墓誌》："笙竽叫咷，旌蓋低仰。留連辭賦，慇懃羽觴。"

2. 東魏武定二年（544 年）《叔孫固墓誌》："慘慘高臺，芒芒曲池。叫咷挽響，嵬峨龍輴。於茲一去，萬古常違。"

按：《漢語大詞典》收"叫咷"一詞，義為：大喊、高呼。書證為章炳麟《〈革命軍〉序》："叫咷恣言，發其慚恚。"書證過遲，此語例可補之。且義項"大喊、高呼"與誌文語境不協。"叫"即"喊叫聲"。《集韻·幼韻》："叫，聲也。""咷"為"哭喊"義。《周易·同人》："同人先號咷而後笑。"陸德明《經典釋文》："咷，號咷，啼呼也。"故誌文此處"叫咷"可釋為"哭喊"。

Jie

介

介別

北魏建義元年（528 年）《元讞墓誌》："鴻胄紛綸，發閭箮而雲起；清源介別，出天池而電注。”

按：《漢語大詞典》未收“介別”一詞。“介”有“界”義，如《楚辭·九章·哀郢》：“哀州土之平樂兮，悲江介之遺風。”洪興祖《楚辭補注》引薛君《韓詩章句》：“介，界也。”又義同“別”，《爾雅·釋言》：“縭，介也。”陸德明《經典釋文》：“介，別也。”“別”就是“離”，“區分”義。“別”即“區分、區別”，《尚書·畢命》：“旌別淑慝。”孔傳：“言當識別頑民之善惡。”故誌文中“介別”，義即“區別”。

Jin

斤

斤斤

北魏太昌元年（532年）《楊侃墓誌》：“翼翼奉主，斤斤從政。誅暴康邦，一人有慶。”

按：《漢語大詞典》收“斤斤”，其所釋義項中有兩項較適合墓誌文：①拘謹，謹慎；②明察。義項①書證見《後漢書·吳漢傳》：“及在朝廷，斤斤謹質，形於體貌。”義項②書證見《詩經·周頌·執競》：“自彼成康，奄有四方，斤斤其明。”毛傳：“斤斤，明察也。”“明察”義不適合誌文，因為語料中“翼翼奉主”與“斤斤從政”對舉，則“斤斤”義近“翼翼”，故義項“①拘謹，謹慎”適合此處誌文。

金

金葙、金相

1. 北魏正光元年（520年）《元氏妻趙光墓誌》：“夫人稟映自衷，容華外潔，金葙齠年，玉振齔歲。”

2. 北魏正光二年（521年）《穆纂墓誌》：“寔生夫子，因心作訓，摠角金葙，裁冠玉振。”

3. 北魏正光五年（524年）《韓賄妻高氏墓誌》：“令儀既誕，載影金葙。”

4. 北魏孝昌元年（525年）《元誘妻薛伯徽墓誌》：“篤生君子，

載誕賢妃。金葙玉照，百代俞徽。"

5. 北魏武泰元年（528 年）《員外散騎侍郎元舉墓誌》："墳經於是乎寶軸，百家由此分金葙。洞兼釋氏，備練五明。"

6. 北魏建義元年（528 年）《元端墓誌》："寔生夫子，因心作訓，總角金葙，戒冠玉振。"

7. 東魏元象元年（538 年）《崔混墓誌》："篤生伊子，玉閏金葙。叡心瑅湧，逸思霞張。"

8. 北齊天保六年（555 年）《報德像碑》："祖，儀同文靜公，金葙玉質，取貴當年。"

9. 北齊天保十年（559 年）《庫狄迴洛妾尉孃孃墓誌》："播玉潤於金葙，鬱瓊枝以煩衍。"

10. 北齊天統五年（569 年）《潘景暉等造像記》："化九夷而同風，捻万國以降強，四王奉華於□珮，諸天供寶於金葙。"

11. 北魏正光三年（522 年）《盧令媛墓誌》："修姱窈窕，玉瑩金相。"

12. 北魏正光五年（524 年）《元緦妃李媛華墓誌》："介茲簡簡，膺比穰穰，爰誕三胤，玉閏金相。"

13. 北魏孝昌元年（525 年）《封君妻長孫氏墓誌》："陰婺垂精，陽臺開貺，誕發玉儀，光啟金相。"

14. 北魏建義元年（528 年）《元譙墓誌》："暐哉王族，玉胄振芳。哲人誕世，瓊質金相。"

按：魏晉南北朝碑刻文獻中，構件"竹""艹"常混同，特別是從"竹"常作從"艸"，本處誌文中"金葙"即為"金箱"，《漢語大詞典》收"金箱"，但未指出與"金葙"的關係。《漢語大詞典》釋"金箱"作：①金制的箱，用以珍藏寶物；②猶金相。《漢語大詞典》亦收"金相"，與此處誌文相協的義項是"比喻完美的形式"，書證有：南朝梁劉勰《文心雕龍·書記》："文藻條流，托在筆劄。既馳金相，亦運木訥。"詹鍈義證："金相，比喻文章的形式完善。"唐顏真卿《河南府參軍郭君神道碑銘》："粲粲門子，菲菲國香，家傳玉樹，人詠金相。"本處誌文中"金葙/金相"義多同顏真卿例，此例中"金相"顯然是說人的面容，用"完美的形式"解釋不妥，應補充上"形容人的面容美好"。

魏晉南北朝碑誌文中的"金相"，見例 11 至例 14，意義比較單一，只有"形容人的面容美好"一義，從誌文看，"金相"既適用於女性，也適用於男性。特別是例 13、例 14 中，"玉儀"與"金相"對舉，言儀態婀娜，面容姣好；"瓊質"與"金相"對舉，言品行高潔，面容美好。此兩例套用"比喻完美的形式"，顯然行不通。

涉及"金箱"的例 1 至例 10，其意義並不單一。例 1 到例 4、例 6 到例 8 義為"形容面容美好"，例 5、例 10 義為"用以珍藏寶物或書籍的金制的箱子"。

金羽

1. 北魏孝昌三年（527 年）《元淵墓誌》："惟王孝通神明，仁及草木，忠為令德，義成獨行，學備金羽，文兼綺縠，風韻閑雅，神采清潤，佩芳蘭以高視，懷旋琰而上馳。"

2. 東魏天平四年（537 年）《高雅墓誌》："君稟孝成本，體仁為質，總角之歲，見歎龍門。未待礱礪，自曰傾都之寶；不揉而直，視假金羽之功。"

3. 北齊天保六年（555 年）《高建墓誌》："器同竹箭，加金羽而益美；質類梓材，施丹漆而轉麗。"

4. 北齊武平二年（571 年）《裴良墓誌》："君資靈上善，稟氣中和，孝義因心，恭敏率性，學惟金羽，文窮雕刻。"

按：語出《孔子家語·子路初見》："子路見孔子。子曰：'汝何好樂？'對曰：'好長劍。'孔子曰：'吾非此之問也。徒謂以子之所能，而加之以學問，豈可及乎？'子路曰：'學豈益也哉？'孔子曰：'夫人君而無諫臣則失正，士而無教友則失聽，禦狂馬不釋策，操弓不反檠。木受繩則直，人受諫則聖。受學重問，孰不順哉？毀仁惡士，必近於刑。'子路曰：'南山有竹，不揉自直；斬而用之，達於犀革。以此言之，何學之有？'孔子曰：'栝而羽之，鏃而礪之，其入之不亦深乎？'子路再拜曰：'敬受教！'""金羽"即本此。"栝"是箭末扣弦之缺口，張弓搭箭後納弦於栝，以便發射時承力。

"羽"指箭的尾羽，在箭飛行過程中起到平衡和保持方向的作用。"栝而羽之"，即給箭竿之末刻出扣弦的栝，並裝上尾羽。"鏃而礪之"，即給箭竿安上矢鏃，並磨礪使之鋒利。加在竹箭上的栝羽和金鏃，可以使竹箭殺傷力更強。孔子以此為喻，強調美好的品質需要經過學習來使它發揮更大的效力。由此又可提煉出"栝羽""羽栝"（二"栝"字又作"括"）等，辭書已收。[①] 參"栝羽""羽栝"條。

衿

衿期

北魏正光四年（523 年）《元斌墓誌》："凡在衿期，慨焉喪氣，朝野有識，莫不嗟酸。"

按：衿期，猶心期。指人與人之間的相互期許。《魏書·崔休傳》："仲文弟叔文仁，性輕俠，重衿期。"以上為《漢語大詞典》對"衿期"的解釋。但"衿期"何以有"心期"義，不明。"衿"，即"襟懷"，引申為胸懷、志趣。《北史·魏彭城王勰傳》："初，勰之定壽春，獲齊汝陰太守王果、豫州中從事庾稷等數人，勰傾衿禮之，常參坐席。""期"有"相當、相合"義，《尚書·大禹謨》："皋陶，惟茲臣庶，罔或於予正，汝作士，明於五刑，以弼五教，期於予治。"孔傳："期，當也。歎其能以刑輔教，當於治體。"孔穎達疏："傳言'當於治體'，言皋陶用刑輕重得中於治體與正相當也。"

"衿期"，"志趣相投"義，在此指"情投意合之人"，通俗來講就是"知心朋友"。

Jing

荊

荊朱

東魏武定二年（544 年）《叔孫固墓誌》："闇合兵書，動成禮式。館富荊朱，才罄四海。立信行義，起家形國。"

---

① 梁春勝：《六朝石刻典故詞例釋》，《漢語史學報》2016 年第 1 期。

按：《漢語大詞典》未收"荊朱"。誌文此處"荊朱"即"荊珠"，"朱"與"珠"通。《山海經·東山經》："澧水……其中多珠蟞魚。"《呂氏春秋·本味》："醴水之魚，名曰朱蟞。""珠蟞"即"朱蟞"，"珠""朱"為異文。本語例中"荊朱"即"荊珠"，"荊"即"楚"，"荊珠"指"和氏璧"。見《韓非子·和氏》："楚人和氏（卞和）得玉璞楚山中，奉而獻之厲王。厲王使玉人相之，玉人曰：'石也。'王以和為誑，而刖其左足。及厲王薨，武王即位，和又奉其璞而獻之武王。武王使玉人相之，又曰：'石也。'王又以和為誑，而刖其右足。武王薨，文王即位，和乃抱其璞而哭於楚山之下，三日三夜，泣盡而繼之以血。王聞之，使人問其故，曰：'天下之刖者多矣，子奚哭之悲也？'和曰：'吾非悲刖也，悲夫寶玉而題之以石，貞士而名之以誑，此吾所以悲也。'王乃使玉人理其璞而得寶焉，遂命曰：'和氏之璧'。""荊朱"在此處喻指與誌主來往者皆優秀人物。

荊株

北齊《張肅俗墓誌》："諸兄愛同伯雅，睦等元方，悲棣華之稍落，痛荊株之漸亡，聊鐫茂范，庶畢天長。"

按："荊株"依句意應指兄弟，典出梁朝吳均《續齊諧記·紫荊樹》："京兆田真兄弟三人，共議分財，生貲皆平均；惟堂前一株紫荊樹，共議破三片，明日就截之。其樹即枯死，狀如火然。真往見之，大驚，謂諸弟曰：'樹本同株，聞將分斫，所以顦顇，是人不如木也。'因悲不自勝，不復解樹。樹應聲榮茂，兄弟相感，合財寶，遂為孝門。"《漢語大詞典》引清人孫枝蔚詩，書證太遲。

驚

驚川

1. 北魏熙平元年（516年）《元睿墓誌》："驚川理切，促駕塗窮。"

2. 北魏神龜三年（520年）《辛祥墓誌》："而驚川弗舍，高績未酬，春秋五十有五……"

3. 北魏孝昌二年（526年）《李謀墓誌》："生如過隙，逝似驚川。"

按：《漢語大詞典》收"驚川"一詞，義項有二：①震動原野；②洶湧澎湃的水流。義項②只適合誌文例1，但也是用其比喻義"比喻威名或功業"。例 2、例 3 中的"驚川"是形容"光陰流逝迅速"。"驚"有"逸、疾"義，即"迅速"。《玉篇·馬部》："驚，居英切。懼也、馬駭也、逸也。"《文選·郭璞〈江賦〉》："激驚勢以前驅。"張銑注："逸，疾也。"此兩例中的"驚川"應義同"逝川"，即同"逝者如斯"的典故。《論語·子罕》："子在川上曰：'逝者如斯夫！不舍晝夜。'"此典原指一去不返的江河之水，後比喻流逝的光陰，又作"逝川""川逝""川上之嘆""川上嘆逝""逝者如斯"等，典面"驚川"比較少見。

<h2 style="text-align:center">井</h2>

井祚

北魏延昌四年（515 年）《王紹墓誌》："服終纂膺井祚，襲侯昌國。年甫涉冠，起家為太子洗馬。"

按："井"即"井田"，《周禮·考工記·匠人》："九夫為井。"鄭玄注："井者，方一里，九夫所治之田也。"引申指人口聚居地，此誌文處指"食邑、封地"。"祚"，"福祿"，《詩經·大雅·既醉》："君子萬年，永錫祚胤。"朱熹《詩集傳》："祚，福祿也。"此誌文處引申指"福祿之位、爵位"。"井祚"在這裏的意思是"封地和爵位"。

<h2 style="text-align:center">景</h2>

景暮

北齊天統三年（567 年）《宋買等二十二人造像記》："宗尚莊老之談，景暮神仙之術。"

按：《漢語大詞典》未收"景暮"。"景暮"為北朝造像記所用俗語詞。造像記文字多俗字、訛字、通假字。此處"暮"當通"慕"。《論語·先進》："莫春者。"釋文："莫本亦作暮。"郭店楚簡《成之聞之》簡二八："……此以民皆又（有）眚，而聖人不可莫。"影本裘錫圭按語疑莫讀為慕。[1]"景"有"仰慕"義，《後漢書·劉愷傳》："今愷景仰前脩。"李賢注："景，猶慕也。""景暮（景慕）"為同義語素組成的並列式複合詞。

---

① 王輝：《古文字通假字典》，中華書局 2008 年版，第 303 頁。

景應

北魏孝昌三年（527 年）《和邃墓誌》：“景應未徵，齡命短促，息馬長驅，藏舟夜速。”

按：《漢語大詞典》未收“景應”一詞。“應”通“膺”。《經籍籑詁》：“《左傳·僖公十二年》：‘應乃懿德。’洪亮吉詁引惠棟曰：《讀書雜誌·餘編下·文選》‘劇秦美新：有馮應而尚缺’。王念孫按：‘應，讀為膺。’”“膺”有“胸懷”義，可引申為“抱負”。《漢書·東方朔傳》：“脣腐齒落，服膺而不釋。”顏師古注：“服膺，俯服其胸臆也。”“景”有“大”義，《國語·晉語二》：“景霍以為城，而汾、河、涑、澮以為渠。”韋昭注：“景，大也。”“景應”在這裏的意思就是“遠大的抱負”。此處所引“景應未徵”正好和前文因官小而未應命相合：“孝昌元年，授以鎮遠將軍，左衛司馬如故。君以量弘授淺，職未稱譽。”

靖

靖樹

北齊武平二年（571 年）《常文貴墓誌》：“哀慕號泣，深懷創鉅痛；晝夜啼恨，倍切靖樹之悲。”

按：靖，通“靜”。古語“樹欲靜而風不止，子欲養而親不待也”，以表示子女對父母死亡的哀悼。[①] 後常縮略為“靜樹”，亦作“靖樹”。“靜”“靖”通。《廣雅·釋詁》：“竫，善也。”王念孫疏證：“靜、竫、靖並通。”《逸周書·諡法》：“柔德考眾曰靜。”朱右曾《集訓校釋》：“靜，亦作靖。”《漢語大詞典》未收“靖樹”，也未收“靜樹”。

Jiu

九

九蕀

北魏景明年间（500—503 年）《魏靈藏薛法紹等造像記》：“願藏等挺三槐於孤峰，秀九蕀於華菀。”

按：《漢語大詞典》未收“九蕀”。其實，“蕀”為“荆棘”之

---

① 毛遠明：《漢魏六朝碑刻校注》第九冊，綫裝書局 2009 年版，第 358 頁。

"棘"的加形字。棘、槐均為樹名，古代皇宮外種植棘樹和槐樹，作為臣子朝見皇帝時所居位置的標誌。後用"九棘三槐"泛指三公、九卿。此處"九蕀"即"九棘"，"九卿"義。

九三

北魏永安三年（530 年）《寇霄墓誌》："遂能卷經操而不申，括胸懷而避咎，處心九三，置身元一。"

按：《漢語大詞典》未收"九三"一詞。"九三"是《易經》中爻的名稱，指的是每個六爻重卦的爻的陰陽及位置，九代表陽（陰陽），三代表第三爻（位置）。《漢書·五行志》："經曰'良馬逐'。"顏師古曰："此《易》大畜九三爻辭。"此處"九三"代指"易經或易學"。

Ju

居

居半

北齊天統四年（568 年）《和紹隆墓誌》："處別乘之任，成展足之名；在居半之重，得不空之詠。"

按：居半，指保衛國家的得力大臣。《後漢書·光武十王傳》："昔周之爵封，千有八百，而姬姓居半者，所以楨幹王室也。"[1]

居諸、日居月諸

1. 北齊天統元年（565 年）《崔德墓誌》："居諸運短，人命不長。百年何惜，中逝賢良。"

2. 北齊天統二年（566 年）《高肱墓誌》："居諸互始，屢移岸谷，寒暑交謝，每易榮枯。"

3. 北周大象元年（579 年）《安伽墓誌》："陵谷易徙，居諸難息，佳城有默，鎸勒無虧。"

4. 北周天和四年（569 年）《鄭術墓誌》："蓋以日居月諸，山移谷徙，勒茲玄石，播此遺芳。"

按：《漢語大詞典》收"日居月諸""居諸"，但未溝通二者關係。

---

① 毛遠明：《漢魏六朝碑刻校注》第九冊，綫裝書局 2009 年版，第 290 頁。

"日居月諸"中"居、諸"為助詞，無實義。"居諸"從"日居月諸"中割裂出來，以助詞之形，代實詞"日月"之義，指"時間或歲月"。

舉

舉

東魏武定元年（543 年）《道俗九十人等造像碑》："有清［信］士合道俗九十人等，發心超猛，志樂菩提，造石像一區，舉高七尺。"

按：待考。

Juan

捐

捐鉤

東魏興和三年（541 年）《房悦墓誌》："鶗鴂未鳴，秋風遽急。釋耜雷歎，捐鉤雨泣。德音不朽，儀形永戢。"

按：《漢語大詞典》未收"捐鉤"。"捐鉤"一詞非典故詞，這裏的"捐鉤"和"釋耜"一樣，屬於普通詞匯，指農夫釋耜歎息，漁者（棄）鉤哭泣，比喻百姓對誌主逝去的悲傷。

捐魚、懸魚

1. 北魏建義元年（528 年）《元邵墓誌》："王御下以清，示民以信，維恩適物而動，真偽單辭以決。乳禽不撓，捐魚莫收。"

2. 北魏建義元年（528 年）《元悌墓誌》："脂膏莫潤，懸魚靡嘗。儀形帝宇，萬民所望。"

3. 東魏武定二年（544 年）《叔孫固墓誌》："公齊民用禮，去盜以德，懸魚輟味，臥轍潛歸。"

4. 東魏武定八年（550 年）《蕭正表墓誌》："豈直弭獸反風，留犢懸魚而已。"

5. 北周建德四年（575 年）《叱羅協墓誌》："掛床表政，懸魚有晨。爰茲刺舉，境域稱仁。"

按："懸魚"《漢語大詞典》有釋義：《後漢書·羊續傳》："府丞嘗獻其生魚，續受而懸於庭；丞後又進之，續乃出前所懸者以杜其意。"後以"懸魚"指為官清廉。"捐魚"一詞《漢語大詞典》未收，但義同"懸魚"。

捐珠

1. 北魏孝昌元年（525 年）《元誘墓誌》："捐珠之悲既切，罷市之慕踰酸。雖復冤恥尋申，而松檟方合。"

2. 北魏太昌元年（532 年）《元頊墓誌》："內外士女，遠邇賢愚，莫不泣若捐珠，悲如墮淚。"

按：《漢語大詞典》未收"捐珠"。"捐珠"同"遺珠"，語出《莊子·天地》："黃帝遊乎赤水之北，登乎昆侖之丘，而南望還歸，遺其玄珠。"義謂遺失珍珠。"捐珠"用在此處，喻指"失去（誌主這樣的）人才"。

K

Kai

開

開閣忘疲

東魏興和三年（541 年）《封延之墓誌》："其所留連，皆一時秀士。九蘊餘形，六肴間設。既閉門投轄，亦開閣忘疲。"

按：《漢語大詞典》未收"開閣忘疲"一詞。此語出《漢書·公孫弘卜式兒寬傳》："（公孫弘）於是起客館，開東閣以延賢人，與參謀議。弘身食一肉，脫粟飯，故人賓客仰衣食，奉祿皆以給之，家無所餘。"此典用為盡力招攬、優待人才之典。

愷

愷悌

1. 北魏建義元年（528 年）《元瞻墓誌》："公乃布愷悌，濟寬猛，體三無以還風，宣五至而調俗。"

2. 東魏武定二年（544 年）《賈思伯妻劉靜憐墓誌》："加以婉孌，儀倫明敏。工式言無，簡辭動成。衡軌溫恭，愷悌竭懃。"

3. 北周建德三年（574 年）《張僧妙法師碑》："君於百里，著愷悌之德，始自立身，終乎能士。"

按：《漢語大詞典》收該詞，釋為"和樂平易"，《左傳·僖公十二年》："《詩》曰：'愷悌君子，神所勞矣。'"杜預注："愷，樂也；悌，易也。"誌文中例2、例3適合"和樂平易"義。例1當為名詞，"和樂平易之政"義。

Kan

龕

龕歆

北魏孝昌二年（526年）《元壽安墓誌》："既而隴右虔劉，阻兵稱亂。以公愛結民心，威足龕歆。"

按：《漢語大詞典》未收"龕歆"。"龕歆"之"龕"可通"戡"，"平定"義。漢揚雄《法言·重黎》："義帝初矯，劉龕南陽，項救河北。"某氏《音義》；"龕與戡同。"① "歆"有"塵"義，南朝梁江淹《齊太祖高皇帝誄》："原燎既寂，世伊歆謐。"胡之驥匯注："歆，塵也。""塵"往往喻指"亂世、戰亂"。《後漢書·荀彧列傳》："自天子蒙塵，將軍首唱義兵，徒以山東擾亂，未遑遠赴。"《後漢書·皇甫張段列傳》："戎驂糾結，塵斥河、潼。"前者書證指"亂世"，後者指"戰亂"。誌文此處的"龕歆"即"平定戰亂"義。

Ke

刻

刻妻

北魏建義元年（528年）《元略墓誌》："奉公廉潔，刻妻之流；處事機明，辯碑之類。"

按：《漢語大詞典》未收"刻妻"條，其他詞典包括典故類詞典亦未收錄。"刻妻"係用典，當出《後漢書·鄧騭列傳》："騭字昭伯，少辟大將軍竇憲府……時遭元二之災，人士荒飢，死者相望，盜賊群起，四夷侵畔。騭等崇節儉，罷力役，推進天下賢士何熙、祋諷、羊浸、李郃、陶敦等列於朝廷，辟楊震、朱寵、陳禪置之幕府，故天下

_____

① 王輝：《古文字通假字典》，中華書局2008年版，第780頁。

復安……騭子侍中鳳，嘗與尚書郎張龕書，屬郎中馬融宜在臺閣。又中郎將任尚嘗遺鳳馬，後尚坐斷盜軍糧，檻車徵詣廷尉，鳳懼事泄，先自首於騭。騭畏太后，遂髡妻及鳳以謝，天下稱之。"　"刻"有"嚴苛"義，如《史記·酷吏列傳》："用法益刻，蓋自此始。"此處"刻妻"即取"崇節儉"的鄧騭對妻子要求"嚴苛"義，借指誌主"奉公廉潔"。

"辯碑"見本書"辯碑"條。

鏗（鏗）

鏗璐（鏗鏘）

北魏孝昌元年（525 年）《元煥墓誌》："本枝蔚藹，華萼鏗璐。"

按：鏗璐，"鏗鏘"的異體字。[1]

Kong

空

空桐

北周大象元年（579 年）《尉遲運墓誌》："此州華戎相半，風俗不一，雖異空桐之武，頗有強梁之氣。"

按：《漢語大詞典》載"空桐"，認為義同"空同"，所釋不合此處語境。《竹書記年》載："仲壬崩，伊尹放大甲於桐，乃自立也。伊尹即位，放大甲七年，大甲潛出自桐，殺伊尹。"《左傳·哀公二十六年》：宋"大尹興空澤之士千甲，奉公自空桐入，如沃宮。"《竹書記年》處"桐"即下文《左傳》中的"空桐"。伊尹流放大甲於"空桐"，當為蠻荒之地，後能"潛出自桐，殺伊尹"，自可看出此地的尚武之風。誌文借此典言誌主所管轄之州"華戎相半"，尚武風氣較重。

Kuang

纊

纊挾

北齊天保二年（551 年）《元賢墓誌》："澤被三軍，恩同纊挾。

---

① 毛遠明：《漢魏六朝碑刻校注》第五冊，綫裝書局 2009 年版，第 344 頁。

德流萬姓，名稱史牒。"

按：《漢語大詞典》未收"纊挾"一詞，收有"挾纊"，釋為"披着綿衣，亦以喻受人撫慰而感到溫暖"。《左傳·宣公十二年》："申公巫臣曰：'師人多寒。'王巡三軍，拊而勉之，三軍之士皆如挾纊。"杜預注："纊，綿也。言說（悅）以忘寒。""纊挾"與"挾纊"義同。

"纊挾"的詞形具有語境適應性，即受制於墓誌銘文四字一句且押韻的規制，把"挾纊"中的兩語素顛倒，以與"牒"韻相協。

Kui

窺

窺溏知賢

北齊武平七年（576年）《李希宗妻崔幼妃墓誌》："小大以情，幽□咸照，聞車識士，窺溏知賢，不食鮮禽之俎，未聽濮水之曲。"

按：《漢語大詞典》未收"窺溏知賢"一詞，亦未收"窺溏"。"窺溏知賢"應語出《晉書·張闓列傳》："張闓字敬緒，丹楊人……帝踐阼，出補晉陵內史……時所部四縣並以旱失田，闓乃立曲阿新豐塘，溉田八百餘頃，每歲豐稔。葛洪爲其頌。計用二十一萬一千四百二十功，以擅興造免官。後公卿並爲之言曰：'張闓興陂溉田，可謂益國，而反被黜，使臣下難復爲善。'帝感悟，乃下詔曰：'丹楊侯闓昔以勞役部人免官，雖從吏議，猶未掩其忠節之志也。倉廩國之大本，宜得其才。今以闓爲大司農。'"在"池"義上，"塘""溏"為異體字。此處用"窺溏知賢"之典形容誌主長於識才。

窺墻累刃

東魏天平四年（537年）《崔鶠墓誌》："孝友閨門，在朝清慎。人謀剋中，朋交能信。若彼層埠，窺墻累刃。"

按：《漢語大詞典》未收"窺墻累刃"一詞。毛遠明認為典出《論語·子張》："叔孫武叔語大夫於朝曰：'子貢賢於仲尼。'子服景伯以告子貢。子貢曰：'譬之宮墻，賜之墻也及肩，窺見室家之好。

夫子之墙數仞，不得其門而入，不見宗廟之美，百官之富。'"①

參本書"宮宇數仞、牆宇重仞"條。

跬

跬遊

東魏武定八年（550年）《蕭正表墓誌》："是以延譽令聞，發於
韶齔；端凝岐嶷，肇自跬遊……幼含通理，闡思幽微，雖七步之章未
道，權象之能過智。"

按：從用例中前後對舉的情況，可以推知"跬遊"應和"韶齔"
同義，都表幼年。那麼，"跬遊"為什麼能用來表示年齡，其構詞理
據是什麼，我們不得而知。初步認為，"跬遊"中的"跬"，疑通
"貴"，即"貴遊"，義為"上學的時候或年齡"。《周禮·師氏》："凡
國之貴遊子弟，學焉。"鄭玄注："貴遊子弟，王公之子弟。遊，無官
司者。""貴遊"本來是指王公等貴族子弟，這裏可能是用"貴遊"來
暗示"學焉"，用"上學"這一動作發生的時間，來指人的年齡。只
是沒有找到"跬"通"貴"的用例，如果"跬"通"貴"能成立的
話，"跬遊"即"貴遊"，用來指上學時期或幼年。②

上述判斷恐不確，一是無此通假用例，二是"貴遊"指"王公之
子弟"，再輾轉指"學焉"，又轉指"上學的年齡"，此邏輯聯繫過於
迂曲。《經籍籑詁》："《淮南子·說林》：'故跬步不休。'注：'跬，
近也。'""遊"，玩、行走。"跬遊"謂孩童遊玩、活動範圍有限，此
借指"孩童"，與"韶齔"同義對舉為文。此墓誌文下文有"生長深
宮，年殊及學。而皷（韋）弦敧器之誡，皆已闇冥胸腑者矣"。"及
學"接"跬遊"而來，亦可證"跬遊"為"未及學（孩童）"時期。

窺

窺閬

北魏熙平二年（517年）《楊舒墓誌》："霓陵之志莫展，窺閬之望
斯絕。"

---

① 毛遠明：《漢魏六朝碑刻校注》第七冊，綫裝書局2009年版，第175頁。

② 金小棟：《魏晉南北朝石刻年齡詞語研究》，碩士學位論文，西南師範大學文學院，2005
年，第22頁。

按：《漢語大詞典》未收"窺閽"。"窺"即"闚"的異體字；"閽"應同"覾"，但各字書未載。詞形又作"窺覾""窺踰""窺窬""闚閽"，義同"覷覾"，非分之求。

Kun
昆

昆一

北魏永平四年（511 年）《元英墓誌》："方極謀猷，昆一車書。金玉不永，蘭桂夙彫。"

按：《漢語大詞典》未收"昆一"。而"昆"字，《漢語大詞典》的解釋是"同，共同"。《說文·日部》："昆，同也。"漢揚雄《太玄·攡》："理生昆群，兼愛之謂仁也。"範望注："昆，同也。"則"昆一"即為"同一、統一"義。"昆一車書"，即言建立像秦始皇"車同軌、書同文"一樣的功業。

Kuo
廓

廓洛

北魏熙平二年（517 年）《張宜墓誌》："君資懷英毅，性道蕩然，廓洛容群，和光同物。"

按：《漢語大詞典》未收"廓洛"一詞。《漢語大詞典》載"廓"有八個義項：①廣大，空闊；②空寂孤獨；③擴張，開拓；④清除；⑤規劃；⑥物體的外周；⑦劍鞘；⑧通"郭"。其中符合此處語境義的是義項③"擴張，開拓"。"洛"通"絡"。清李調元《卍齋瑣錄·己錄》："今人書劄多用'洛誦'字。本《莊子》'洛誦之子，聞之瞻明。'洛、絡通。"《說文·系部》"絡"字段注："包絡字。""包絡"即"包括"義。"廓洛"在此義為"包容、囊括"義，言誌主胸襟寬廣，能包容。

L

Lai

來

來嬪

1. 北魏永安二年（529 年）《元純陀墓誌》：“婉然作配，來嬪君子，好如琴瑟，和若塤篪，不言容宿，自同賓敬。”

2. 北魏正光四年（523 年）《元譚妻司馬氏墓誌》：“終遠兄弟，來嬪王族，發響素庭，騰輝華屋。”

3. 北魏正光五年（524 年）《李媛華墓誌》：“望水齊智，瞻星比德，遠彼公宮，來嬪邦國。”

按：《漢語大詞典》未收“來嬪”一詞。《尚書·堯典》：“釐降二女於嬀汭，嬪於虞。”《詩經·大雅·大明》：“摯仲氏任，自彼殷商，來嫁於周，曰嬪於京。”“嫁”“嬪”對文，“嬪”為“嫁”義。“來”“曰”對文，“來”“曰”同義，均為助詞，無實義。

來暮

1. 北齊河清四年（565 年）《封子繪墓誌》：“所在樹政宣風，德音潛被，民歌來暮，物有去思。”

2. 北齊天統元年（565 年）《元洪敬墓誌》：“自剖符從政，樹門厝枉，吏曰難欺，民嘆來暮。”

3. 北周天和二年（567 年）《乙弗紹墓誌》：“犬不夜吠，掾有來暮之歌。徙任渭南，河潤京輦，復懷去思之澤。”

4. 北周大象元年（579 年）《李府君妻祖氏墓誌》：“父範陽府君，布政匡時，民稱來暮。”

按：《漢語大詞典》收“來暮”。“來暮”用為讚頌對地方官員德政之典，出《後漢書·廉范傳》：“舊制禁民夜作，以防火災；而更相隱蔽，燒者日屬。範乃毀削先令，但嚴使儲水而已。百姓為便，乃歌之曰：‘廉叔度，來何暮？不禁火，民安作，平生無襦今五絝。’”此典亦可用另一典面“五袴”來表示。參“五袴”條。

來晚

1. 北周武成二年（560 年）《獨孤渾貞墓誌》：“除安康郡守，帶宣城戍主，來晚繼音，窺覦止望。”

2. 北周建德五年（576 年）《韋彪墓誌》：“父或，豫雍二州刺史，陰槃縣開國男。襃帷作牧，民詠來晚。”

按：《漢語大詞典》收“來晚”條。此詞作爲歌頌地方官德政之典，出《後漢書·賈琮傳》：“中平元年，交阯屯兵反……有司舉琮爲交阯刺史。琮到部，訊其反狀，咸言賦斂過重，百姓莫不空單，京師遙遠，告冤無所，民不聊生，故聚爲盜賊。琮即移書告示，各使安其資業……歲閒蕩定，百姓以安，巷路爲之歌曰：‘賈父來晚，使我先反。今見清平，吏不敢飯。’”

來蘇、來甦

1. 北魏正光三年（522 年）《張猛龍碑》：“遂令講習之音，再聲於闕里；來蘇之歌，復詠於洙中。”

2. 北魏建義元年（528 年）《元彝墓誌》：“暨聖上龍飛中興，率土懷來蘇之望。”

3. 北魏永安二年（529 年）《穆彦墓誌》：“歷任顯績，敷化多美，民詠來蘇，愛留棠樹。”

4. 東魏天平二年（535 年）《嵩陽寺碑》：“唯聖唯賢，爰依爰附。億兆來蘇，天龍虔仰。”

5. 北魏建義元年（528 年）《王誦墓誌》：“外參八元，內居喉舌。民詠來蘇，遠至迩悅。”

6. 東魏武定八年（550 年）《司馬韶及妻侯氏墓誌》：“經明行理，澡身浴義。民歌至晚，謠曰來蘇。”

7. 北齊天統二年（566 年）《高肱墓誌》：“祖儀同三司、青州使君。秉德含弘，來蘇在物。”

8. 北齊武平七年（576 年）《李雲墓誌》：“民稱父母，吏号神明，注詠來蘇，還多臥轍。”

9. 北周天和四年（569 年）《李賢墓誌》：“踐境臨民，每有來蘇之詠；袟滿旋闕，咸垂去思之涕。”

10. 北周天和四年（569 年）《鄭術墓誌》："以君器稱瑚璉，獨步當時，乃徵還，除建忠郡守。百姓來蘇，四民樂業，比跡張、王，連聲杜、邵。"

11. 北周宣政元年（578 年）《若干雲墓誌》："公忠誠奮勇，斬馘千數，偽主奔逃。俄而宗枏，八表清廓，九服來蘇。"此處"來蘇"與以上不同。

12. 北魏普泰元年（531 年）《赫連悅墓誌》："入治未旬，斑白異路，來甦之澤，咸同斯詠。"

按：《漢語大詞典》收"來蘇"，未收"來甦"。"蘇""甦"為異體字，二詞義同。"來蘇"，因其來而由困苦之中獲得蘇息。語出《尚書·仲虺之誥》："攸徂之民，室室相慶曰：'徯予后，后來其蘇。'"孔傳："湯所往之民皆喜曰：'待我君來，其可蘇息。'"

來歌

北齊天統四年（568 年）《和紹隆墓誌》："吠犬方息，亡珠復旋。來歌始詠，去轍猶填。"

按：《漢語大詞典》未收"來歌"一詞。從"來暮"和"來晚"條的典源可知，二者都含有以歌謠稱頌地方官的內容，所以這裏的"來歌"，也當是用來稱頌地方官的政績或政德。

《後漢書·岑彭列傳》中也有相似歌詠內容："（彭熙）尚安帝妹涅陽長公主。少爲侍中、虎賁中郎將，朝廷多稱其能。遷魏郡太守，招聘隱逸，與參政事，無爲而化。視事二年，輿人歌之曰：'我有枳棘，岑君伐之。我有蟊賊，岑君遏之。狗吠不驚，足下生氂。含哺鼓腹，焉知凶災？我喜我生，獨丁斯時。美矣岑君，於戲休茲！'"

《後漢書·蔡茂列傳》中也有相似歌詠內容："（郭）賀字喬卿，雒（陽）人。祖父堅伯，父游君，並修清節，不仕王莽。賀能明法，累官，建武中爲尚書令，在職六年，曉習故事，多所匡益。拜荊州刺史，引見賞賜，恩寵隆異。及到官，有殊政。百姓便之，歌曰：'厥德仁明郭喬卿，忠正朝廷上下平。'"

《後漢書·劉陶列傳》中也有："後陶舉孝廉，除順陽長。縣多姦猾，陶到官，宣募吏民有氣力勇猛，能以死易生者，不拘亡命姦臧，於是剽輕劍客之徒過晏等十餘人，皆來應募。陶責其先過，要以後效，使各結所厚少年，得數百人，皆嚴兵待命。於是覆案姦軌，所發若神。以病免，吏民思而歌之曰：‘邑然不樂，思我劉君。何時復來，安此下民。’”比較而言，此處民謠中有“何時復來”句，當與縮略典面“來歌”更吻合，當為“來歌”較可能之典源。

　　來津、來昆、來世、來軫

　　1. 北魏正始二年（505 年）《元鸞墓誌》：“故刊幽石，傳美來津。”

　　2. 北魏永平二年（509 年）《元願平妻王氏墓誌》：“掩埏明旦，鐫誌今晨。昭傳來昆，共味清塵。”

　　3. 北魏神龜二年（519 年）《慧靜墓誌》：“銘茲貞石，永詔來軫。”

　　按：“來津、來昆、來軫”為一組表示後來者的詞。《漢語大詞典》收“來昆”一詞，義為“後代子孫。”但書證稍遲，為唐李審幾《奉仙觀老君碑》：“少卿遠裔，元禮來昆。”可補例 2 為《漢語大詞典》書證。《漢語大詞典》亦收“來軫”，“後繼之車”，在此喻指後來者。

Lan

瀾

瀾澋

北魏永安二年（529 年）《穆彥墓誌》：“弈葉扶疎，分柯瀾澋，冠冕相承，朱輪結轍。”

　　按：“瀾澋”為疊韻連綿詞，“澋”“漫”為異體字，“瀾澋”即“瀾漫”，又作“瀾漫”“瀾熳”“爛漫”“爛熳”等，如晉潘岳《滄海賦》：“徒觀其狀也，則湯湯蕩蕩，瀾漫形沉，流沫千里，懸水萬丈。”《文選·馬融〈長笛賦〉》：“詳觀夫曲胤之繁會叢雜，何其富也。紛葩爛漫，誠可喜也；波散廣衍，實可異也。”呂向注：“紛葩爛漫，聲亂而多也。”

　　這一組詞均有同一個意思，即“繁多”義，在這裏指宗族後代分支眾多。

Lang

狼

狼藉

北魏孝昌二年（526 年）《崔鴻墓誌》："多識博聞，竝驅劉孔；艷藻鴻筆，埒名張蔡。於是狼藉之譽，置卻非擬；清輝令望，高絕當時。"

按：《漢語大詞典》收"狼藉"一詞，釋為：縱橫散亂貌；指多而散亂堆積；喻行為不檢，名聲不好；形容困厄、窘迫；猶糟蹋；猶折磨。但此六個義項均不符合誌文語境。六個義項均含貶義，而誌文中"狼藉之譽"的"譽"又提示"狼藉"應為褒義。從此段誌文整體看，也都在褒揚誌主。文獻中"狼藉"為"多而亂"義，清翟灝《通俗編》引《蘇氏演義》："狼藉草而臥，去則滅亂。故凡物之縱橫散亂者，謂之狼藉。"聯繫"多識博聞"，結合"狼藉之譽"，則此處"狼藉"的意思是指各種各樣的書雜亂地堆在那兒，顯然是強調皆書主人所讀之書，有"書多或讀書多"的意思，與上句"多識博聞"也相協。

Le

樂

樂比

北魏延昌二年（513 年）《孫標墓誌》："儀昭聲雍，誕門眉之光；懋宮在德，作皇帝之相。峻城樂比，行期昌運。備宣兩儀，充遠是將。"

按：《漢語大詞典》未收"樂比"一詞。或許該詞屬於一點就破的詞語，義也極通俗，為"喜歡拿……相比，樂意比作……"義，故《漢語大詞典》未收。誌文"峻城樂比，行期昌運"，意思為：樂意把他（指誌主）比作宏偉的城池，期待他的經歷（一生）好運連連。

Li
黎

黎蒸、黎祇

1. 北魏孝昌元年（525 年）《元誘墓誌》："太平魏道，簫韶九成。方介景福，永濟黎蒸。"

2. 隋開皇十六年（596 年）《元伏和墓誌》："才苞世俗，道播黎祇。彤弓旅史，朱戶黃鉞，入朝不趨，劍履上殿。"

按：《漢語大詞典》收"黎蒸""黎烝"，二者義同，但未詳細解釋二者關係。"烝"，通"蒸"，《爾雅·釋訓》："烰烰，蒸也。"陸德明《經典釋文》："蒸，本今作烝。""烝"有"眾"義，《禮記·王制》："天子諸侯宗廟之祭，春曰礿，夏曰禘，秋曰嘗，冬曰烝。"孔穎達疏："烝者，眾也。""黎"有"百姓"義，"烝"即"烝人"，亦為"民眾，百姓"義。

"黎祇"，劉志生釋為："對黎民百姓的敬稱。"《楚辭·天問》"而服大說"洪興祖補注："黎，謂群黎百姓也。"《廣韻·脂韻》："祇，敬也。""黎祇"，《漢語大詞典》未收。[1] 劉說"對黎民百姓的敬稱"恐不確，"黎"字帶有蔑稱性質，因"祇"又說"黎祇"為敬稱，有點自相矛盾。其實，"祇"應理解為"祇候人""祇應人""祇承人"之簡稱，泛指舊時官府的小吏或富貴人家的僕從，而"黎"指田間耕作的大眾，"黎祇"正是由意義相互補充的兩語素構成，為"普通百姓"義。

離

離之晷

東魏天平四年（537 年）《崔鷫墓誌》："茲慶效靈，世載其美，如月之暉，如離之晷。"

按：《漢語大詞典》未收"離之晷"或"離晷"。毛遠明："離……八卦之一，代表火。《易經·說卦》：'離，為火，為日。'於是以'離'

---

① 劉志生：《魏晉南北朝墓誌詞語小釋》，《雞西大學學報》2012 年第 3 期。

指太陽。暑，日光。《說文·日部》：'暑，日景也'。"①

藜

藜杖未投

東魏興和三年（541 年）《司馬興龍墓誌》："雖幅巾在御，藜杖未投，養素閭里，寄情丘壑，蕭條身世，道王一時。於是德高遐邇，聲動真俗。朝廷聞風虛想，思與共治。乃起家，拜魯陽太守。"

按：《漢語大詞典》收"藜杖"條，釋作"用藜的老莖做的手杖，質輕而堅實"。出處為《晉書·山濤傳》："魏帝嘗賜景帝春服，帝以賜濤，又以母老，並賜藜杖一枚。"《漢語大詞典》釋義及書證皆未及該詞引申義。細玩誌文"藜杖未投"文義，當指誌主"未入世為官，獨善其身"。此處"藜杖"當係用典，典出《莊子·讓王》："原憲居魯，環堵之室，茨以生草；蓬戶不完，桑以為樞；而甕牖二室，褐以為塞；上漏下濕。匡坐而弦。子貢乘大馬，中紺而表素，軒車不容巷，往見原憲。原憲華冠縰履，杖藜而應門。子貢曰：'嘻！先生何病？'原憲應之曰：'憲聞之："無財謂之貧，學而不能行謂之病。"今憲，貧也，非病也。'子貢逡巡而退，有愧色。原憲笑曰：'夫"希世而行，比周而友；學以為人，教以為己；仁義之慝，輿馬之飾"憲不忍為也。'"原憲字子思，孔子弟子，他安於貧賤，不願迎合世俗為官，後以"策藜杖"或"原憲貧"用作讚頌安貧樂道德行高尚之士的典故。

誌文此處典面中的"未投"即"策"，"藜杖未投"意即"策藜杖"，典面的另一種形式。此後文獻中亦有進一步濃縮為"藜杖"者，如《宋史·徐中行列傳》："徐中行，台州臨海人……一日，去之黃岩，會親友，盡毀其所為文，幅巾藜杖，往來委羽山中。"該處語例中"幅巾藜杖"指隱居不仕，且與誌文中"幅巾在御，藜杖未投"相合。

理

理翰

1. 北涼承平四年（445 年）《沮渠安周造像記》："原始興於六度，

---

① 毛遠明：《漢魏六朝碑刻校注》第七冊，綫裝書局 2009 年版，第 174 頁。

孝終著乎慈悲。然望標理翰者，罕遊其方；悕宗研味者，莫究其極。"

2: 南朝梁天監元年（502 年）《蕭敷墓誌》："爰初理翰，振藻騰光。出高蕃采，人映華坊。"

3. 北魏正始四年（507 年）《元緒墓誌》："食道堯世，棲風舜時。逢雲理翰，矯翼霄飛。霄飛何為，天受作政。"

4. 北魏正光三年（522 年）《鄭道忠墓誌》："太和在運，江海斯歸；理翰來儀，擇木以處。"

按：《漢語大詞典》未收"理翰"一詞。"理翰"為"理翮整翰"之縮略，其義為"整理羽毛"，在碑刻墓誌文字中，多用來喻指蓄勢待發或奮發圖強。

立

立載

北魏太和二十三年（499 年）《元彬墓誌》："溫仁著於弱齡，寬恭形於立載。"

按：《漢語大詞典》未收"立載"一詞。"載"有"年"義，"立載"為"而立之年"的化用，即三十歲。

利

利建

東魏興和三年（541 年）《封柔妻畢脩密墓誌》："文王以受命作周，畢公以稱昭建國。世踵利建之榮，家承滿贏之業。"

按：利建，封土建侯。語出《易·屯》："元亨利貞。勿用有攸往，利建侯。"割裂為"利建"，表示封土建侯。[1]

利涉

北魏延昌三年（514 年）《元珍墓誌》："利涉著於道初，庶績光於所起。宜奉九錫於太階，諧百味於滋鼎。"

按："利涉"是《周易》中的常用詞"利涉大川"之縮略。"利涉大川"在《周易》卦爻辭中凡九見，如《周易·需》："貞吉，利涉大川。"《周易·同人卦》："同人於野，亨。利涉大川，利君子貞。"

---

① 毛遠明：《漢魏六朝碑刻校注》第七冊，綫裝書局 2009 年版，第 286 頁。

《周易·益卦》：“利有攸往，利涉大川。”等等。

《周易·兼義上經·乾傳》：“不言所利大矣哉！”孔穎達《正義》：“若坤卦云利牝馬之貞，及利建侯、利涉大川，皆言所利之事。”《周易》中“利涉大川”是履險如夷的行動準則，蘊含著激勵人們勇於排險克難、開拓進取、建功立業的積極意義。

《漢語大詞典》只是以《周易·需》“貞吉，利涉大川”為書證，釋義為“順利渡河”，未釋出“利涉”的引申意義。誌文處的“利涉”為“建功立業”的代稱。

歷

歷落

北齊天統四年（568 年）《薛懷儁墓誌》：“苞捃儒業，歷落兵書。彎弧盡屈申之妙，擊劍窮長短之術。”

按：《漢語大詞典》收“歷落”一詞，釋義為“疏落參差貌”，書證為北魏酈道元《水經注·河水四》：“輕崖秀舉，百有餘丈。峰次青松，巖懸頹石，於中歷落有翠柏生焉。”由《漢語大詞典》此解可知“歷落”屬形容詞範疇，這與誌文中該詞的動詞性質不合。“歷”有“盡、遍”義，如《尚書·盤庚下》：“今予其敷心腹腎腸，歷告爾百姓於朕志。”“落”，通“絡”，與誌文中“苞捃儒業”之“苞”同義，《文選·何晏〈景福殿賦〉》：“兼苞博落。”李善注：“落，與絡古字通。”則“歷落”在此處的意思應是“便覽、博觀”。

勵

勵等

北魏孝昌二年（526 年）《銀青光祿大夫于纂墓誌》：“孝友絕倫，節義勵等。”

按：《漢語大詞典》未收“勵等”一詞。“勵等”在誌文中與“絕倫”對舉，意義當接近。“勵”有“勸勉，激勵”義，如《國語·吳語》：“請王勵士，以奮其朋勢。”“等”“倫”皆同輩、同類義。人皆有“見賢思齊”之心，故“勵等”可釋為“激勵同輩”。誌文“孝友絕倫，節義勵等”的意思就是“孝友之情超越了同類，節義之氣可激勵同輩”，言誌主品德優秀，非同輩之所及。

Lian

連

連白

北周《李綸墓誌》：“雖叔仁連白，巨源密奏，海內傾心，未方茲日”。

按：《漢語大詞典》收“連白”一詞，義為“連綴白羽為魚網的標記”，但與誌文語境不合。“連白”在這裏應係用典，出《晉書·王蘊傳》：“……時簡文帝為會稽王輔政，蘊（即王蘊，字叔仁）輒連狀白之，曰某人有地，某人有才，務存進達，各隨其方，故不得者無怨焉。”“連白”一詞從典源看，為“連續多次稟告”義。白，稟告。

此可補《漢語大詞典》釋義之不足。

連和

北魏正光元年（520年）《李璧墓誌》：“高祖孝文皇帝追悅淹中，遊心稷下，觀書亡落，恨閱不周，與為連和，規借完典。”

按：《漢語大詞典》收“連和”一詞，釋義為“聯合，交好”，書證有三：《史記·楚元王世家》：“（趙王）北使匈奴，與連和攻漢。”《新唐書·崔寧傳》：“於是劍南大擾，楊子琳起瀘州，與邛州柏貞節連和討寧。”方苞《灌嬰論》：“當是時，呂氏所恃嬰耳，而嬰頓兵滎陽，與諸侯連和，以待其變。”但三處書證只適用“聯合”義，“交好”義並不特別適合所舉三書證。而“交好”義較適用於此條誌文。毛遠明亦認為：“為，通‘偽’……指南朝政權。連和，猶媾和。魏孝文帝求書於南齊事，見《南齊書·王融傳》。”[1]“媾和”即“交好”。

聯

聯坊

北魏正光四年（523年）《高貞碑》：“遷太子洗馬，夙夜惟寅，媚茲儲后，仰敷四德之美，式揚三善之功，同禁聯坊，亡有出其右也。”

按：《漢語大詞典》未收“聯坊”。誌文中“同禁”與“聯坊”

---

[1] 毛遠明：《漢魏六朝碑刻校注》第五冊，綫裝書局2009年版，第101頁。

對文，"同""聯"近義，"禁""坊"相關。《漢語大詞典》收"禁坊"，"禁中教坊"義，是宮廷音樂官署名，可代指"宮廷、朝廷"。誌文中"同禁""聯坊"同義，引申指同朝為官者。

廉

廉蘇

北魏延昌元年（512 年）《鄗乾墓誌》："唯君韜節，夙禀門矩。室友廉蘇，賓無濫與。幼承秘寵，早參禁宇。暫蒞西服，休政已舉。"

按：《漢語大詞典》未收"廉蘇"一詞。"廉"有"廉吏"義，《漢書·梅福傳》："出爵不待廉茂。"顏師古注："廉，廉吏也。""蘇"即"來蘇"，用為"明臣、廉吏"之典，出《尚書·仲虺之誥》："徯予後，後來蘇。"孔傳："待我君來，其可蘇息。"《尚書》這句話的意思是"等待我們賢明的君主，他來了，我們就得救了"。"廉蘇"在此指"明臣、廉吏"。

薇

薇蔓

北魏正光六年（525 年）《李超墓誌》："泱泱顯族，薇蔓西垂。代襲清則，□炳羽儀。"

按：《漢語大詞典》未收"薇蔓"。毛遠明釋為："薇蔓，繁衍，蔓延。語出《詩·唐風·葛生》：'葛生蒙楚，薇蔓於野。'"[①]《漢語大詞典》釋"薇"為"多年生蔓草。掌狀複葉，聚傘花序，漿果球形，有白薇、赤薇、烏薇莓等"。亦引《詩經·唐風·葛生》該句為書證。《漢語大詞典》釋"蔓"為"蔓延；滋長"。所引書證還是《詩經·唐風·葛生》該句。則《漢語大詞典》雖未收"薇蔓"一詞，但結合兩個單字解釋，其義當為"薇草蔓延"義。

以上兩種解釋均適用於該處誌文語境。不過，毛遠明先生《校注》中的解釋美中不足的是未對"垂"作注解。在這裏，"垂"通"陲"，"邊疆，邊地"義，如《荀子·臣道》："邊境之臣處，則疆垂不喪。"楊倞注："'垂'與'陲'同。"

---

① 毛遠明：《漢魏六朝碑刻校注》第五冊，綫裝書局 2009 年版，第 311 頁。

Liang

良

良其

北齊天統四年（568 年）《薛懷儁妻皇甫豔墓誌》："子茂之等，幼丁荼蓼，親加撫鞠。斷機誡學，截髮俟賓，故得並号良其，皆稱剋荷。"

按：《漢語大詞典》未收"良其"一詞。魏晉南北朝碑刻文獻中，構件"⺮""艹"混用頗常見，此處"良其"即"良箕"。《漢語大詞典》亦未收"良箕"。"良箕"應出《禮記·學記》："良冶之子必學為裘，良弓之子必學為箕。""良箕"為抽取"良弓之子必學為箕"句中兩關鍵字而成，用為"子孫能繼承祖先事業"之典，這裏指誌主苦心教導孩子們使之皆成才為官，因此孩子們才能"並号良其，皆稱剋荷"。

梁

梁甫

北魏永安二年（529 年）《慕容纂墓誌》："冀康四海，掃清九寓。思酬中興，刻石梁甫。大功未登，奄焉淪緒。"

按：《漢語大詞典》收"梁甫"，同"梁父"，有二義：①泰山下的一座小山，在今山東省新泰市西，古代皇帝常在此山辟基祭奠山川；②《梁父吟》（或《梁甫吟》）的省稱。但此兩義項均不符合此處誌文語境，且義項②所引書證最早為唐王昌齡《放歌行》："今者放歌行，以慰《梁父》愁。"過遲。《三國志·蜀志·諸葛亮傳》載："亮躬耕隴畝，好為《梁父吟》。身長八尺，每自比於管仲、樂毅，時人莫之許也。惟博陵崔州平、潁川徐庶元直與亮友善，謂為信然。"結合此則史實，聯繫義項①和誌文"刻石梁甫"的實際語境，則"梁甫"義應是"建功立業"的代稱。

梁哲

北魏延昌四年（515 年）《山暉墓誌銘》："儵忽相襲，方振南溟，永申逸翮，而福善空文，奄摧梁哲。"

按：“梁哲”，為典故詞，典出《禮記·檀弓上》：“孔子蚤作，負手曳杖，消搖於門。歌曰：‘泰山其頹乎？梁木其壞乎？哲人其萎乎？’”鄭玄注：“喻之萎病也。”“梁哲”為抽取典源中兩關鍵語素而成，用於對優秀之人的美稱，常用在人之將亡或已亡的語境中。該詞《漢語大詞典》失收。

兩

兩陳

北魏永安二年（529 年）《爾朱紹墓誌》：“貴戚絕聚斂之權，宰衡息貪陵之暴。雖二鮑兩陳，未能加也。”

按：《漢語大詞典》收“兩陳”，以為同“兩陣”，交戰雙方所布列之陣勢。此解不合此處誌文語境。此處“兩陳”當指兩位諍臣循吏。

《三國志·魏書》載有兩位循吏：陳群和陳矯。

“陳群字長文，潁川許昌人……轉為侍中，領丞相東西曹掾。在朝無適無莫，雅杖名義，不以非道假人……其弘博不伐，皆此類也。”

“陳矯字季弼，廣陵東陽人也……遷魏郡太守。時繫囚千數，至有歷年，矯以為周有三典之制，漢約三章之法，今惜輕重之理，而忽久繫之患，可謂謬矣。悉自覽罪狀，一時論決……文帝曰：陳季弼臨大節，明略過人，信一時之俊傑也。”

兩穗、兩岐

1. 東魏天平元年（534 年）《張瓘墓誌》：“異動三臺，識司空之忠烈；吟謠兩穗，表太守之仁明。”

2. 東魏武定元年（543 年）《元悰墓誌》：“作衛稱嚴，司宗有序。兩岐在詠，二難皆去。”

按：《漢語大詞典》收載，僅釋為“分為兩支”，未給出典故義。兩岐，指一麥生兩穗，乃豐年之兆，多用以稱頌地方官員吏治清明，歲和年豐。典源為《後漢書·張堪傳》：“（張堪）乃於狐奴開稻田八千餘頃，勸民耕種，以致殷富。百姓歌曰：‘桑無附枝，麥穗兩岐，張君為政，樂不可支。’”亦作“麥穗兩歧”“兩岐麥秀”“兩岐歌”“賦兩岐”“兩岐年”“兩岐功”等。例 1 的典面“兩穗”，傳世文獻中不太常見。

兩童

北魏孝昌三年（527 年）《胡明相墓誌》：“方當緝是芳猷，永隆鴻範，以俟大虹之祥，有願倉龍之感。豈冒八眉之門不樹，兩童之慶未融。”

按：此處“兩童”即“二童”。《漢語大詞典》未收“兩童”和“二童”。

“兩童（二童）”係用典，典源出《史記·秦本紀》張守節《正義》引《晉太康地志》：“秦文公時，陳倉人獵得獸，若彘，不知名，牽以獻之。逢二童子，童子曰：‘此名爲媦，常在地中，食死人腦。’即欲殺之，拍捶其首。媦亦語曰：‘二童子名陳寶，得雄者王，得雌者霸。’陳倉人乃逐二童子，化爲雉，雌上陳倉北阪，爲石，秦祠之。”“兩童（二童）”係抽取典源中的關鍵詞而成，代指功業。

誌主胡明相乃北魏肅宗昭儀，據誌文“春秋十有九，以孝昌三年歲在丁未，四月癸巳朔十九日辛亥，薨於建始殿”知，她入帝門不久，還未繁衍帝胤，亦未及融慶（承續妃嬪之福澤），年僅十九就去世了，故曰“兩童之慶未融”。

量

量叙

北周保定二年（562 年）《賀蘭祥墓誌》：“詮授文品，量叙戎將，得者無言荷恩，□者亦無怨色。”

按：“量叙”義猶“量授”。“叙”有按規定的等級次第授予官職義。《漢語大詞典》有“量授”條，釋義爲“量才銓敘，量才授官”。“量叙”與“量授”乃異形同構同義詞。“量叙”一詞，後世文獻亦沿用。例如《舊唐書》卷七本紀第七：“皇親先被配沒者，子孫令復屬籍，仍量叙官爵。”《冊府元龜》卷八“帝王部”《慶賜第二》：“亡官失爵並宜量叙，諸年八十以上，各賜粟帛。”“量叙”一詞，《漢語大詞典》失收。[①]

---

① 劉志生：《六朝墓誌詞語考釋十一則》，《華南理工大學學報》（社會科學版）2012 年第2 期。

Liao

僚

僚及

北魏熙平元年（516 年）《元廣墓誌》："皇上悼懷，僚及嘆惜，遣謁者譚七寶追贈寧遠將軍洛州刺史，以慰沉靈。"

按："僚及"，義猶"僚采"。《漢語大詞典》有"僚采"條，釋義為"同僚"，可移用於此。《廣韻·蕭韻》："同官為僚。"《玉篇·人部》："同官曰僚。"劉志生認爲"僚及"與"僚采"為語法結構相同的異形同義詞。"僚及"，《漢語大詞典》失收。①

劉志生上述說以"僚采"釋"僚及"，但二者為何同義，他並未給予解釋。而從文字書寫的角度看，碑誌文獻中誤書誤刻現象並不鮮見，如此，則"僚及"之"及"是否為"友"之誤書，值得懷疑。北魏正光元年（520 年）《邵真墓誌》："親賓痛楚以腸摧，僚友泫欷而慕德。"其中使用的就是"僚友"。

燎

燎原

1. 北魏武泰元年（528 年）《元暐墓誌》："天□悔禍，隆緒興妖，履霜已見，燎原行在。"

2. 北齊武平二年（571 年）《梁子彥墓誌》："及侯景反噬，稱兵內侮，遠與西賊潛相結附，遂使戎狄無厭，來□有道。馮陵我城邑，搖蕩我邊疆，驅率犬羊，竊據汝潁，燎原不止，終須撲滅。"

按：《漢語大詞典》收"燎原"一詞，義項有三：①火延燒原野，比喻勢態不可阻擋；②比喻盛大；③指代大火。均不适合此處誌文語境。"燎原"一詞在此應釋為"比喻兵禍如火燎原一樣迅速擴散"。且《漢語大詞典》所引書證過晚，"燎原（火燎原）"來源當為《尚書·盤庚上》："若火之燎於原，不可向邇。"

---

① 劉志生：《魏晉南北朝墓誌詞語小釋》，《雞西大學學報》2012 年第 3 期。

Lie

劣

劣飛

北齊武平四年（573 年）《臨淮王像碑》："香甫燃而霧作，花劣飛而霰下。"

按：《漢語大詞典》未收"劣飛"。"劣"為"少"義，《資治通鑒·晉紀》："（胡藩）乃以刀頭穿岸，劣容足指，騰之而上，隨之者稍多。"《宋書·胡藩列傳》："（胡藩）以刀頭穿岸，少容腳指，於是徑上，隨之者稍多。"兩處引文"劣容足指"和"少容腳指"中"劣""少"為異文，義同。"少"有"稍稍、略微"義，《戰國策·觸龍說趙太后》："老臣今者殊不欲食，乃自強步，日三四里。少益者食，和於身也。"其中的"少益者食"意思就是"稍稍喜歡吃點食物"。則誌文此處"劣"即"稍稍"義，與前之對偶句中"香甫燃"之"甫"相對。"飛""斐"通假，朱駿聲《說文通訓定聲·履部》："飛，假借為斐。"《文選·左思〈三都賦·吳都賦〉》："素華斐，丹秀芳。"張銑注："斐，美貌也。"在誌文中，"飛"借為"斐"，引申指"花開"。在此處誌文語料中，對比"甫燃"，"劣飛"的意思就是"稍稍開放"義。

Lin

琳

琳瑯

1. 北魏孝昌三年（527 年）《侯憺墓誌》："幼篤儒素，品高琳瑯。長敦行誼，處重典型。"

2. 北魏建義元年（528 年）《元譚墓誌》："公瑤臺藉慶，瓊宮麗景，實琨山之琬琰，鐘岳之琳瑯。"

3. 東魏天平元年（534 年）《程哲碑》："金玉蟬聯，本枝剋昌。琳瑯雲暎，鳳翥龍翔。"

按：《漢語大詞典》收"琳瑯"一詞，義項為：①精美的玉石；②借指美好的事物，指優美詩文、珍貴書籍；③借指美好的事物，指優秀人材；④玉石相擊聲；⑤泛指清脆美妙的聲音。以上義項皆不合誌文例 1 語境，應釋為形容詞"美好"義。例 2、例 3 適用義項③，因誌文中"琳瑯"一詞實為暗喻，故應說成"喻指優秀人才"。

臨

臨水

北齊武平四年（573 年）《高建妻王氏墓誌》："珠曰隨侯，寶言卞氏，工超組織，詠噫臨水。"

按：銘文"工超組織，詠噫臨水"與前面誌文"鄙吟詠之工，慙組紝之事"對應。"臨水"當詩曲名，南朝宋詩人黃亢有《臨水》一詩，或其所指。在此"臨水"應代指"詠詩作賦"。

驎

驎渠、麟閣

1. 東魏武定八年（550 年）《蕭正表墓誌》："其磐石鴻基，固已彪炳驎渠，煥乎史冊。"

2. 北齊武平元年（570 年）《暴誕墓誌》："皆名書虎觀，形圖麟閣，非藉耆舊之談，詎假歌謠之說？"

按："麟閣"是"麒麟閣"的省稱，《漢語大詞典》皆收。"麒麟閣"為漢代閣名，在未央宮中。漢宣帝時曾畫霍光等十一功臣像於閣上，以表揚其功績。後代多以畫像於"麒麟閣"表示卓越功勛和最高的榮譽。例 1 中"驎渠"中的"驎"與"麟"通。《左傳·定公九年》："凡獲器用曰得，得用焉曰獲。"杜預注："若麟為田獲。"陸德明《經典釋文》："麟，本又作驎。"在這裏，"驎（麟）"亦為"麒麟閣"之省稱，不過義應轉指"史籍、史冊"。"渠"為"石渠閣"省稱，見《漢書·楚元王傳》："講論五經於石渠。"顏師古注："《三輔舊事》云：'石渠閣在未央大殿北，以藏祕書。'""渠"，這裏代指史籍、史冊。

Ling
淩

淩遲、陵遲

1. 北齊武平五年（574 年）《雲榮墓誌》："及魏道淩遲，九區靡沸，壯士輕身之日，君子殉義之秋。"

2. 魏黃初元年（220 年）《上尊號碑》："漢朝雖承季末，陵遲之餘，猶務奉天命。"

3. 吳天璽元年（276 年）《禪國山碑》："□觀六經，旁貫百家。思該道根，數世陵遲。"

4. 北周建德五年（576 年）《韋彪墓誌》："屬魏政陵遲，祿去王室。擅寵擅命，窺覦神器。"

按：《漢語大詞典》收"淩遲"一詞，義項為：①衰退，衰敗；②俗稱剮刑，封建時代最殘酷的一種死刑。《漢語大詞典》亦收"陵遲"，義項為：①斜坡緩延；②敗壞，衰敗；③折磨；④剮刑，古代一種極殘酷的死刑。但《漢語大詞典》並沒有溝通"淩遲""陵遲"二詞的關係，即二詞在"衰敗"和"剮刑"義上是相通的。在此處誌文裏，"淩遲""陵遲"均為"衰敗"義，顯示了二詞的相同之處。

靈

靈射

北魏正始四年（507 年）《元鑒墓誌》："堂構累榮，襲封重潤，弼化崇光，維城作鎮。靈射疊祉，詔遷嵩宇，乃詮宗睿，京尹是撫。"

按：《漢語大詞典》未收"靈射"一詞。"射"指古射禮，古射禮的主要任務還有選賢擇士。《禮記·射義》："是故古者天子以射選諸侯、卿、大夫、士。""靈"為"靈異"義。"靈射"，借指通過靈異的射禮獲取公卿大夫之位。

Lu

鹿

鹿馬相曚

北齊河清三年（564 年）《狄湛墓誌》："孝昌季年，海內波盪，王室微弱，政出私門，鹿馬相曚。"

按：《漢語大詞典》未收"鹿馬相曚"。《周禮·春官·序官》："瞽曚掌播鞀、柷、敔、塤、簫、管、弦、歌。"鄭玄注引漢鄭司農曰："有目眹而無見謂之矇。"在此引申指"蒙蔽"義。此處"鹿馬相矇"實為對"指鹿為馬"的化用。見司馬遷《史記·秦始皇本紀》："趙高欲為亂，恐群臣不聽，乃先設驗，持鹿獻於二世，曰：'馬也。'二世笑曰：'丞相誤邪？謂鹿為馬。'問左右，左右或默，或言馬以阿順趙高。或言鹿者，高因陰中諸言鹿者以法。後群臣皆畏高。"後以此典用為"顛倒是非"之典。"鹿馬相矇"為我們熟知的"指鹿為馬"典的不同典面。

角

角里

北齊天保二年（551 年）《崔芬墓誌》："周祚文昌，太師［齊］峙。賢哉變道，大［風］掘起。袞衣承弁，意如角里。"

按：角里，商山四皓之一，見《漢書·張良傳》："上欲廢太子，立戚夫人子趙王如意。大臣多爭，未能得堅決也。呂后恐，不知所爲。或謂呂后曰：'留侯善畫計，上信用之。'……良曰：'此難以口舌爭也。顧上有所不能致者四人。四人年老矣，皆以上嫚娒士，故逃匿山中，義不爲漢臣。然上高此四人。今公誠能毋愛金玉璧帛，令太子爲書，卑辭安車，因使辨士固請，宜來。來，以爲客，時從入朝，令上見之，則一助也。'於是呂后令呂澤使人奉太子書，卑辭厚禮，迎此四人。四人至，客建成侯所。"師古曰："四人，謂園公、綺里季、夏黃公、角里先生，所謂商山四皓也。"此處誌文用"角里"之典，比喻誌主有輔佐帝王之才。

Luan
鸞

鸞池

北魏正光元年（520 年）《李璧墓誌》："漳海降祥，篤生夫子。學貫丘傳，藝洞遷史。觀物昭心，聞風曉理。賓王流譽，昇名鸞池。"

按：《漢語大詞典》未收"鸞池"。"鸞"為傳說中鳳凰一類的鳥。《漢書·息夫躬傳》："鷹隼橫厲，鸞俳佪兮！"顏師古注："鸞，神鳥也。""鸞池"，鸞鳥聚集之池，這裏引申指仙道聚集之地。

亂

亂繩

佩犢

北齊河清四年（565 年）《封子繪墓誌》："公威著言前，化行令表，亂繩自解，佩犢斯除。"

按：《漢語大詞典》未收"亂繩"，收"佩犢"條，但其對"佩犢"的釋義為"後因以'佩犢'喻棄官務農"。不合此處誌文語境。"亂繩"與"佩犢"在此均為歌頌誌主"治理有方"義，典源同出《漢書·循吏傳·龔遂傳》："龔遂字少卿，山陽南平陽人也。……宣帝即位，久之，渤海左右郡歲飢，盜賊並起，二千石不能禽制。上選能治者，丞相御史舉遂可用，上以爲渤海太守。……遂曰：'臣聞治亂民猶治亂繩，不可急也；唯緩之，然後可治。臣願丞相御史且無拘臣以文法，得一切便宜從事。'……遂單車獨行至府，郡中翕然，盜賊亦皆罷。渤海又多劫略相隨，聞遂教令，即時解散，棄其兵弩而持鉤鉏。盜賊於是悉平，民安土樂業。……齊俗奢侈，好末技，不田作，乃躬率以儉約，勸民務農桑……民有帶持刀劍者，使賣劍買牛，賣刀買犢，曰：'何爲帶牛佩犢！'春夏不得不趨田畝，秋冬課收斂，益蓄困實菱芡。勞來循行，郡中皆有畜積，吏民皆富實。""亂繩""佩犢"是從同一典源抽繹出的不同的典面形式，均為表示地方官善於治理之典。

Lun

綸

綸綍

北魏普泰元年（531 年）《元誨墓誌》："綸綍望隆，唯才是與。雖曰多士，特寡其選。"

按：《漢語大詞典》收"綸綍"一詞。引書證為《禮記·緇衣》："王言如絲，其出如綸；王言如綸，其出如綍。"鄭玄注："言言出彌大也。"孔穎達疏："'王言如綸，其出如綍'者，亦言漸大，出如綍也。綍又大於綸。"後因稱皇帝的詔令為"綸綍"。但此處誌文語境顯然不適合"詔書"義，應為"身處高位"義。

綸綍、綸誥

1. 北魏孝昌二年（526 年）《銀青光祿大夫于纂墓誌》："俄遷通直散騎常侍。贊景九重，裨暉一德。寔是絲言，曄茲綸誥。"

2. 東魏天平三年（536 年）《昌樂王元誕墓誌》："濯纓登仕，寔曰龍光。內參綸綍，外闢朱裳。進思退補，草偃風揚。"

3. 東魏武定二年（544 年）《元均及妻杜氏墓誌》："綸綍攸主，乘輿是託。疎爵以庸，分星建社。"

4. 北周保定四年（564 年）《賀屯植墓誌》："公率禮讓以□民，捻威惠以禦眾，供出納於儲宮，稟綸綍於玉府。"

按：絲言、綸誥，均指帝王的詔書。語出《禮記·緇衣》："王言如絲，其出如綸。"孔穎達疏："王言初出，微細如絲；及其出行於外，言更漸大，如似綸也。"[1]"絲言、綸誥"指"帝王詔書"是一種因比喻而形成的用法，下文語料可證：北魏孝昌二年（526 年）《元彧墓誌》："緝如綸之旨，綜帷幄之謀，出內既諧，軍國斯美。"其中"如綸之旨"就說明了"旨""如綸"，故"綸"有"旨"義。而相應地，以"綸"或以與"綸"近義的"絲"為核心語素組成的詞，如"綸誥""綸綍""絲言"，皆有"詔書"義。

Luo
落

落晷

北魏正光五年（524 年）《王鍾兒墓誌》："注荷眷渥，茲負隆恩，空嗟落晷，徒勖告存。"

按：《說文·日部》："晷，日景也。"《廣韻·旨韻》："晷，日影。"在這裏"晷"代指"日（太陽）"。"落晷"義即"太陽落山"，在墓誌中用於比喻"死亡"。《漢語大詞典》失載該詞。

---

① 毛遠明：《漢魏六朝碑刻校注》第六冊，綫裝書局 2009 年版，第 73 頁。

羅

羅年

北魏正光五年（524年）《元寧墓誌》："君托歲懷經，羅年好褎，考弟之稱，朝野明聞。"

按：《漢語大詞典》未收"羅年"。"羅年"一詞與歷史人物甘羅有關，意為"像甘羅一樣的年齡"，代指少年。甘羅，戰國末期下蔡人，秦國名臣甘茂之孫，著名的少年政治家。甘羅自幼聰明過人，小小年紀便拜入秦國丞相呂不韋門下，任其少庶子，十二歲時出使趙國。《戰國策·秦策》："少庶子甘羅曰：'君侯何不快甚也？'文信侯曰：'吾令剛成君蔡澤事燕三年，而燕太子已入質矣。今吾自請張卿相燕，而不肯行。'甘羅曰：'臣〔請〕行之。'文信君叱去曰：'我自行之而不肯，汝安能行之也？'"甘羅曰：'夫項橐生七歲而為孔子師，今臣生十二歲於茲矣！君其試臣，奚以遽言叱也？'見趙王，趙王郊迎……趙王立割五城以廣河間，歸燕太子。趙攻燕，得上谷三十六縣，與秦什一。"

Lü

閭

閭閻、閭閨

1. 北魏永熙二年（533年）《元悅及妻郭氏墓誌》："岐嶷肇於弱年，瑚璉成於早歲。名高鄉塾，器重閭閻。"

2. 東魏天平元年（534年）《張瓘墓誌》："生而明悟，孝弟著自閭閻；幼懷貞敏，敬讓行於邦里。"

3. 北魏永熙二年（533年）《張寧墓誌》："容豫鄉國，逍散閭閨。卷書辭親，彈冠問世。"

按：《漢語大詞典》收"閭閻"，未收"閭閨"。"閭閻"之"閻"，里巷外門；"閭閻"之"閻"，里巷內門。"閭閻"，後泛指里巷、家族。"閭閨"之"閨"，義為"宮中小門"。《公羊傳·宣公六年》："有人荷畚，自閨而出者。"何休注："宮中之門謂之閨，其小者謂之閨。"後用於泛指"小門"，《荀子·解蔽》："以為小之閨也。"

楊倞注："閫，小門也。"又引申指内門，《故訓匯纂》："《太玄·沈》：'沈耳於閫。'范望注：'閫，内也。内者，婦人之事。'"① 可見，"閨閣""閨閫"二詞義同。

履

履虎

東魏武定七年（549 年）《義橋石像碑》："政愍春雨，威愧秋霜。情深履虎，意等納隍。"

按：履虎，履虎尾的省略，比喻身陷危險的境地。《易·履》："履虎尾，不咥人，亨。"王弼注："履虎尾者，言其危也。"②

履順

北魏景明三年（502 年）《穆亮墓誌》："雲岩升彩，天淵降靈；履順開祉，命世篤生。"

按："履順"，最早見於《周易》卷二："六五，帝乙歸妹以祉元吉。"王弼注："婦人謂嫁曰歸，泰者，陰陽交通之時也。女處尊位，履中居順，降身應二，感以相與，用中行願，不失其禮。帝乙歸妹，誠合斯義。履順居中，行願以祉，盡夫陰陽交配之宜，故元吉也。""履順"，即恭行孝悌之道。《漢書·文帝紀》："孝悌，天下之大順也。""履順開祉"，是說恭行孝道，以得福祉。文獻例證如袁粲《妙德先生傳》："有妙德先生，陳國人也。氣志淵虛，姿神清映，性孝履順，棲沖業簡，有舜之遺風。""性孝履順"，"履順"和"孝"義同。穆亮《司徒劉穆之碑》："外恢溫雅，内鏡文明。懷仁履順，蘊義居貞。"顏延之《范連珠》："蓋聞匹夫履順，則天地不違，一物投誠，則神明可交。"至唐代，用例亦頗多。李淵《旌表孝友詔》："同居合爨，累世積年，務本力農，崇讓履順。"又指奉行正義。孫惠《詭稱南嶽逸士秦秘之以書幹東海王越》："況履順討逆，執正伐邪，是烏獲摧冰，賁育拉朽，猛獸吞狐，泰山壓卵，因風燎原，未足方也。"漢魏時還有"履中""履仁""履正""履義"等，分別指恭行中庸之道、仁

---

① 宗福邦、陳世鐃、蕭海波主編：《故訓匯纂》，商務印書館 2003 年版，第 2402 頁。

② 毛遠明：《漢魏六朝碑刻校注》第八冊，綫裝書局 2009 年版，第 101 頁。

道、正道、正義。《漢語大詞典》無"履順"詞條，可據補。①

律

律谷罷暄

北魏永熙二年（533年）《張寧墓誌》："滄淵彫璣，鍾巖墜寶。律谷罷暄，龍車輟曉。"

按：《漢語大詞典》收"律谷"，劉向《別錄》曰："鄒衍在燕，有谷寒，不生五穀，鄒衍吹律而溫之，至生黍。""暄"有"溫暖"義，"律谷罷暄"，指"律谷失去了它的溫暖"，在此處誌文中喻指誌主去世。"律谷"又作"暖律"。

緑

緑結

北魏孝昌元年（525年）《元煥墓誌》："國喪璵璠，家亡緑結。痛毀慈顏，悲零賓血。"

按：《漢語大詞典》未收"緑結"，但收有"結緑"，為一種美玉，《戰國策·秦策三》："臣聞周有砥厄，宋有結緑，梁有懸黎，楚有和璞。此四寶者，工之所失也，而為天下名器。"誌文此處"緑結"恐是臨時顛倒詞序，以便"結""血"協韻。從誌文"璵璠"與"緑結"相對舉來看，"緑結"應為"一種美玉"義。

緑圖、緑帙

1. 西魏永安元年（528年）《元欽墓誌》："丹書寫其深玄，緑圖窮其妙跡。"

2. 北魏孝昌二年（526年）《公孫猗墓誌》："故以青編煥其高門，緑帙蔚其鼎食矣。"

3. 西魏永安元年（528年）《元欽墓誌》："綿邈帝始，杳眇皇初，跡潛緑帙，名隱丹書。"

按：《漢語大詞典》未收"緑圖""緑帙"。"緑圖"，出《淮南子·俶真》："洛出丹書，河出緑圖。"在此處為"史籍家譜"義。"緑帙"義同"緑圖"。《說文·巾部》："帙，書衣也。""帙"亦代指"書籍"。

---

① 徐志學：《北朝石刻詞語八則》，《漢字文化》2010年第3期。

緑竹

北魏神龜二年（519 年）《元祐墓誌》：“方當踵綠竹於衛川，紹甘棠於燕境，降年不永……薨於第。”

按：《詩經·衛風·淇奧》：“瞻彼淇奧，綠竹猗猗。有匪君子，如切如磋，如琢如磨。”《詩經·衛風·淇奧》“序”：“《淇奧》，美武公之德也。有文章又能聽其規諫，以禮自防故能入相於周，美而作是詩也。”“緑竹”為來自典源的典故詞，負載了“君王有美德”義，這裏誌文用此典旨在讚頌誌主將要進一步建功立業。

M

Mai

埋

埋輪

1. 北魏建義元年（528 年）《元讞墓誌》：“忠謇有納肝之志，耿介蘊埋輪之操。”

2. 北齊武平二年（571 年）《裴子誕墓誌》：“君器量弘深，體局方正。豺狼自息，不假埋輪。”

按：毛遠明釋義為：埋車輪於地，以示決戰，不動搖。《孫子·九地》：“是故方馬埋輪，不足恃也。”曹操注：“方，縛馬也。埋輪，示不動也。”①《漢語大詞典》收“埋輪”，與毛氏釋義同。

毛遠明對誌文“埋輪”條解釋誤。其實“埋輪”係用典，出《後漢書·張皓列傳》，張綱為張皓之子，“（張）綱字文紀。少明經學。雖爲公子，而厲布衣之節。……漢安元年，選遣八使徇行風俗，皆耆儒知名，多歷顯位，唯綱年少，官次最微。餘人受命之部，而綱獨埋其車輪於洛陽都亭，曰：‘豺狼當路，安問狐狸！’遂奏曰：‘大將軍冀……專爲封豕長蛇，肆其貪叨，甘心好貨，縱恣無底，多樹諂諛，以害忠良。誠天威所不赦，不辟所宜加也。謹條其無君之心十五事，

---

① 毛遠明：《漢魏六朝碑刻校注》第九冊，綫裝書局 2009 年版，第 361 頁。

斯皆臣子所切齒者也。'書奏，京師震竦。時冀妹爲皇后，內寵方盛，諸梁姻族滿朝，帝雖知綱言直，終不忍用。"又有《後漢書·張王种陳列傳》："贊曰：安儲遭譖，張卿有請。龔糾便佞，以直爲眚。二子過正，埋車堙井。"李賢在"二子過正，埋車堙井"下注曰："張綱埋輪，王龔堙井。孟子曰：'矯枉過正。'"後以"埋輪"爲"特別正直、耿介"之典。

埋羊

1. 北魏永安二年（529 年）《邢巒妻元純陁墓誌》："明同析軸，智若埋羊。惇和九族，雍睦分房。"

2. 東魏武定二年（544 年）《可足渾洛妻叔孫氏墓誌》："辯魚致賞，埋羊見奇。以茲婦道，為彼母儀。"

3. 北齊天保五年（554 年）《高顯國妃敬氏墓誌》："情猶指豹，智並埋羊。景福攸止，諸子剋（尅）昌。"

4. 北齊武平四年（573 年）《元華墓誌》："故以樊英答拜，冀缺如賓。夢兆熊羆，庭羅芝玉。訓踰捕豕，教比埋羊。"

按：《列女傳》卷三《仁智傳》"晉羊叔姬"條："叔姬者，羊舌子之妻也，叔向、叔魚之母也。一姓楊氏。叔向名肸，叔焦名鮒。羊舌子好正，不容於晉，去而之三室之邑。三室之邑人相與攘羊而遺之，羊舌子不受。叔姬曰：'夫子居晉，不容，去之三室之邑。又不容於三室之邑，是於夫子不容也。不如受之。'羊舌子受之，曰：'為肸與鮒亨之。'叔姬曰：'不可。南方有鳥，名曰乾吉，食其子不擇肉，子常不遂。今肸與鮒，童子也，隨大夫而化者，不可食以不義之肉。不若埋之，以明不與。'於是乃盛以甕，埋壚陰。後二年，攘羊之事發，都吏至。羊舌子曰：'吾受之不敢食也。'發而視之，則其骨存焉。都吏曰：'君子哉！羊舌子不與攘羊之事矣。'君子謂叔姬為能防害遠疑。《詩》曰：'無曰不顯，莫予雲覯。'此之謂也。""埋羊"即出此，用作女子智慧之典。① 梁春勝的判斷"用作女子智慧之典"就典源而言正確，但釋義尚不貼合此處誌文語境，在此應為用作"女子相

---

① 梁春勝：《六朝石刻典故詞例釋》，《漢語史學報》2016 年第 1 期。

夫之典"，引申用為"女子相夫教子之典"。

邁

邁種

北魏正光五年（524 年）《元飈妃李媛華墓誌》："必祀邁種，母儀列蕃。"

按：邁種，謂美德。語出《尚書·大禹謨》："皋陶邁種德。"邁種德，割裂為"邁種"，包含"邁種德"之義，意為勉力樹德。也以"邁種"表示美德義。[1] 又作"邁德"。《漢語大詞典》收"邁德""邁種"。

Man

滿

滿贏

東魏興和三年（541 年）《封柔妻畢脩密墓誌》："文王以受命作周，畢公以稱昭建國。世踵利建之榮，家承滿贏之業。"

按：贏，應作"贏"。滿贏，富貴顯赫之義。[2] 毛遠明所言是。《玉篇·水部》《廣韻·緩韻》釋為："滿，盈也。"《孝敬·諸侯章》："滿而不溢。"邢昺疏："滿，謂充實。"《素問·六節生象論》："關格之脈贏。"張志聰《集注》："贏、盈同。"《漢語大詞典》未收"滿贏"。《玄應音義》卷十二"贏長"注："贏，今作盈。"可見，"贏""滿"義同，"滿贏"應為"滿贏"，並列式同義複合詞，"（家業）充實、富足"義。

Mang

芒

芒卯之妻

北魏永平元年（508 年）《元繼妃石婉墓誌》："使屢遷之孟，愁擅名於魯邦；芒卯之妻，愧見美於魏國。"

---

[1] 毛遠明：《漢魏六朝碑刻校注》第五冊，綫裝書局 2009 年版，第 281 頁。
[2] 毛遠明：《漢魏六朝碑刻校注》第七冊，綫裝書局 2009 年版，第 286 頁。

按：《漢語大詞典》未收"芒卯之妻"條。此詞為典故詞，典出劉向《列女傳·魏芒慈母》："魏芒慈母者，魏孟陽氏之女，芒卯之後妻也。有三子。前妻之子有五人，皆不愛慈母。遇之甚異，猶不愛。慈母乃命其三子，不得與前妻子齊衣服飲食，起居進退甚相遠，前妻之子猶不愛。於是前妻中子犯魏王令當死，慈母憂戚悲哀，帶圍減尺，朝夕勤勞以救其罪人……魏安釐王聞之，高其義曰：'慈母如此，可不救其子乎！'乃赦其子，復其家。自此五子親附慈母，雍雍若一。慈母以禮義之漸，率導八子，咸為魏大夫卿士，各成於禮義。"

後用作"慈母教子"之典，又作"魏芒慈母"，此處詞條"芒卯之妻"為不同典面。

芒昧、茫昧

1. 北魏正光元年（520 年）《李璧墓誌》："天道芒昧，報善無聞，不幸遘疾，春秋六十……"

2. 北魏正光元年（520 年）《李璧墓誌》："嗚呼天道，芒昧靡分。"

3. 北魏太昌元年（532 年）《元襲墓誌》："方羽儀宗國，領袖縉紳，而與善芒昧，非命奄及。"

4. 北魏太昌元年（532 年）《楊暐墓誌》："而天道芒昧，與善靡親。有志未申，遇斯不幸，春秋五十有五。"

5. 北周宣政元年（578 年）《宇文瓘墓誌》："天道芒昧，人途飄忽。一息長謝，百齡何卒。"

6. 南朝齊永明五年（487 年）《劉岱墓誌》："德方被今，道迺流古。積善空言，仁壽茫昧。"

7. 東魏天平四年（537 年）《張滿墓誌》："方當逐扶搖而高騫，循康衢以退徵，此理茫昧，雲亡奄迫。"

8. 東魏武定八年（550 年）《蕭正表墓誌》："天地無心，與善茫昧，景命頹齡，不登黃者。"

9. 北周保定二年（562 年）《賀蘭祥墓誌》："方□茲九伐，翊平海內。而天道茫昧，與善無徵。"

按：《漢語大詞典》收"芒昧"一詞，釋義為"模糊不清，難以

辨識。芒，通'茫'"。"芒昧"義同"茫昧"。上述諸例中的兩詞有
"糊塗、不公正"義。

參"冥昧"條。

Mao
毛

毛南

北魏永安三年（530 年）《元液墓誌》："鴻基嵬屹，均文武以開
元；丕緒紛綸，等毛南而作冑。"

按：《漢語大詞典》未收"毛南"一詞。毛叔鄭，本名姬鄭，
周文王姬昌之子，周武王姬發之弟，周朝建立之後受封於毛國。誌
文處的"毛"可指"毛叔鄭"，亦可指其采邑"毛國"，此二解以後
者為佳（原因見後）。"南""男"通，爵位名。《國語·周語中》：
"鄭伯，南也。王而卑之，是不尊貴也。"《左傳·昭公十三年》：
"鄭伯，男也，而使從公侯之貢，懼弗給也，敢以為請。"誌文中
"均文武以開元"與"等毛南而作冑"對文，"文武"對"毛南"，
"南"為爵位，則"毛"釋為"封地"為宜。"毛"原為姬鄭封地，
此處泛指"封地"。

冒

冒陣

蒙沖

北周宣政元年（578 年）《若干雲墓誌》："冒陣蒙沖，望麾斬將，
名振關河，功蓋區宇。"

按：《漢語大詞典》未收"冒陣"一詞。"冒"有"頂着"義。
漢司馬遷《報任少卿書》："張空拳，冒白刃。""陣"有"列陣，布
陣"義，《國語·晉語六》："楚半陣，公使擊之。""冒陣"義為"冒
着（危險）列陣"。

《漢語大詞典》收"蒙沖"，古代戰船名。此解不適用於此處誌
文。"蒙"有"冒着、頂着"義，《左傳·襄公十四年》："乃祖吾離
被苫蓋、蒙荊棘以來歸我先君。"杜預注："蒙，冒也。""蒙沖"義即

"冒着（危險）衝鋒"。

Mei

眉

眉案

東魏武定元年（543 年）《李祁年墓誌》："君甫髫齡偉器，預卜獲鈕，眉案研咎。"

按：毛遠明："謂夫妻相敬。盛食物的短足木盤。《東觀漢記·梁鴻傳》：'鴻，字伯鸞，與妻孟光隱居避患，適吳，依大家廡下，為賃舂。每歸，妻為具食，不敢於鴻前仰視，舉案齊眉。'"[1] 后以"舉案齊眉"为夫妇相敬的典故，又作"眉案"。

但"眉案"作此解在語境中顯突兀。上句"甫髫齡……預卜獲鈕"是說"剛剛幼年時，經卜筮（知長大）會做官"，還未敘說成家信息，這裏突然說妻子"舉案齊眉"，著實突然。

另外還要結合"眉案研咎"全句來分析。"咎"僅作姓氏用，此處顯然非其實有之形，當即"咎"字，"咎""皋"通。《廣韻·豪韻》："咎，皋陶，舜臣，古作咎繇。""咎"即"咎繇"簡稱，舜時賢臣。《楚辭·離騷》："湯禹嚴而求合兮，摯咎繇而能調。"《三國志·蜀志·諸葛亮傳》："咎繇大賢也，周公聖人也。"又作"皋陶""皋繇"，《尚書·舜典》："帝曰：'皋陶，蠻夷猾夏，寇賊姦宄，汝作士。'"清胡鳴玉《訂訛雜錄·鍾繇》："晉鍾繇，字元常。繇音遙，取'皋繇陳謨彰厥有常'之義。"誌文"眉案研咎"句中"研咎"當為"研咎"，意即"向咎繇那樣的賢臣學習"。若"眉案"釋為"夫妻相敬"之典，則句子齟齬不通。

"案"有"几桌"義，《東觀漢記·劉玄載記》："更始韓夫人尤嗜酒，每侍飲，見常侍奏事，輒怒曰：'帝方對我飲，正用此時持事來乎！'起抵破書案。""眉案"是說小孩"眉"剛剛與"案幾"齊平，言其幼小，且恰好與前文"髫齡"呼應。

---

[1] 毛遠明：《漢魏六朝碑刻校注》第七冊，綫裝書局 2009 年版，第 359 頁。

美

美虞

北魏神龜二年（519 年）《寇憑墓誌》："猛績外潭，儒風內朗，雖南陽美虞，會稽慶寵，無以嘉也。"

按："虞"即虞延，東漢初年賢臣。《後漢書·虞延列傳》："虞延字子大，陳留東昏人也。……建武初，仕執金吾府，除細陽令。每至歲時伏臘，輒休遣徒繫，各使歸家，並感其恩德，應期而還。有因於家被病，自載詣獄，既至而死，延率掾吏，殯於門外，百姓感悅之。……在縣三年，遷南陽太守。"典源中虞延因治績顯著而遷南陽太守。"美虞"即稱讚虞延治績顯著。

Meng
蒙

蒙沒

北魏神龜三年（520 年）《穆亮妻尉氏墓誌》："倉芒楊隴，蒙沒松壝。"

按：《漢語大詞典》收"蒙沒"，釋義為"冒着，迎着"，書證引《後漢書·西羌傳》："被羽前登，身當百死之陳，蒙沒冰雪，經履千折之道，始珍西種，卒定東寇。"但此處"蒙沒"非動詞義，誌文中"倉芒楊隴""蒙沒松壝"相對為文，"蒙沒"當與形容詞"倉芒"詞性相近。《漢語大詞典》收"芒昧"一詞，釋義為"模糊不清，難以辨識"，"蒙沒"當義同"芒昧"。參"芒昧"條。

濛

濛汜

1. 北魏正光五年（524 年）《孫遼浮屠銘記》："清淨未儔，簡率誰擬？方覬彌陁，遽淪濛汜。"

2. 北魏建義元年（528 年）《廣平侯楊濟墓誌》："逸翮未展，遽瑿濛汜。如彼遊魚，暴鱗失水。"

3. 北魏太昌元年（532 年）《楊遁墓誌》："初及曾泉，忽沉濛汜。一隨舟壑，永謝朝市。"

按：《漢語大詞典》收"濛汜"，釋義為"古稱日落之處"。書證引《文選·張衡〈西京賦〉》："日月於是乎出入，象扶桑與濛汜"。薛綜注引《楚辭》："出自陽谷，入於濛汜。"考慮誌文此處"濛汜"語境，則應喻指"墳墓"。

矇

矇求

東魏天平三年（536 年）《昌樂王元誕墓誌》："非噬壤而藝閑，涉矇求而功倍。不有琳瑯之資，熟表鏗鏘之韻？"

按：《漢語大詞典》未收"矇求"。"矇"即"日光不明"義。在此"矇"應通"蒙"，《釋名·釋天》："矇，日光不明，蒙蒙然也。"《釋名》雖未明說，但"蒙""矇"應通。"矇求"即"蒙求"。《周易·蒙卦》："匪我求童蒙，童蒙求我。"句意指蒙昧的人求我不斷解決疑難。後以"童蒙求我"為基礎，割裂成詞，作"蒙求"，有的用做啟蒙兒童的書名，如清朝王筠有《文字蒙求》。誌文此處以"蒙求"泛指兒童啟蒙書籍。

夢

夢奠、楹夢

1. 北魏建義元年（528 年）《元瞻墓誌》："方當就槐論道，左右分治，而覆匱伊半，為山未極。夢奠先徵，殆將奄及。"

2. 北周天和二年（567 年）《王通墓誌》："既而門巢□釁，百年之運已催；楹夢起祥，九泉之路俄涉。"

按：《漢語大詞典》未收"楹夢"，收"夢奠"。見《禮記·檀弓上》："'予（孔子）疇昔之夜，夢坐奠於兩楹之間，夫明王不興，而天下其孰能宗予，餘殆將死也。'蓋寢疾七日而沒。"後用此典指代死亡。又作"兩楹奠""兩楹""兩楹之憂""兩楹告兆""兩楹夢""奠兩楹""夫子夢奠""夢兩楹""夢楹"等。

夢兆熊羆

北齊武平四年（573 年）《元華墓誌》："故以樊英答拜，冀缺如賓。夢兆熊羆，庭羅芝玉。訓踰捕豕，教比埋羊。"

按：《漢語大詞典》未收"夢兆熊羆"。該詞係用典，典源為《詩經·小雅·斯干》：“吉夢維何，維熊維羆。”又：“大人占之，維熊維羆，男子之祥；維虺維蛇，女子之祥。”鄭玄箋：“熊羆在山，陽之祥也，故為生男。”後因以“夢熊羆”為生男吉兆。又作“夢兆熊羆”“夢熊”“夢協熊羆”“夢叶熊羆”“夢熊羆”“夢維熊”“夢符熊”等。

Mi

弭

弭獸

東魏武定八年（550 年）《蕭正表墓誌》：“而王秉行逸群，動多異績。潛惠若神，糾姦猶聖。豈直弭獸反風，留懷縣魚而已。”

按：“弭獸”《漢語大詞典》未收，收“虎渡江”和“渡虎”條，見《後漢書·宋均傳》：“遷九江太守。郡多虎暴，數為民患，常募設檻穽而猶多傷害。均到，下記屬縣曰：‘夫虎豹在山，黿鼉在水，各有所託……咎在殘吏，而勞勤張捕，非憂恤之本也。其務退姦貪，思進忠善，可一去檻穽，除削課制。’其後傳言虎相與東遊度江。”又載《後漢書·儒林傳上·劉昆傳》：“先是崤、黽驛道多虎災，行旅不通。昆為政三年，仁化大行，虎皆負子度河。”此典的典面除“虎渡江”“渡虎”外，還有“浮虎”“弭獸”“虎去”“獸去”等。“弭”有“消除”義。

可參本書“反風”“浮虎”條。

靡

靡沸

北齊武平五年（574 年）《雲榮墓誌》：“及魏道凌遲，九區靡沸，壯士輕身之日，君子殉義之秋。”

按：《漢語大詞典》未收“靡沸”。“靡”，“水流動的樣子。”《文選·左思〈魏都賦〉》：“欵愈尋靡莽於中逵。”張銑注：“靡，流貌。”“沸”，“泉水湧動或水波翻湧的樣子。”《詩經·大雅·瞻卬》：“觱沸檻泉，維其深矣。”毛傳：“觱沸，泉出貌。”總之，“靡沸”就是指“水浪湧動”。在誌文此處喻指“動蕩”。傳世文獻中也有用例，如漢揚雄《長楊賦》：“豪傑靡沸雲擾，羣黎為之不康。”隋何之元《梁典·總論》：“勢如破竹，易若轉圜，萬里靡沸，四方瓦解，社稷淪胥，龜玉毀廢，事非一夕，其所由來漸矣。”

密

密母

北魏熙平二年（517 年）《王誦妻元貴妃墓誌》：“女儀既穆，婦行必齊。智高密母，辯麗袁妻。霜華闈內，松茂中閨。如何不弔，宛爾殂淪。”

按：“密母”，密康公之母。密康公，姬姓，西周時諸侯國密須國國君。曾跟隨周共王遊於涇水之上，得三女子，其母勸其獻三女子於共王，不從，終被共王滅國身死。見《史記·周本紀》：“共王游於涇上，密康公從，有三女奔之。其母曰：‘必致之王。夫獸三爲群，人三爲眾，女三爲粲。王田不取群，公行不下眾，王御不參一族。夫粲，美之物也。眾以美物歸女，而何德以堪之？王猶不堪，況爾之小醜乎！小醜備物，終必亡。’康公不獻，一年，共王滅密。”“密母”之典故，言“密母”有智，有先見之明。誌文此處“智高密母”是借“密母”典稱讚誌主“元貴妃”聰明有洞見。

密勿

1. 北齊天保六年（555 年）《竇泰妻婁黑女墓誌》：“密勿其幕，鼇綜帷房。遊息仁義，服膺孝謹。”

2. 北齊河清四年（565 年）《封子繪墓誌》：“載筆行署，參儀幕府。密勿負閣，劬勞省戶。”

3. 北齊天統三年（567 年）《庫狄業墓誌》：“密勿如倫之辭，光揚纖介之善。往還鄰閣，行模楷之軌式；去來鳳闕，出連珠之例。”

4. 北魏神龜三年（520 年）《元暉墓誌》：“頻居執法，屢處朝端，密勿禮闈，留聯臺閣。”

5. 北魏神龜三年（520 年）《元暉墓誌》：“密勿股肱，劬劳羽翼。”

6. 北魏正光五年（524 年）《慈慶墓誌》：“雖劬勞密勿，未嘗懈其心；力衰年暮，未嘗辭其事。”

7. 北魏正光六年（525 年）《李超墓誌》：“隨牒出入，密勿力誠。”

8. 北齊武平三年（572年）《徐之才墓誌》："再登掌內，作貳銓衡，密勿絲組，清華水鏡。"

9. 北周大象元年（579年）《封孝琰墓誌》："殊途並會，事如交午。密勿唯機，實資人傑。"

按：《漢語大詞典》收"密勿"一詞。毛遠明解：密勿，黽勉。勤勉努力。《漢書·劉向傳》："君子獨處守正，不撓眾枉，勉彊以從王事……故其詩曰：'密勿從事，不敢告勞。'"顏師古注："密勿，言黽勉從事也。"《詩經·小雅·十月之交》作"黽勉從事"。王先謙《詩三家義集疏》："魯'黽勉'作'密勿'。"①

密物

北周建德四年（575年）《叱羅協墓誌》："大周元年，除軍司馬、治禦王、司會，捻六府。文武交湊，薄領密物。公應接隨方，曾無疑滯。"

按：《漢語大詞典》未收"密物"一詞。誌文中"文武交湊"與"薄領密物"相對為文，"交湊"有"匯集"義，可引申指"繁多"，"文武交湊"意即"文情武事繁多"。"薄領"即"公文"義，"密物"與"交湊"對應，亦應為"繁多"義。"密"有"多"義，《墨子·七患》："然而民不凍餓者，何也？其生財密，其用之節也。""物"有"眾"義，《故訓匯纂》："《周易略例》：'物無妄然。'刑璹注：'物，眾也。'"②"物"可引申指"眾多、繁多"。"薄領密物"，就是"公文繁多"義。

Mian
湎

湎鴞

南朝宋大明八年（464年）《劉懷民墓誌》："野獸朝浮，家犬夕寧。淮棠不剪，湎鴞改聲。履淑違徵，潛照長冥。"

按：《漢語大詞典》未收"湎鴞"一詞。《尚書·周書·金縢》：

---

① 毛遠明：《漢魏六朝碑刻校注》第八冊，綫裝書局2009年版，第356頁。

② 宗福邦、陳世鐃、蕭海波主編：《故訓匯纂》，商務印書館2003年版，第1402頁。

“武王既喪，管叔及其群弟，乃流言於國曰：‘公將不利於孺子。’周公乃告二公曰：‘我之弗辟，我無以告我先王。’周公居東二年，則罪人斯得，於後，公乃為詩以貽王，名之曰《鴟鴞》，王亦未敢誚公。”《詩經·國風·豳風·鴟鴞》序曰：“（《鴟鴞》）周公救亂也，成王未知周公之志，公乃為詩以遺王，名之曰《鴟鴞》焉。”誌文中“澠鴞”和“淮棠”皆是借典故喻指誌主為政之德。“澠”“淮”當分別通“緬”“懷”，音同而借。

Miao

藐

藐諸

北齊武平七年（576 年）《趙奉伯妻傅華墓誌》：“既而良人不幸，藐諸在室，晝哭夜歌，禮無違者。”

按：《漢語大詞典》未收“藐諸”。“藐諸”乃割裂所成之詞，其語源本《左傳·僖公九年》：“獻公使荀息傅奚齊。公疾，召之曰：‘以是藐諸孤，辱在大夫，其若之何？’”晉杜預注：“藐諸孤，言其幼賤，與諸子縣藐。”“辱在大夫，欲屈辱荀息使保護之。”誌文此處“藐諸”乃“藐諸孤”割裂為“藐諸＋孤”兩部分，捨“孤”而留“藐諸”，但義指“孤”，即此處“藐諸”為“孤兒”義。

妙

妙貫

北魏正始二年（505 年）《元鸞墓誌》：“少標奇操，長而彌篤。虛心玄宗，妙貫佛理。”

按：“妙貫”意為專注。“虛心”與“妙貫”對文，同義。“妙貫”多見於與佛教有關的文獻中，如僧佑《出三藏記集》卷第十五《道生法師傳》第四：“義熙五年還都，因停京師。遊學積年備總經論，妙貫龍樹大乘之源，兼綜提婆小道之要。”義靜《南海寄歸內法傳》卷第四《古德不為》：“一法師之博聞也。乃正窺三藏傍睇百家，兩學俱兼六藝通備，天文地理之術，陰陽曆算之奇，但有經心則妙貫神府。”[1]

---

[1] 羅小如：《魏晉南北朝碑刻若干疑難詞語考釋》，《龍岩學院學報》2016 年第 1 期。

"妙貫"之"專注"義在《古德不為》語例中似扞格不通，宜釋為"精通"義。"妙"有"精"義，"貫"即"通"。

Mie

滅

滅火

北齊武平元年（570 年）《劉雙仁墓誌》："治均滅火，政等鳴琴，暴虎出奔，災蝗不入。"

按：《漢語大詞典》未收"滅火"一詞。《後漢書·儒林傳上·劉昆》：劉昆任江陵令時，"縣連年火災，昆輒向火叩頭，多能降雨止風……崤、黽驛道多虎災，行旅不通。昆為政三年，仁化大行，虎皆負子度河。"後用"滅火"指官員施行仁政，治績良好。"滅火"又作"風滅火"。

可參本書"反風""浮虎""弭獸"條。

滅沒

1. 北魏正光元年（520 年）《元謐墓誌》："亭亭孤朗，如彼秋月；昂昂獨鷥，如彼滅沒。"

2. 北齊天保四年（553 年）《司馬遵業墓誌》："刷羽將飛，便懷江海之志；高鳴欲聘，即辯滅沒之工。"

按：《漢語大詞典》收"滅沒"一詞，出《列子·說符》："天下之馬者，若滅若沒，若亡若失。"後以"滅沒"形容馬跑得極快。但《漢語大詞典》所舉書證《淮南子》中，其詞義實為"跑得極快的馬。"《淮南子·兵略訓》："剽疾輕悍，勇敢輕敵，疾若滅沒，此善用輕出奇者也。"而這一"跑得極快的馬"新義項，非《淮南子》獨有，誌文此處兩例亦為"跑得極快的馬"義。

蔑

蔑、篾

1. 北魏延昌二年（513 年）《元颺妻王氏墓誌》："后妃之若關雎，君□□作好仇，蔑以加焉。"

2. 北魏正光四年（523 年）《馬鳴寺根法師碑》："雖漢明寤寐金

人，篋以過茲工也。"

3. 北齊武平元年（570年）《暴誕墓誌》："雖鄧訓之馭黠羌，蔑以加也。"

4. 北齊武平三年（572年）《徐之才墓誌》："荀樂之端撲東京，金張之喉舌西漢……方之蔑如也。"

5. 北魏正光五年（524年）《元平墓誌》："善仁孝，好弓馬，蔑浮榮，典籍。"

6. 北魏正光五年（524年）《元平墓誌》："輕金蔑玉，煩藉是營。"

按：《漢語大詞典》收"蔑"字，亦收"篾"字，但《漢語大詞典》中"蔑""篾"釋義不混。魏晉南北朝碑誌文字中，構件"艹""竹"混用習見，自然"篾"也具有了"蔑"字意義。例1至例4中的"蔑（篾）"皆"無、不"義，其中例4與"如"組成了詞語"滅如"，"不如"義。例5、例6中的"蔑"字為"輕視"義，未出現與"篾"混同語例。

Ming
冥

冥昧

北齊河清三年（564年）《高百年墓誌》："神造冥昧，報施多疑。輅車乘馬，哀以□之。"

按：《漢語大詞典》收"冥昧"，適合此處的義項為"猶蒙昧"，其實"冥昧"和"芒昧、茫昧"從魏晉南北朝時期的碑誌文用例看存在某義項相同的情況，應予以溝通。

參本書"芒昧、茫昧"條。

冥造

1. 北魏延昌三年（514年）《長孫瑱墓誌》："宜其剋遭延祥，保茲永祉，而冥造無心，殲我良人。"

2. 北魏正光四年（523年）《元仙墓誌》："方振縷天闕，高步帝宮，而冥造無心。春秋五十，以大魏正光二年八月廿二日寢疾薨於第。"

按："冥造"，《漢語大詞典》失載。"冥"，即陰間，《後漢書·

馮衍傳》："傷誠善之無辜兮，齎此恨而入冥。""造"，即"造化"之省，指世間創造者，也指世間，《莊子·大宗師》："今一以天地為大鑪，以造化為大冶，惡乎往而不可哉？""冥造"在此就是指"陰間、陰界"。

明

明世

1. 北魏正光二年（521年）《馮迎男墓誌》："春秋五六，寢疾不喻，昊天不吊，奄辭明世。"

2. 北魏孝昌三年（527年）《于纂墓誌》："滅影明世，委體黃泉，式銘玄石，芳跡永宣。"

按：《漢語大詞典》收"明世"條，釋作"政治清明的時代"，但義項不適合此處誌文語境。例1"奄辭明世"即"突然離開人世"義，例2"明世"與"黃泉"反義對舉，"明世"顯然即"人間、人世"義。

鳴

鳴謙

北魏正光五年（524年）《郭顯墓誌》："利在鳴謙，丟非攸往。百揆已登，三事斯凝。"

按：丟字，通作"吝"，悔也……上句"鳴謙"見《易·謙》。下句"攸往"見《易·坤》。① 《周易·謙卦》："六二：鳴謙，貞吉。"孔穎達疏："鳴謙者，謂聲名也。處正得中，行謙廣遠，故曰'鳴謙'。"

Mo

莫

莫反之哀

北魏太昌元年（532年）《元徽墓誌》："方當終散馬之休運，倍射牛之密札，而天未悔禍，時屬道消，一繩匪維，我言不用。銅駝興

---

① 毛遠明：《漢魏六朝碑刻校注》第五冊，綫裝書局2009年版，第305頁。

步出之歎，平陽結莫反之哀。”

按：《漢語大詞典》無“莫反之哀”條。此典出晉湣帝事：“永嘉之亂”後，洛陽失守，司馬鄴於長安即帝位，年號“建興”，為晉湣帝。建興四年（316 年），漢趙劉曜攻破長安，西晉滅亡，晉湣帝被虜至平陽，受盡劉曜羞辱，最終被殺。詳見《晉書·帝紀第五》：“十一月乙未，使侍中宋敞送牋於曜，帝乘羊車，肉袒銜璧，輿櫬出降。群臣號泣攀車，執帝之手，帝亦悲不自勝……五年春正月，帝在平陽……劉聰出獵，令帝行車騎將軍，戎服執戟爲導，百姓聚而觀之，故老或歔欷流涕，聰聞而惡之。聰後因大會，使帝行酒洗爵，反而更衣，又使帝執蓋，晉臣在坐者多失聲而泣，尚書郎辛賓抱帝慟哭，爲聰所害……十二月戊戌，帝遇弒，崩於平陽，時年十八。”這段史實後被人們濃縮為諺語“虎落平陽被犬欺”。“平陽結莫反之哀”字面意思是說晉湣帝及被俘群臣被匈奴劉曜虜至平陽而不得回的悲哀，在此則借指誌主因禍逃至故吏處反為其所殺並交出邀功之事。

Mu

木

木留

西魏大統十年（544 年）《韋隆妻梁氏墓誌》：“至若……鳲鳩均養之性，蚣蝑罔嫉之情，實誕質於天然，無假之於木留者矣。”

按：“木留”，《漢語大詞典》未收。“木留”即“木牛流馬”之省稱。“留”，通“流”。馬王堆漢墓帛書《十六經·本伐》：“是以方行不留。”今本《淮南子·主術訓》作“方行而不流”。“木牛流馬”據說是諸葛亮製造的神奇的木制運輸器具，像牛馬形體、可行走。語出《三國志·蜀志·諸葛亮傳》：“亮性長於巧思，損益連弩，木牛流馬，皆出其意；推演兵法，作八陳圖，咸得其要雲。”在誌文中，“木留”為“人工技巧”的代名詞。

N

Na

納

納那

北齊武平七年（576 年）《李希宗妻崔幼妃墓誌》："既膺種德，庶同偕老。一歟良人，空悲宿草……軒旗納那，笳管徘徊。德冠楚姬，蒳踚梁寡。"

按：納那，同"納納"，衣帛濡濕貌。漢劉向《九歎逢汾》："衣納納而掩露。"① 王逸注："納納，濡溼貌也。" 並非僅限於衣帛。《漢語大詞典》未收"納那"。

納許

魏黄初元年（220 年）《上尊號碑》："宜蒙納許，以福海内欣戴之望。"

按：《漢語大詞典》未收"納許"。"納"有"接受"義，《孟子·滕文公下》："段干木踰垣而辟之，泄柳閉門而不納。""許"即"應允、許可"。"納許"即"許可"義。

納隍

1. 東魏武定七年（549 年）《義橋石像碑》："鵲起來宫，共治民瘼。況同覿艱辛，俱看危滯。一物可矜，納隍在念。"

2. 東魏武定七年（549 年）《義橋石像碑》："政懃春雨，威愧秋霜。情深履虎，意等納隍。"

按：納隍，推入城池。語出《孟子·萬章下》伊尹"思天下之民，匹夫匹婦，有不與被堯舜之澤者，若己納之溝中"。謂救民於水火的急切心情。張衡《東京賦》："人或不得其所，若己納之於隍。"②

---

① 毛遠明：《漢魏六朝碑刻校注》第十冊，綫裝書局 2009 年版，第 101 頁。
② 毛遠明：《漢魏六朝碑刻校注》第八冊，綫裝書局 2009 年版，第 101 頁。

Nan

難

難再

東魏興和三年（541年）《封柔妻畢脩密墓誌》：“方當服絺綌以成師，纘紘帶而為傅。從三之義未終，難再之辭奄及。”

按：“難再”，《漢語大詞典》未收。語出《漢書·外戚傳》：“孝武李夫人，本以倡進。初，夫人兄延年性知音，善歌舞，武帝愛之。每爲新聲變曲，聞者莫不感動。延年侍上起舞，歌曰：‘北方有佳人，絕世而獨立，一顧傾人城，再顧傾人國。寧不知傾城與傾國，佳人難再得！’上嘆息曰：‘善！世豈有此人乎？’”誌文中“難再”為“難再得”之縮略，言誌主（封柔妻）（逝去）一去不返。

Nang

囊

囊劫

北周建德三年（574年）《張僧妙法師碑》：“爰有明哲，宿殖善根。繫珠囊劫，衣衰仍存。”

按：《漢語大詞典》未收“囊劫”。“囊劫”乃佛教詞匯。“囊”，“皮囊”簡稱，又稱“革囊”“臭皮囊”等，就是皮製的袋子，比喻人身。“劫”指過去現在未來三世之劫。過去名莊嚴劫，現在名賢劫，未來名星宿劫。《法苑珠林·劫量篇》曰：“夫劫者，大小之內，各有三焉。大則水火風而為災，小則刀饉疫以為害。”“囊劫”指“人身之劫、塵世之劫”。“繫珠”指“佛性”，人處塵世中，修習佛性，則能“衣衰仍存”。

囊錐

北齊天保六年（555年）《報德像碑》：“乘車食肉，不假長鋏之謠；升堂入室，無勞囊錐之請。”

按：典出《史記·平原君虞卿列傳》：“平原君曰：‘夫賢士之處世也，譬若錐之處囊中，其末立見……’毛遂曰：‘臣乃今日請處囊中耳。使遂早得處囊中，乃穎脫而出，非特其末見而已。’”此典的典面還有“囊里盛錐”“囊錐露穎”“囊中錐”“囊中穎”等，以上詞語《漢語大詞典》皆收，但“囊錐”條未給出典源。

Ni
溺

溺汰

北齊武平六年（575 年）《畢文造像記》：“思營法船，濟茲溺汰。慇此蒼生，共昇彼岸。”

按：《漢語大詞典》未收“溺汰”。“溺汰”屬佛教詞匯，待考。

Niu
杻

杻陽

北魏正光五年（524 年）《元昭墓誌》：“資靈斗極之館，挺質杻陽之臺。”

按：“杻陽”，較早見於《山海經·南山經》：“又東三百七十里曰杻陽之山，其陽多赤金，其陰多白金。”“杻陽”，《山海經》文義為盛產金玉的地方，這裏喻指孕育人才之地。《漢語大詞典》未收“杻陽”。

Nong
檂

檂華

北齊天保五年（554 年）《高顯國妃敬氏墓誌》：“峩峩締構，藹藹綿瓜，挺斯令善，降此檂華。”

按：《漢語大詞典》未收“檂華”一詞。“檂”是古書上提到的一種樹，“檂華”就是這種樹上開的花。誌文此處用此詞比喻“美好的人物”。

P

Pan

攀

攀號

1. 北魏熙平二年（517 年）《刁遵墓誌》："庶乘和其必壽，泣信順而徂傾。攀號兮罔訴，摧裂兮崩聲。銘遺德兮心已糜，刊泉石兮慟深肩。"

2. 北周建德四年（575 年）《田弘墓誌》："世子恭，攀號扶侍，途步千里，毀瘠淄塵，有傷行路。"

按："攀號"，《漢語大詞典》收，釋義為"攀龍髯而哭，謂哀悼帝喪。"此釋義不合誌文語境，誌主並非帝王，應為"哀悼尊長者或親友"義。

鞶

鞶帨

北魏孝昌二年（526 年）《高猛妻元瑛墓誌》："蘭芝之雕篆富麗，遠未相擬；曹家之鞶帨淹通，將何以匹？"

按：《漢語大詞典》收載。"鞶帨"本指"古代妇女用的小囊和毛巾"，後"比喻雕飾華麗的文辭"，如南朝梁劉勰《文心雕龍·序志》："飾羽尚畫，文綉鞶帨，離本彌甚，將遂訛濫。"誌文中"曹家"指"曹大家"，史學家班彪之女，班固、班超之妹。因其才學，屢受召入宮，為皇后及諸貴人教師，號曰"大家"，因其從夫曹世叔之姓，故稱為"曹大家"。

Pang

滂

滂作

北魏正始元年（504 年）《山公寺碑頌》："於顯皇祚，迭世重明。跨周越漢，牟唐等庭。滂作鬱穆，四海儀形。"

按：《漢語大詞典》未收“滂作”。“滂作”乃“大水興起”義。“滂”，“水廣大”，《說文繫傳·水部》：“水廣及皃。”“作”，“興起”，《經籍籑詁》：“《書·說命下》：‘作我先王。’蔡沈集傳：‘作，興起也。’”

Pao
犳

犳勃

北齊太寧二年（562 年）《義慈惠石柱頌》：“仍有韓婁犳勃，鳥集驚危，趣走薊城，鴟視藏戶。遂復王道重艱，原野再絕。”

按：《漢語大詞典》未收“犳勃”。在魏晉南北朝石刻文字中，構件“豸”“犭”常互換。如“豹”字，《元珍墓誌》作 豹，《孫秋生等造像記》作 狗。傳世字書中也有記載，如“貓”，《康熙字典》引《篇海類編》：“同貌。”此處“犳”字，為包聲，形旁從豹省，其異體字為“狍”。《山海經·北山經》：“又北三百五十里，曰鉤吾之山……有獸焉，其狀如羊身人面，其目在腋下，虎齒，人爪，其音如嬰兒，名曰狍鴞，食人。”郭璞注：“為物貪惏，食人未盡，還害其身，像在禹鼎，《左傳》所謂饕餮是也。”引文中“貪惏”即“貪婪、不知足”義。誌文中“犳”當用來形容“貪婪”義。“勃”可通“悖”。《莊子·庚桑楚》：“徹志之勃。”陸德明《經典釋文》：“勃，本又作悖。”“悖”有“亂”義。誌文中“犳勃”一詞指“貪婪作亂”。

Peng
芃

芃蔣

北魏建義元年（528 年）《元譚墓誌》：“朝廷以公地重應韓，戚親芃蔣，分星裂土，執玉磐石，封城安縣開國侯。”

按：《漢語大詞典》未收“芃蔣”。“芃”即“凡”字。“芃”屬於受“蔣”影響而被臨時同化的字，即在句了中兩個鄰近的不同語素組成的詞，其中一個受到另一個的影響而增加了與之相同的構件。

"凡"即是受到了"蔣"的影響而為其同化。魏晉南北朝碑刻文字中此種現象屢見，如北魏正光元年（520 年）《元氏妻趙光墓誌》"上受舅姑，旁協娣姒"中"舅姑"之"舅"作*煬*。"凡"和"蔣"乃西周時兩個諸侯國國名，皆周公旦之胤之封地。出《左傳·僖公二十四年》："故封建親戚以蕃屏周，毛、聃、管、蔡、郕、霍、魯、郜、雍、曹、滕、畢、原、酆、郇，文之昭也；邘、晉、應、韓，武之穆也；凡、蔣、邢、茅、胙、祭，周公之胤也。"杜預注："蔣，在弋陽期思縣。"楊伯峻注："蔣，據《通志·氏族略二》，為周公第三子伯齡所封國；據杜注，今河南省固始縣東北有蔣集，當即其地。"據《左傳》，"凡"亦古諸侯國名，姬姓，始封之君為周公之子，封地在今河南省輝縣西南。"芃蔣"用在誌文中，類比誌主和皇帝親戚（血緣）關係的緊密。

參本書"應韓"條。

Pian

偏

偏見

北魏永安二年（529 年）《筍景墓誌》："以君清徽宅身，風華在己，特所留愛，偏見器重。"

按：《漢語大詞典》收"偏見"一詞，有"從側面看到"和"片面的見解成見"兩個義項，均不合此處誌文語境。其實此處"偏見"不應是一個詞。"偏見器重"相承"特所留愛"，文意相近，"偏"即"特"義，"見"即"被"義。"偏見器重"，即"特別被器重"。

偏巧

北齊天統元年（565 年）《張起墓誌》："雅操鬱在沖年，金姿發於悼稔。少年志學，習五禮以立身；長如經國，善弓馬如偏巧。"

按：《漢語大詞典》收"偏巧"，義項有三：①特別靈巧；②恰巧；③表示事實同所期待的正相反。三個義項均不符合此處語境。"偏"為"不居中、旁側"義，引申指"一般的、普通的"之義。"巧"即"技巧、技藝"。"偏巧"在此當為"普通的技藝"。"善弓馬如偏巧”是說誌主“擅長騎射就如同一般技藝一樣”，突出其騎射嫻熟。

娿

娿娟

北齊河清三年（564 年）《高百年妃斛律氏墓誌》：“寶珥娿娟，畫輪容與。仙庭是宅，靈妃載佇，神寡報施，雲無處所。”

按：《漢語大詞典》收“娿娟”，但義項一為“美貌”，一為“曲折貌”。《康熙字典》：“娿娟，美貌。”《玉篇·女部》：“娿娟，美女貌。”“娿娟”有時在同一語段中而釋義不同。《文選·王延壽〈魯靈光殿賦〉》：“旋室娿娟以窈窕。”張銑注：“娿娟，美貌。”李善注：“娿娟，迂曲貌。”從文句“旋室娿娟”“窈窕”看，取“迂曲”解為佳。但這兩種解釋均不符合誌文此處語境。“寶珥”，為女子佩戴的珠玉和耳飾，“寶珥娿娟”中的“娿娟”釋為“美貌”“曲折貌”都不合適。《龍龕手鑒》對“娿娟”的解釋是：“舞貌也。”意即“搖擺”，適用於此處誌文語境。“寶珥娿娟”與“畫輪容與”對文，“容與”，“徘徊”義，與“搖擺”義亦相對。

片

片體

北魏景明四年（503 年）《侯太妃自造像記》：“雖奉聯紫暉，早頃片體，孤育幼孫，以紹蕃國。”

按：片體，猶言“半體”，這裏指丈夫。[1] 《漢語大詞典》未載“片體”。

Ping
平

平反有悅

南朝梁天監十三年（514 年）《蕭融太妃王慕昭墓誌》：“雖斷機貽訓，平反有悅，無以加焉。”

---

[1] 毛遠明：《漢魏六朝碑刻校注》第四冊，綫裝書局 2009 年版，第 8 頁。

　　按：《漢語大詞典》未收"平反有悅"，收"平反"，釋義為"把冤屈誤判的案件糾正過來"，書證為《漢書·雋不疑傳》："每行縣錄囚徒還，其母輒問不疑：'有所平反，活幾何人？'即不疑多有所平反，母喜笑。"

　　《漢語大詞典》釋義不適合此處"平反有悅"所處語境。該詞係典故詞，其更完整的典源是："（雋不疑）每行縣錄囚徒還，其母輒問不疑：'有所平反，活幾何人？'即不疑多有所平反，母喜笑，為飲食語言異於他時；或亡所出，母怒，為之不食。故不疑為吏，嚴而不殘。"雋不疑在母親的影響下為吏，"嚴而不殘"，"有所平反"，則"母喜笑"。"平反有悅"用在這裏，是用來類比誌主對子女的教化值得稱道。

Po
破

破蜃

　　北齊武平二年（571 年）《梁子彥墓誌》："是以金匱玉韜之術，破蜃啼猿之伎，莫不同發機心，盡窮其妙。"

　　按：《漢語大詞典》未收"破蜃"條。"破蜃"乃用典，較早見於《太平廣記·神仙》："（許真君）後於豫章遇一少年，容儀修整，自稱慎郎。許君與之談話，知非人類，指顧之間，少年告去。真君謂門人曰：'適來年少，乃是蛟蜃之精，吾念江西累為洪水所害，若非翦戮，恐致逃遁。'蜃精知真君識之，潛於龍沙洲北，化為黃牛。真君以道眼遙觀，謂弟子施大王曰：'彼之精怪，化作黃牛，我今化其身為黑牛，仍以手巾掛膊，將以認之。汝見牛奔鬥，當以劍截彼。'真君乃化身而去。俄頃，果見黑牛奔趁黃牛而來，大王以劍揮牛，中其左股，因投入城西井中。許君所化黑牛，趁後亦入井內。其蜃精復從此井奔走……真君厲聲而言曰：'此是江湖害物，蛟蜃老魅，焉敢遁形！'於是蜃精復變本形，宛轉堂下，尋為吏兵所殺。"

　　《太平廣記》屬於類書，雖為宋人所編，但卻取材於漢代至宋初的野史傳說及道經、釋藏等為主的雜著，故從時間上來說，該書雖可以作為"破蠭"的典源，但已非最初源頭。

Pu
蒲

蒲鞭、蒱鞭

1. 北魏永安二年（529 年）《王翊墓誌》："於是照之以冬日，潤之於夏雨，聊示蒲鞭之威，必存竹馬之信。"

2. 東魏武定八年（550 年）《蕭正表墓誌》："故能抗禦中華，嘯咤淮右。扞圉蕭條，蒱鞭靡設。"

按：《漢語大詞典》收"蒲鞭"，義為"以蒲草為鞭，常用以表示刑罰寬仁"。書證為《後漢書·劉寬傳》："吏人有過，但用蒲鞭罰之，示辱而已，終不加苦。"在魏晉南北朝碑刻文獻中，"蒲"，同"蒱"，"浦""捕"同為上述兩形聲字的聲符，因"古無輕脣音"，二聲符古屬同音，"蒲""蒱"乃異體字，"蒲鞭、蒱鞭"同義，《漢語大詞典》未收"蒱鞭"條。

蒲車、遊蒲

1. 北魏普泰元年（531 年）《赫連悅墓誌》："溫涼恭儉之量，始自蒲車；孝友廉貞之志，茂於竹馬。"

2. 北魏永安二年（529 年）《爾朱襲墓誌》："君承風棄葉，案氣降神。局城起於戲竹，畫陳發自遊蒲，故邑里號曰神童，在世言其可大。"

3. 北魏永安二年（529 年）《笱景墓誌》："神慧起自蒲車，眸辯發於竹馬。"

按："蒲車"，《漢語大詞典》釋作"用蒲草裹著車輪的車子。古代用於封禪或徵聘隱士"。《史記·封禪書》："古者封禪為蒲車，惡傷山之土石草木。"司馬貞《索隱》："謂蒲裹車輪，惡傷草木。"但《漢語大詞典》釋義不適合此處語境。此處"蒲車"與"竹馬"同義對舉，當為"幼年"義。

Q

Qi

七

七德

北周大象二年（580 年）《元壽安妃盧蘭墓誌》："七德是備，足以事夫；三徙既成，尤能訓子。"

按：《漢語大詞典》收"七德"，義項有四：①指武功的七種德行；②指文治的七種德行；③指詩歌的七種特性；④隋唐時舞名，又樂曲名。四個義項均不適合此處"足以事夫"的語境。東漢班昭寫《女誡》，是一篇教導班家女性做人道理的私書，因當時爭相傳抄而風行，對後世女子教育影響極大，此書包括了卑弱、夫婦、敬慎、婦行、專心、曲從和叔妹七章，後泛指女子應遵守的七種德行。碑誌文中的"七德"當源於此。

七武

北魏永平四年（511 年）《元昛墓誌》："王誕懋英韻，氣烈風舒，籌練七武，粉頤九畾。"

按："七武"，《漢語大詞典》收載，釋義為"同'七步'，形容才思敏捷"。顯然與誌文義不合。在這裏"七武"當"武之七德"的縮略稱呼。語見《左傳·宣公十二年》："楚子曰：'……夫武，禁暴、戢兵、保大、定功、安民、和衆、豐財者也，故使子孫無忘其章。……武有七德，我無一焉，何以示子孫?'""七武"，即"武之七德"："禁暴、戢兵、保大、定功、安民、和衆、豐財。"

萋

萋菲

1. 北魏正光五年（524 年）《元昭墓誌》："時繙紳嫉君能，衣冠妬君美，遂萋菲交搆，收君封爵。"

2. 北魏孝昌二年（526 年）《元乂墓誌》："方贊玉鼓之化，陪金繩之理，隆成平於天地，增光華於日月，而流言傅沓，萋斐成章。"

3. 東魏元象元年（538 年）《李憲墓誌》："既而萋斐內構，瘢疵外成；反顧三河，龍門日遠。"

按：萋菲，亦作"萋斐"，本為花紋錯雜之貌，後比喻讒言。語出《詩經·小雅·巷伯》："萋兮斐兮，成是貝錦；彼譖人者，亦已太甚。"[①]

棲

棲遲

北魏永安二年（529 年）《邢巒妻元純弛墓誌》："便捨身俗累，托體法門。棄置愛津，棲遲止水。"

按：《漢語大詞典》未收"棲遲"一詞。"棲"，"停留"義。《莊子·山木》："夫豐狐文豹，棲於山林，伏於岩穴，靜也。""遲"也有"停留"義，南朝宋鮑照《登翻車峴》詩："遊子思故居，離客遲新鄉。"《後漢書·馮衍傳下》："久棲遲於小官，不得舒其所懷，抑心折節，意淒情悲。"此處"棲遲"即"停留"，與誌文義同。

岐

岐嶷、岐年、岐齔

1. 北魏熙平元年（516 年）《元彥墓誌》："岐嶷孝敬，分曾參之膳；凤霄忠節，爭宣子之響。"

2. 北魏正光二年（521 年）《穆纂墓誌》："至如孝踰江夏，信重黃金，百練不銷，九言剋順，固自幼而老成，形於岐嶷矣。"

3. 東魏武定二年（544 年）《元顥墓誌》："肇自岐年，王佐之目已表；甫將卅歲，弼諧之寄更宣。"

按：《漢語大詞典》收"岐嶷"一詞，未收"岐年、岐齔"。《詩經·大雅·生民》："誕寘匍匐，克岐克嶷。"朱熹《詩集傳》："岐嶷，峻茂之狀。"後多以"岐嶷"形容幼年聰慧。後又通過特徵代本體的借代方式產生"年幼"的新意，指"約六七歲"。後又出現專表"幼年"義的"岐年""岐齔"等詞。此處誌文中"岐嶷、岐年"皆指"幼年"。"岐齔"較早見於東漢延熹八年（165 年）《鮮於璜碑》："君

---

① 毛遠明：《漢魏六朝碑刻校注》第五冊，綫裝書局 2009 年版，第 256 頁。

天姿明達，徹曖有芳，在母不瘝，在師不煩，岐齔謠是，含好典常，治禮小戴，闓族孝友，溫故知機，輝光篤實。”

旗

旗弓

北魏建義元年（528 年）《元信墓誌》：“司空元公秉哲經朝，緯文綏武，旗弓以待賢，蒲帛以邀德。”

按：《漢語大詞典》未收“旗弓”，但收有“旌弓”條，釋義為“亦作‘旂弓’，徵聘賢士的旌旗和弓”。語本《孟子·萬章下》：“（招）大夫以旌。”《左傳·莊公二十二年》引逸《詩》：“翹翹車乘，招我以弓。”“旗弓”與“旌弓”同義。

錡

錡鏑

北齊武平五年（574 年）《魏懿墓誌》：“年始十八，坐家授為盪寇將軍右尚令。但智奇錡鏑，動合規矩。”

按：《漢語大詞典》未收“錡鏑”。“錡”指“古代懸弩的兵器架”，《文選·張衡〈西京賦〉》：“武庫禁兵，設在蘭錡。”李善注引劉逵《魏都賦》注：“受弩曰錡。”“鏑”指“箭，箭頭”。“錡鏑”由上述義引申指“行軍打仗或軍事”。

綺

綺紈、綺年、綺歲

1. 北魏永熙二年（533 年）《乞伏寶墓誌》：“高祖文皇，以君名家之子，爰在綺紈，調居禁內。”

2. 北魏延昌四年（515 年）《邢律墓誌》：“岐嶷表於綺年，業尚播於冠日。”

3. 北魏永安元年（528 年）《元欽墓誌》：“三墳五典之秘，廿歲已通；九流七略之文，綺年盡學。”

4. 北魏正始二年（505 年）《李蕤墓誌》：“齠年播淑，綺歲流風，清衿外朗，識韻內融。”

5. 北魏孝昌三年（527 年）《于纂墓誌》：“君……韶日振穎，綺歲騰徽。”

按："綺""紈"本指精美的絲織品，亦常用來指少年的服飾，後代指"少年"。《漢語大詞典》收"綺紈"，但未釋出"少年"義，如例1。《漢語大詞典》收"綺年"，釋義與誌文義同，但書證稍遲，為北周宇文逌《〈庾信集〉序》："綺年而播華譽，韶歲而有俊名。"例2、例3時間早於《漢語大詞典》書證，可補充之。《漢語大詞典》收"綺歲"，釋義與誌文義同，但書證略遲，為《南齊書·蕭穎胄傳》："食葉之徵，著於弱年；當璧之祥，兆乎綺歲。"例4時間上稍早於此條書證。

綺綜、緝綜

1. 北魏延昌二年（513年）《嚴震墓誌》："公既受任，修德以維化，塞城以禦侮。綺綜天威，遠邁並申。"

2. 北魏延昌三年（514年）《元珍墓誌》："俄遷侍中，綺綜王言，經綸袞闕。出則倍駕，入參侍席。聲蓋一時，道彰遠邇。"

3. 北魏永熙二年（533年）《元鑽遠墓誌》："自非思敏食時，辭遒騎上，何以緝綜王言，彪炳絲綍？"

4. 北魏孝昌元年（525年）《元煥墓誌》："方欲追蹤陳楚，緝綜九家之奧；遠慕梁平，砥厲三善之樂。"

按：《說文·系部》："綺，文繒也。"段玉裁注："謂繒之有文者。""綺"乃交織為"文"，故"綺"可引申為"交織"義，如《後漢書·班固傳》："徽道綺錯。"李賢注："綺錯，交錯也。""綜"有"綜合、總聚"義，《周易·繫辭上》："錯綜其數。"孔穎達疏："錯謂交錯，綜謂總聚。"《文選·曹植〈七啟〉》："正流俗之華說，綜孔氏之舊章。"李周翰注："綜，理也。"結合誌文，這裏"綺綜"的意思就是"整理修飾，使華美"。《漢語大詞典》收"緝綜"釋為"整理綜括"，與"綺綜"義近。

綺襦

北魏孝昌二年（526年）《公孫猗墓誌》："惠結綺襦，業峻紈绔。黃中流潤，席上飛譽。"

按：《漢語大詞典》未收"綺襦"。"襦"為"孺"的異體字，《漢語大詞典》亦未收"綺孺"。"綺"，《說文·系部》："文繒也。"

段玉裁注：“謂繒之有文者。”後引申指貴戚子弟之服飾。此處誌文“惠結綺襦，業峻紈綺”中“綺襦”與“紈綺”對舉，二者義同形異，均為“貴戚子弟”義。

啟

啟手

東魏武定五年（547 年）《元澄妃馮令華墓誌》：“竊恃報施，庶過眉壽。一朝冥漠，歸全啟手。”

按：“啟手”為典故詞，典出《論語·泰伯》：“曾子有疾，召門弟子曰：‘啟予足！啟予手！《詩》曰：“戰戰兢兢，如臨深淵，如履薄冰。”而今而後，吾知免夫！小子。’”這句話的意思是說，曾子得了重病，將弟子召集起來，說：“弟子們啊，看看我的腳！看看我的手！看看受過傷沒有（身體髮膚，受之父母），我一生謹慎，總是小心翼翼，就像站在深淵之旁，就像踩在薄冰之上。現在，我的身體再也不會受傷了！”後因以“啟手啟足”為“善終”之典。如《晉書·陶侃傳》：“臣年垂八十，位極人臣，啟手啟足，當復何恨！”又作“啟手”，見誌文此例。《漢語大詞典》收“啟手”，未指出典源。《漢語大詞典》亦收“啟手啟足”，但典源引用不甚完整：“曾子有疾，召門弟子曰：‘啟予足！啟予手！’”

器

器寓

北齊天統元年（565 年）《房周陁墓誌》：“君，東秦之名士也。器寓淹弘，宮牆淵邃。”

按：《漢語大詞典》未收“器寓”，收“器宇”條。王念孫《讀書雜誌·漢書第十五·敘傳》“外寓”條：“攸攸外寓，閩越東甌。”念孫按：“寓”當為“寓”，字之誤也……劉逵《吳都賦》注引此作“悠悠外宇”（按，寓宇為異體字），故知“寓”為“寓”之譌。結合誌文語義，由此推之，此處“器寓”亦當“器宇”之譌形，但同“器宇”之“儀表、氣概”義。

Qian

千

千基

北魏正始三年（506 年）《冗從僕射造像記》："大魏彌歷，利祚千基，福鍾萬代。"

按：《漢語大詞典》未收"千基"。《說文·土部》："基，牆始也。"《詩經·周頌·絲衣》："自堂徂基。"毛傳："基，門塾之基。"其本義與誌文不合，當假借為"朞（即期）"，"一周年"義。《隸辨·張遷碑》："流化八基，遷蕩陰令。吏民頡頏，隨送如雲。"顧藹吉按："以基為朞。"《儀禮·士喪禮》："度茲幽宅兆基。"鄭玄注："古文基作期。"詞語"千基"，即"千年"義，與誌文下文"萬代"相對。

僉

僉允

北魏永平四年（511 年）《司馬悅墓誌》："自非人地僉允，莫居綱任。以君少播休譽，令名茂實，除寧朔將軍、司州別駕。"

按：《漢語大詞典》收"僉允"，釋義為"公允。"引《舊唐書·長孫無忌傳》："違時易務，曲樹私恩，謀及庶僚，義非僉允。"但此解與前"人地"不協。"人"特指"人的品性行為"，《孟子·萬章下》："頌其詩，讀其書，不知其人可乎？""地"為"門地"義，見《資治通鑒·晉紀》："及還尋陽，資其聲地，故推為盟主，玄逾自矜重。"胡三省注："地，謂門地。""門地"即"門第"，《晉書·王述傳》："（王述）年三十，尚未知名，人或謂之癡，司徒王導以門地辟為中兵屬。""人地"，義即"品行和門第"，後"僉允"若釋為"公允"，則"品行""公允"能通順嗎？況且，誌文"自非人地僉允，莫居綱任"的意思是強調誌主因自身才學和門第不一般，故"居綱任"；若"僉允"釋為"公允"，則歸其功為選拔者，實與文義相扞格。

故誌文此處當存《漢語大詞典》未釋出之義項。"僉"有"都"義，習見。如《尚書·堯典》："僉曰：'於，鯀哉！'"孔安國傳：

“僉，皆也。”“允”有“使人信服、受人敬重”義，見《尚書·舜典》：“汝作士，五刑有服，五服三就，五流有宅，五宅三居，惟明克允。”孔傳：“言皋陶能明信五刑，施之遠近，蠻夷猾夏，使鹹服，無敢犯者。”誌文“人地僉允”中“人地”言及兩個方面“品行和門第”，則“僉允”釋為“都令人信服”，文通字順。《漢語大詞典》當補此義項。

繾

繾綣、綗綣

1. 西晉永嘉元年（307 年）《王浚妻華芳墓誌》：“繾綣之款，情實在茲。積善餘慶，福乃降之。”

2. 東魏興和三年（541 年）《元鷟墓誌》：“方藉國靈，即膺家慶。便繁禁侍，繾綣官政，金紫載烈，龍光無競。”

3. 東魏武定二年（544 年）《元顯墓誌》：“父並州，風飈儁邁，繾綣龍顏。”

4. 北魏正光五年（524 年）《元隱墓誌》：“年十有五，扈駕南討，綗綣戎帷，徘徊莫府。”

5. 北齊武平七年（576 年）《高潤墓誌》：“菀園之上，荊臺之下。繾綣遊從，縱橫文雅。”

按：《漢語大詞典》收“繾綣”，釋為：糾纏縈繞，固結不解，引申為不離散。《左傳·昭公二十五年》：“繾綣從公，無通外內。”杜預注：“繾綣，不離散也。”“綗綣”，《漢語大詞典》未收，但義同“繾綣”。

若《漢語大詞典》釋義直接代入誌文語境，則欠妥當。故例 1、例 3、例 4 應隨文釋義為“忙碌於、致力於”，例 2 當釋為“與……關係密切”。

虜

虜劉

北魏孝昌二年（526 年）《元壽安墓誌》：“既而隴右虜劉，阻兵稱亂。以公愛結民心，威足龕敵。”

按：《漢語大詞典》收“虜劉”一詞，釋為“劫掠，殺戮”。書證為《左傳·成公十三年》："芟夷我農功，虔劉我邊陲。""虔劉"為何為"劫掠，殺戮"義？見《方言》卷一："虔、劉、慘、㣇，殺也。……秦晉之北鄙，燕之北郊，翟縣之郊，謂賊為虔。"可見，"虔""劉"皆有"殺"義，可組成同義複合詞。

黔

黔宇、黔室

1. 北魏正光六年（525 年）《元茂墓誌》："出入黔宇，去來疏菀。頗復琴詩拘意，未嘗榮祿［縈］心。"

2. 北魏正光六年（525 年）《元茂墓誌》："翾翔疏菀，優遊黔室。汎水斜琴，昇山命筆。"

按：《漢語大詞典》未收"黔宇、黔室"。"黔"為"黑色"義。"黔宇、黔室"之"黔"，當為"黔首"之省，"黔宇、黔室"即"黔首之宇、黔首之室"。此段誌文描寫誌主未出仕，優遊鄉野民間，自得其樂。

潛

潛被

北魏熙平二年（517）《元祐造像記》："芒芒玄極，眇眇幽宗。靈風潛被，神化冥通。"

按：《廣雅·釋詁》："潛，隱也。"《易·乾》："初九，潛龍勿用。"孔穎達疏："潛者，隱伏之名。""被"為"及、延及"義，《尚書·禹貢》："東漸於海，西被於流沙。"孔傳："被，及也。""潛被"義為"無形中得到傳播"。《漢語大詞典》失收。① 因誌文此處"潛"與"冥"相對，當釋"無形中、不知不覺地"為宜。

Qiang

強

強仕

1. 北魏孝昌二年（526 年）《銀青光祿大夫于纂墓誌》："曾未強

---

① 郭中濱：《魏晉六朝石刻詞語考釋三則》，載鄧章應編《學行堂語言文字論叢·第一輯》，四川大學出版社 2011 年版，第 49 頁。

仕，遽收難老。溘同朝露，奄先秋草。"

2. 北周孝閔元年（557 年）《摯紹碑》："次子文安，未及強仕，早辭人世。"

按：《漢語大詞典》收"強仕"。"四十歲的代稱"，語本《禮記·曲禮上》："四十曰強，而仕。"後割裂成"四十""強仕"，取"強仕"之形用"四十"之義而成詞。例 1 誌文中有"其年三十有九，卒於洛陽槃陽里第"語，亦表明誌主"曾未強仕"，即言"年未及四十"。

繦

繦負

東魏武定八年（550 年）《蕭正表墓誌》："勸農閱武，愚智影隨。繦負來趨，邊方響應。"

按：《漢語大詞典》未收"繦負"一詞。原本《玉篇殘卷·糸部》"繦"："繦緥之'繦'為'襁'字，在衣部。"[①] 可知"繦""襁"異體，"襁"義為背小兒用的布帶。《說文·衣部》："襁，負兒衣。"段玉裁注："古繦褓字，從糸，不從衣淺人不得其解，而增襁篆於此。""襁"這裏用作動詞義"用背負嬰兒的寬幅布帶"。此處"繦負"指用布幅包裹小兒而負於背。又如《後漢書·楊賜傳》："先是黃巾帥張角等執左道，稱大賢……天下繦負歸之。"

繦姪

北魏武泰元年（528 年）《員外散騎侍郎元舉墓誌》："季方其夢，慟哭晨昏。撫茲繦姪，孤咽難論。託心玄石，鐫德長存。"

按："繦姪"，《漢語大詞典》未收。"繦"見上文"繦負"條"繦"字釋義，此處亦指"背小兒用的布帶"義，泛指"襁褓"。"繦姪"，義為"襁褓中的小侄子"。

鏘

鏘翔

北魏建義元年（528 年）《穆彥妻元洛神墓誌》："朝事舅姑，奉接娣姒。鬱穆鳳儀，鏘翔容止。"

① （南朝梁）顧野王：《原本玉篇殘卷》，中華書局 1985 年版，第 129 頁。

　　按：《漢語大詞典》未收"鏘翔"一詞。"鏘"，在此當為"鏘鏘"之省，"華美"義，《文選·王延壽〈魯靈光殿賦〉》："若積石之鏘鏘。"李周翰注："鏘鏘，華盛貌。""翔"，在此即"翔翔"之省，"安詳舒泰"義，《漢書·韋玄成傳》："四牡翔翔。"顏師古注："翔翔，安舒貌。""鏘翔"義為"（容止）美麗而安詳"。唐柳宗元《亡妻宏農楊氏誌》文中亦有用例："坤德柔順，婦道肅雍。惟若人兮，婉娩淑姿。鏘翔令容，委窮塵兮。"

Qiao

翹

翹到

東魏武定六年（548 年）《元延明妃馮氏墓誌》："兼以信向大乘，遨遊眾善，翹到不已，依止無倦。"

　　按：待考。

Qin

禽

禽幣

南朝梁天監十三年（514 年）《蕭融太妃王慕昭墓誌》："禽幣思賢，允歸卿族。既霄燭有行，降禮中饋。"

　　按：《漢語大詞典》未收"禽幣"一詞。"禽"一般指"雁"，古代婚禮的訂婚禮物，《左傳·昭公元年》："鄭徐吾犯之妹美，公孫楚聘之矣，公孫黑又使強委禽焉。"杜預注："禽，雁也，納採用雁。""幣"在此特指婚禮儀式中的禮物，如"納幣"為古代婚禮六禮之一，指擇日具書，送聘禮至女家，女家受物復書，婚姻乃定。這裏"禽幣"即"聘禮"義。

侵

侵梗

北魏正光四年（523 年）《席盛墓誌》："其時氐渠拔扈，侵梗王略。"

按:《漢語大詞典》未收"侵梗"一詞。"侵"有"侵佔,奪取"義,《左傳·桓公二年》:"哀侯侵陘庭之田。""梗"有"病,害"義,《詩經·大雅·桑柔》:"誰生厲階,至今為梗。"毛傳:"梗,病也。"鄭玄箋:"乃至今日相梗不止。"在此"梗"引申為"禍害"。"侵梗","侵佔禍害"義。

寢

寢丘

東魏興和三年(541 年)《李挺墓誌》:"年逕盛衰,事變朝市,禮樂繫其廢興,縉紳仰而成則,辭豫章之美,懷寢丘之陋。"

按:寢丘,古地名,在今河南固始、沈丘二縣之間,土地貧瘠。《呂氏春秋·異寶》:"孫叔敖疾,將死,戒其子曰:'王數封我矣,吾不受也。為我死,王則封汝,必無受利地。楚越之間,有寢之丘者,此其地不利,而名甚惡。荊人畏鬼而越人信機,可長有者其為此也。'"誌用其典,謂李挺廉而不貪。[1]

Qing
青

青能

北魏永平二年(509 年)《穆循墓誌》:"時嬴蕃多務,議舉青能,拜君為嬴州長史。"

按:《漢語大詞典》未收"青能"一詞。"青",指青色,代指青色的玉,《詩經·齊風·著》:"俟我於庭乎而,充耳以青乎而。"毛傳:"青,青玉。"因誌文語簡,"青"意即"像青色美玉一樣的優秀人才"。"能"即"才能"義,《尚書·大禹謨》:"汝惟不矜,天下莫與汝爭能。"《墨子·尚賢上》:"故官無常貴而民無終賤,有能則舉之,無能則下之。"誌文此處的"青能"指優秀人才。

青真

北魏建義元年(528 年)《青州刺史元湛墓誌》:"皇天無親,應

---

① 毛遠明:《漢魏六朝碑刻校注》第七冊,綫裝書局 2009 年版,第 306 頁。

祐善人，如何災濫，禍纏青真。哀感行路，朋舊酸辛，敬宣嘉邇，敢書芳塵。”

按：“真”可釋為“身”。《淮南子·本經》：“精神反於至真。”高誘注：“真，身也。”則“青真”即“青身”義。“青身”，《漢語大詞典》釋為“謂為人清正、廉潔”。《樂府詩集·相和歌辭十四·雁門太守行》：“青身苦體，夙夜勞勤。”誌文此處指“清正廉潔之人”。

清

清原

東魏武定二年（544 年）《元湛妃王令媛墓誌》：“有淼清原，翻追黃鳥；兼市為珍，連城稱寶。”

按：“淼”，當作“泌”字，泉水流貌。“清原”應即清源。“翻”，“飛翔”義。誌文“有淼清原，翻追黃鳥”義為“（誌主的族系就像）清源汩汩流出，黃鳥展翅飛翔”。形容誌主族系源遠流長。

清組

北魏延昌元年（512 年）《崔猷墓誌》：“履信履順，當享眉壽，清組未終，黃髮未久。朝露薖焉，儵同丘阜，音形有翳，遺芳莫朽。”

按：《漢語大詞典》未收“清組”。“清”同“青”，《釋名·釋言語》：“清，青也。”王先謙《釋名疏證補》引葉德炯：“清、青通。”“青”指“繫印紐的青色絲帶”。《文選·揚雄〈解嘲〉》：“紆青拖紫，朱丹其轂。”李善注：“漢制，公侯紫綬，九卿青綬。”“組”為“古代佩印用的綬”。《漢書·嚴助傳》：“陛下以方寸之印，丈二之組，填撫方外。”顏師古注：“組者，印之綬。”“清組”在這裏借指“高官之職”。

請

請妙

北齊天保元年（550 年）《賈乾德造像記》：“願託生請妙，恆常值佛。”

按：“請妙”，即“清妙”。鴻蒙初開，輕者為天，濁者為地，天地遂分明。此處“請妙”指天。

Qiong

窮

窮灰

北魏延昌元年（512 年）《元顥妃李元姜墓誌》：“抽金罷翠，委體窮灰。羅裳卷篋，粉黛誰開，冥冥萬古，永有餘哀。”

按：《漢語大詞典》未收“窮灰”一詞。“窮”有“深”義，《文選·潘岳〈悼亡詩〉》：“之子歸窮泉。”呂向注：“窮，深也。”“灰”即“塵、土”義，如晉陸機《挽歌》之二：“昔爲七尺軀，今成灰與塵。”又如三國曹操《龜雖壽》：“神龜雖壽，猶有竟時。騰蛇乘霧，終爲土灰。”故“窮灰”即係“墳墓”之婉曲語。

瓊

瓊瑰在夢、瓊瑰之贈、夢逼瓊瑰

1. 北齊天統元年（565 年）《張海翼墓誌》：“方當燮諧天爵，毗正地官，何悟夢逼瓊瑰，歲臨辰巳。”

2. 北齊河清四年（565 年）《薛廣墓誌》：“康成夢歲，忽有辰巳之期；聲伯遊洹，奄表瓊瑰之贈。”

3. 北齊武平七年（576 年）《高潤墓誌》：“俄而瓊瑰在夢，臺駘作禍，翌日弗瘳，奄賓上帝。”

按：《漢語大詞典》未收“瓊瑰在夢、瓊瑰之贈、夢逼瓊瑰”。此三詞為典故詞，出《左傳·成公十七年》：“初，聲伯夢涉洹，或與己瓊瑰食之，泣而為瓊瑰盈其懷，從而歌之曰：‘濟洹之水，贈我以瓊瑰。歸乎歸乎，瓊瑰盈吾懷乎！’懼不敢占也。還自鄭，壬申，至於貍脤而占之，曰：‘余恐死，故不敢占也。今眾繁而從余三年矣，無傷也。’言之，之莫而卒。”此段記載說春秋時一個名叫聲伯的人，夢見有人給他吃瓊瑰，他疑是凶夢，故不敢占卜。因古人死後，口中要放玉，謂“飯含”。事過三年，聲伯從屬既多，便以為瓊瑰滿懷，或是吉夢，才敢於占卜，遂死。後以“瓊瑰在夢、瓊瑰之贈、夢逼瓊瑰”等作為“死亡期限已到”之典，又作“瓊瑰盈懷”“泣瓊瑰”。

Qiu

虬

虬申

北魏延昌三年（514 年）《元珍墓誌》："並虬申豹變，烈氣陵霄，世号猛將之門。"

按：《漢語大詞典》無"虬申"條，有"豹變"條。書證為《易·革》："上六，君子豹變，其文蔚也。"言豹由幼年到成年，豹紋會變得光澤有文采，比喻人的處境變好或地位變得顯貴。"虬申""豹變"並列為文，意義當接近。唐《刑君妻劉達墓誌》："遇白蛇而啟祚，因赤伏以開祥；歷九五之虬飛，出四六之豹變，時遷晉魏，不虧環佩之音，代變齊梁，無絕握蘭之馥。"唐《張曄墓誌》："若夫學廣如江海之渺瀰，文華並天星之煥爛，高談則龍飛豹變，下筆則煙霏霧凝，窮八體於豪端，搜六義於懷抱，千古闕文，前哲遺韻；盡為公之所錄。"上兩例唐碑中，第一例兩句中"虬飛"與"豹變"對應，第二例中一句內"龍飛"與"豹變"並列為文，則可知"虬申""虬飛""龍飛"意義接近。"申"的甲骨文作ᔔ，為"電（電）"之本字，像雲層中曲折的閃光，後以"申"為"神"。唐李白《草書歌行》詩亦云："時時只見龍蛇走，左盤右蹙如驚電。"從甲骨字形看，與龍屈曲盤旋相似，且"龍或虬"作為"神"，亦常伴隨閃電出現。從字義看，"申"有"伸展"義，《戰國策·楚策四》："蹄申膝折。"鮑彪注："申，猶展。"結合"申"字的甲骨字形，"申"義可引申指"騰挪"義，與"飛"義相類，故"虬申""虬飛""龍飛"意義接近，為"虬龍飛舞騰挪"義。

丘

丘薗、丘園

1. 北魏延昌三年（514 年）《元颺墓誌》："志散丘薗，心遊濠水。"

2. 北魏神龜三年（520 年）《辛祥墓誌》："考以清純樂古，澹丘園於止足。"

按：《漢語大詞典》未收"丘薗"，收"丘園"，二者義同。"丘薗、丘園"本指"家園、鄉村"。《周易·賁卦》："六五，賁於丘園，束帛戔戔。"因無位或失位者多居於此，故和"隱"有關，王肅注："失位無應，隱處丘園。"誌文中"丘薗、丘園"即側重指"隱逸"義。

Qu

區

區宙

北魏正始四年（507 年）《元思墓誌》："王志業沖遠，徽章宿著，德侔區宙，功輝四表。"

按：《漢語大詞典》"區宙"條釋作"猶宇宙"，但無書證，此條誌文可補之。

渠

渠閣

1. 北魏正光五年（524 年）《元璨墓誌》："麟幃妙選，振古攸難，渠閣銓才，魏誥彌重。"

2. 東魏元象元年（538 年）《崔混墓誌》："永安二年拜秘書郎。尋被中詔，參史渠閣。"

按："渠閣"，"石渠閣"的簡稱，漢代皇室藏書之處。《三輔黃圖·閣》："石渠閣，蕭何造，其下礱石為渠，以導水，若今禦溝，因為閣名。所藏入關所得秦之圖籍。至於成帝，又於此藏秘書焉。"宣帝時，在閣中召集當時著名學者論定五經，誌文中應指主管圖書的部門。《漢語大詞典》載石渠閣的簡稱"石渠""石閣"，未載"渠閣"一詞。

去

去思

1. 北周天和二年（567 年）《乙弗紹墓誌》："犬不夜吠，掾有來暮之歌。徙任渭南，河潤京輦，復懷去思之澤。"

2. 北周天和四年（569 年）《李賢墓誌》："踐境臨民，每有來蘇之詠；袟滿旋闕，咸垂去思之涕。"

按：《漢書·何武傳》："（何）武為人仁厚，好進士，獎稱人之善。為楚内史厚兩龔，在沛郡厚兩唐，及為公卿，薦之朝廷。此人顯於世者，何侯力也，世以此多焉。然疾朋黨，問文吏必於儒者，問儒者必於文吏，以相參檢。欲除吏，先為科例以防請托。其所居亦無赫赫名，去後常見思。"後以"去思"為詠公正廉明的官員受部下尊重和思念之典。又作"何武去思"。如唐李瀚《蒙求》："寇恂借一，何武去思。"

《漢語大詞典》收"去思"，未收"何武去思"。

祛

祛衣

捧耳

東魏武定二年（544年）《李希宗墓誌》："逢祛衣而靡或，遇捧耳而未驚。如懸鐘之應扣，似衢罇而待酌。思侔造化，雅極機杼之工；談出精微，妙盡天人之際。備舉細行，遍觀小道，物極至精，智周能事。於是宮角相求，風雲應感，聞來見去，虛往實歸。"

按：祛衣，祛衣受業的省略，撩起衣服而受業。形容虛心求教。語出《韓詩外傳》卷三："孟嘗君訪學於閔子，使車往迎閔子，閔子曰：'禮有來學，無往教……'於是孟嘗君曰：'敬聞命矣。'明日，祛衣請受業。"①

我們認為毛氏的"虛心求教"義不合語境，誌文中該詞所在的前後語句有因果關係，即因為"逢祛衣而靡或，遇捧耳而未驚"，所以"如懸鐘之應扣，似衢罇而待酌"。換言之，即說正因為德才兼備，所以才可隨時待用。"逢祛衣而靡或，遇捧耳而未驚"謂誌主有才；"如懸鐘之應扣，似衢罇而待酌"，喻賢者才備而待用。

"祛衣"當非典故。"祛衣"，掀起衣服，形容恭敬行禮。"捧耳"之"耳"，當指"耳桮"，一種祭祀時盛酒的禮器，"捧耳"，指捧起耳桮祭祀。誌文中"逢祛衣而靡或，遇捧耳而未驚"句屬互文見義，相互補充、滲透，說的是一件事，即言誌主在出仕之前就對各種禮儀制度熟知於心，遇到這種場合，既不會迷惑無知，也不會吃驚慌亂。

___

① 毛遠明：《漢魏六朝碑刻校注》第七冊，綫裝書局2009年版，第400頁。

Quan

悛

悛悼

北魏景明四年（503 年）《張整墓誌》："皇上悛悼，朝間悲惻。"

按：悛，本作"酸"，内心哀苦。因受詞義影響，偏旁類化，改為"悛"，而又與悛改字相混，未能通行。①《漢語大詞典》未收"悛悼"。

犬

犬牙

1. 東魏天平二年（535 年）《元玕墓誌》："袞職伊補，犬牙為鎮，任重名揚，德尊身潤。"

2. 東魏天平三年（536 年）《昌樂王元誕墓誌》："豈如九色之曜彩崐峰，四照之光華弱水。磐石犬牙，寔惟蕃翰親賢之寄。"

3. 東魏興和二年（540 年）《劉懿墓誌》："自豢龍啟胄，赤鳥降翔，磐石相連，犬牙交錯。"

按：《漢語大詞典》收"犬牙"一詞，釋義有四：①狗的牙齒，②喻形如犬牙之物，③像犬牙般交錯，④多指地形、地勢。但都與此處誌文語境不合。其實，這裏的"犬牙"一詞係用典，語出《史記·孝文本紀》："高帝封王子弟，地犬牙相制，此所謂磐石之宗也，天下服其強。"這句話是宋昌對漢文帝說的，高祖劉邦封親屬為各地的王，使他們地界相連，如犬牙上下交錯，可以互相牽制。後以"犬牙磐石"稱封建王朝分封宗室子弟以鞏固統治。在此處誌文中指地界相連的諸侯國，言誌主族屬高貴，非王即侯。漢班固《漢書·中山靖王劉勝傳》亦有載："諸侯王自以骨肉自親，先帝所以廣封連城，犬牙相錯者，為磐石宗也。"又作"犬牙相臨""犬牙相制""犬牙交錯""犬牙差互""犬牙相錯""磐石犬牙""犬牙相接""犬牙錯互"等。誌文中縮略為"犬牙"，但誌中亦多有"磐石"與之呼應，如例2、例3，單用"犬牙"者不多，如例1。

---

① 毛遠明：《漢魏六朝碑刻校注》第四冊，綫裝書局 2009 年版，第 10 頁。

R

Ran

染

染體

北魏建義元年（528年）《元讞墓誌》："一時□旦唯晨，權門專政。遂慕懸冠於陔趾，尚染體於空谷。低□改操，蘊軌□才。"

按：待考。

Rang

壤

壤陰

1. 北魏神龜二年（519年）《高道悅墓誌》："今恐川壟翻移，美聲湮滅，是以追述徽猷，託晰壤陰。"

2. 北魏普泰二年（532年）《韓震墓誌》："第四息光，懼川移嶽毀，無聞聲烈，乃刻石壤陰，用傳永久。"

3. 東魏興和三年（541年）《司馬興龍墓誌）："故勒銘壤陰，貽之長久。"

4. 東魏武定八年（550年）《茹茹公主閭氏銘》："乃銘石壤陰，永傳餘烈。"

5. 北齊天保六年（555年）《竇泰墓誌》："卜雲其吉，安茲宅兆，刊德壤陰，終古無絕。"

按：《漢語大詞典》收"壤陰"，釋為"黃泉"，首引書證即北魏《高道悅墓誌》，但釋義未詳。"壤"義明顯，即"土壤、土地"。"陰"有"地窖"義，《詩經·豳風·七月》："三之日納於凌陰。"毛傳："凌陰，冰室也。"山東魯西南方言中至今仍有"地陰子"一詞，即"地窖"義。"壤陰"，即在土地中挖的地窖，"墓穴"與在土地中挖的地窖類似，故"壤陰"亦可有"墓穴"義。"壤陰"兩語素顛倒亦成詞，《漢語大詞典》收有"陰壤"，"墓地"，書證為宋蘇舜欽

《廣陵郡太君誌銘》："琢文陰壤，庶永後希。"

Ren
人

人里、人世

1. 北魏正光元年（520 年）《劉阿素墓誌》："獨有蘭蕙，磨而不磷。永乖人里，即彼幽榛。"

2. 北魏正光三年（522 年）《瑤光寺尼慈義墓誌》："長辭人世，永即幽泉。"

按：《漢語大詞典》收"人世"，未收"人里"。"人世"即"人間"，"人里"與此義同。"里"有"邑"義，《詩經·大雅·韓奕》："於蹶之里。"毛傳："里，邑也。"即"居住地"。《文選·張衡〈西京賦〉》："秦里其朔，寔為咸陽。"薛綜注："里，居也。"可引申指"世間"，"人里"即"人世、人世間"義。

仁

仁感兩鳥

北齊河清元年（562 年）《李君妻崔宣華墓誌》："性潔冰露，質薰蘭苣。仁感兩鳥，孝遊雙鯉。"

按："仁感兩鳥"《漢語大詞典》失收。"兩鳥"指鸞鳥和鳳凰，簡稱"鸞鳳"，鸞鳳皆為仁鳥，見《宋書·符瑞志中》："鳳凰者，仁鳥也。"《逸周書·王會》："氐羌以鸞鳥。"朱右曾《集訓校釋》："鸞，大於鳳，亦歸於仁義者也。"此處以"仁感兩鳥"強調誌主仁義之厚重。

Reng
仍

仍賞

北魏建義元年（528 年）《青州刺史元湛墓誌》："貂璫紫殿，鳴玉雲閣，優遊秘菀，仍賞文藝。"

按：《漢語大詞典》未收"仍賞"。"仍"有"數、反復"義，

《國語·周語下》：“晉仍無道而鮮胄，其將失之矣。”韋昭注：“仍，數也。”“仍賞”，即“反復把玩、欣賞”。

Ri

日

日道

北魏孝昌二年（526 年）《元朗墓誌》：“惟公之先，且帝且王。龍昇日道，鳳鶱雲鄉。”

按：《漢語大詞典》收“日道”，釋義為“太陽視運動的軌道，古人謂太陽運行之路”。首引書證為漢王充《論衡·說日》：“實者，夏時日在東井，冬時日在牽牛。牽牛去極遠，故日道短；東井近極，故日道長。”釋義“太陽視運動”頗為費解，首引書證並未能很好地解說何為“太陽運行之路”。“日道”見《淮南子·說林訓》：“日出暘谷，入於虞淵，莫知其動，須臾之間，俛人之頸。”“暘谷”，為神話傳說中太陽升起之處，“虞淵”指傳說中日落之處，“日出暘谷，入於虞淵”即為“太陽運行之路”，通俗言之，即“太陽東升西落之道”。

Rong

容

容與（与）、容豫、容歟

1. 北魏熙平元年（516 年）《羊祉墓誌》：“升降容與，自代徂湹。”

2. 北魏太昌元年（532 年）《于祚妻和醜人墓誌》：“優遊翠帳，容與羅塵。”

3. 東魏興和三年（541 年）《李挺妻元季聰墓誌》：“亦既有行，作嬪世彥。崇命隆崇，車服容與。”

4. 北周大象元年（579 年）《封孝琰墓誌》：“龜組重沓，冠珮容與，允武允文，或出或處。”

5. 北齊武平五年（574 年）《李琮墓誌》：“直道仕郡，風流容与。盛德涼溫，州閭見許。”

6. 北魏熙平二年（517 年）《元新成妃李氏墓誌》：“風儀容豫，

必素月而共輝；蘭姿炤灼，擬芳煙而等暎。”

7. 北魏永熙二年（533 年）《張寧墓誌》：“容豫鄉國，逍散閒闈。卷書辭親，彈冠問世。”

8. 北魏正光五年（524 年）《檀賓墓誌》：“風衿逍迢，雲情容與。恩而弗柔，威而不武。”

9. 北齊河清三年（564 年）《高百年墓誌》：“寶珥姢娟，畫輪容與。仙庭是宅，靈妃載佇，神寡報施，雲無處所。”

10. 北魏神龜二年（519 年）《寇憑墓誌》：“君資慶於靈緒，稟氣於峻岳，秀逸超世，容豫自得。”

11. 北魏永安二年（529 年）《爾朱紹墓誌》：“珥金容歟，鳴玉徘徊。若蘭始茂，如日方融。”

按：《漢語大詞典》收“容與（与）”，釋義為：①徘徊猶豫，躊躇不前貌；②從容閑舒貌；③隨水波起伏動蕩貌；④放縱，放任。適合誌文處的義項為②。《漢語大詞典》未收“容豫”“容歟”，但義同“容與（与）”義項②。

容裕

1. 北魏孝昌二年（526 年）《楊乾墓誌》：“騰嚮下邑，德名京觀。寸心容裕，蔭情海漢。”

2. 北魏永安元年（528 年）《元誕業墓誌》：“優閒禁侍，容裕龍淵，在公念肅，居私愛□。”

按：《漢語大詞典》收“容裕”，釋義為“從容大度”，書證僅一條，《北史·魏清河王懌傳》：“（懌）博涉經史，兼綜群言，有文才，善談理，寬仁容裕，喜怒不形於色。”誌文兩語例可補《漢語大詞典》書證之不足。

Ru

如

如浮

若休

北魏永安二年（529 年）《笱景墓誌》：“方當藉此多善，用享餘慶，如浮未幾，若休奄及。"

按：《漢語大詞典》未收"如浮"一詞。"如浮"即"若浮"，是截取"其生若浮"而成詞，截"若浮"之形而取"生（生於人世）"義。"若休"，是截取"其死若休"而成詞，截"若休"之形而取"死（死離人間）"義。"其生若浮，其死若休"出《莊子·外篇·刻意第十五》："故無天災，無物累，無人非，無鬼責。其生若浮，其死若休。不思慮，不豫謀。""其生若浮，其死若休"的意思是：人生於世間猶如在水面漂浮，死離人世就像疲勞後的休息。成玄英疏："夫聖人動靜無心，死生一貫。故其生也，如浮漚之蹔起，變化俄然；其死也，若疲勞休息，曾無繫戀也。"後"其生若浮，其死若休"句濃縮為"浮休"，謂人生短暫或世情無常。如漢賈誼《鵩鳥賦》："乘流則逝兮，得坎則止；縱軀委命兮，不私與己。其生兮若浮，其死兮若休；澹乎若深淵止之靜，泛乎若不繫之舟。"再如唐白居易《永崇里觀居》詩："何必待衰老，然後悟浮休。"

如雲閉月

東魏武定二年（544 年）《元湛妃王令媛墓誌》："如雲閉月，猶蓮出沼。有澹清原，翻追黃鳥。兼市為珍，連城稱寶。"

按：《漢語大詞典》未收"如雲閉月"，也未收"雲閉月"。"如雲閉月"當化用自曹植的《洛神賦》："髣髴兮若輕雲之蔽月，飄飄兮若流風之回雪。"用"如雲閉月"形容女子身姿的婀娜。

S

Sai

塞

塞井

北魏正光五年（524 年）《元隱墓誌》："塞井之謀，每簡於帝心；觀師之勢，婁中於聖策。"

按：《漢語大詞典》未收"塞井"，該詞當是"塞井夷灶"之省。《漢語大詞典》收"塞井夷灶"。出《左傳·成公十六年》："楚晨壓晉軍而陳。軍吏患之。範匄趣進，曰：'塞井夷灶，陳於軍中，而疏行首。'"春秋時晉楚發生鄢陵之戰，楚兵大軍壓境，晉大夫範士燮之子範匄建議填塞水井，夷平爐灶，誓死以拒楚軍，後用此典表示決心戰鬥到底。又作"塞井夷竈"，《漢語大詞典》亦收。《漢語大詞典》還收"塞井焚舍"，義與"塞井夷灶""塞井夷竈"相近。填井燒屋，"塞井焚舍"表示決心死戰，典出《南史·沈約傳》："（林子）塞井焚舍，示無全志。率麾下數百人，犯其西北。"從誌文"塞井之謀"與"觀師之勢"對應來看，此處的"塞井"當源於《左傳》而非《南史》。

San

三

三覆

北魏正光三年（522 年）《馮邕之妻元氏墓誌》："每覽經史，覩靖女之峻節，觀伯姬之謹重，未始不留漣三覆，慕其為人也。"

按："三覆"，《漢語大詞典》收，義項有三：①三處伏兵，②三度打敗，③三度復審。其義項均不符合誌文此處語境。"三覆"當為"一日三覆"之省，指在一天之內多次反復玩味。出《孔子家語·弟子行》："獨居思仁，公言仁義；其於《詩》也，則一日三覆'白圭之玷'，是宮縚之行也。孔子信其能仁，以為異士。"《孔子家語》這段話本《論語·先進》："南容三復白圭，孔子以其兄之子妻之。""白圭"源於《詩經·大雅·抑》中的詩句："白圭之玷，尚可磨也，斯言之玷，不可為也。"意思是白玉上的污點還可以磨掉，我們言論中的毛病，是不可以去掉的，以此告誡人們要言語謹慎。孔子極力提倡"慎言"，所以他很欣賞南容的慎言，於是就把自己的侄女嫁給了南容。

綜上所述，此處"三覆"為典故詞"一日三覆"之省，又作"一日三復""三復白圭"。如《梁書·何遜傳》："沈約亦愛其文，嘗謂遜曰：'吾每讀卿詩，一日三復，猶不能已。'"又如唐駱賓王《夏日遊德州贈高四》詩："一諾黃金信，三復白圭心。"

三笇

南朝梁普通元年（520 年）《蕭敷墓誌》："積德累仁之基，配天經營之業，固已詳乎三筴，載在六詩，今無得而稱矣。"

按：《漢語大詞典》未收"三筴"。"三筴"，毛遠明《漢魏六朝碑刻校注》作"二筴"，非。① "筴""策"為異體字，北魏太和十八年（494 年）《弔比干文》"乃命馭駟輪，筴驥躬矚"句中"筴"即"策"字。傳世文獻中亦然，《史記·五帝本紀》："獲寶鼎，迎日推筴。"裴駰《集解》引晉灼曰："策，數也，迎數之也。"司馬貞《索隱》引《封禪書》曰："於是推策迎日"。

"三筴"出《國語·魯語上》："海鳥曰'爰居'，止於魯東門之外三日，臧文仲使國人祭之。展禽曰：'越哉，臧孫之為政也！……無功而祀之，非仁也；不知而不能問，非智也。今茲海其有災乎？夫廣川之鳥獸，恒知避其災也。'是歲也，海多大風，冬暖。文仲聞柳下季之言，曰：'信吾過也，季子之言不可不法也。'使書以為三筴。"

在誌文此處，"三筴"泛指史書。

三荊懽株

四鳥悲林

北魏孝昌二年（526 年）《銀青光禄大夫于纂墓誌》："三荊懽株，四鳥悲林。矧茲一別，長閟天潯。重扃既晦，幽夜彌［深］。銘彼玄石，誌此德音。"

按：《漢語大詞典》收"三荊同株"條，只有釋義，未揭示典源。未收"三荊懽株"，該詞當出西晉陸機《豫章行》詩："三荊懽同株，四鳥悲異林。"陸機的詩"三荊懽（同懽）同株"應即誌文"三荊懽株"所本，形容兄弟情深。陸機此詩，"三荊懽同株"，當本自更早典源，惜不能知。不過從稍後出現的相似記載中，尚可以推證更早典源的存在。

東晉周景式《孝子傳》："古有兄弟分離，出門見三荊同株，枝葉可陰，歎曰：'木猶欣聚集，況我而殊哉！'"

南朝梁吳均《續齊諧記》："京兆田真兄弟三人，共議分財。生資皆平均，惟堂前一株紫荊樹，共議欲破三片。明日，就截之，其樹即

---

① 毛遠明：《漢魏六朝碑刻校注》第三冊，綫裝書局 2009 年版，第 167 頁。

枯死，狀如火燃。真往見之，大驚，謂諸弟曰：'樹本同株，聞將分斫，所以憔悴。是人不如木也。'因悲不自勝，不復解樹。樹應聲榮茂，兄弟相感，合財寶，遂為孝門。"後因以"田家荆合"為兄弟和好之典，又作"三田分荆"。後又出現了"分荆"典面，如清張大復《梅花草堂集·分闆》："故不如分荆荆枯，存荆荆茂，然後知修讓之道也。"

總之，從時間和相似度上考慮，"三荆懽株"當較早出自西晉陸機《豫章行》。

《孔子家語·顏回》："孔子在衛，昧旦晨興，顏回侍側，聞哭者之聲甚哀。子曰：'回，汝知此何所哭乎？'對曰：'回以此哭聲非但為死者而已，又有生離別者也。'子曰：'何以知之？'對曰：'回聞桓山之鳥，生四子焉，羽翼既成，將分於四海，其母悲鳴而送之，哀聲有似於此，謂其往而不返也，回竊以音類知之。'孔子使人問哭者，果曰：'父死家貧，賣子以葬，與之長決。'"《孔子家語》最早著錄於《漢書·藝文志》，為孔子門人所撰，其書早佚。前人多認為偽書，但隨著越來越多簡帛文獻的出土，證明應為先秦舊籍。上文西晉陸機《豫章行》詩"四鳥悲異林"句更吻合誌文"四鳥悲林"之詞形，且陸詩此句當係用典，其典源當另有所本。"四鳥悲林"在此喻離別之悲。

三隅必復

北魏武泰元年（528年）《梁國鎮將元舉墓誌》："君天表環奇，神彩殊異，從師功倍，受學先難。若夫三隅必復，五行俱下，既引眷於甘泉，亦稱嗟於廣大。"

按：《漢語大詞典》未收"三隅"。該詞出《論語·述而》，子曰："不憤不啓，不悱不發。舉一隅不以三隅反，則不復也。"此段意思是："不到他努力想弄明白而不得的程度不要去開導他；不到他心裏明白卻不能完善表達出來的程度不要去啓發他。如果他不能舉一反三，就不要再反復地給他舉例了。""三隅必復"是對"舉一隅不以三隅反"的反其意而用之，師舉一隅，學生能復以三隅，此處是形容誌主聰明，一點就透。

Sao

騷

騷瑟、騷屑

1. 北魏景明四年（503 年）《元誘妻馮氏墓誌》："長邃深陰，高松騷瑟。"

2. 北魏永熙二年（533 年）《元鑽遠墓誌》："寒風騷屑，龍馬徘徊。玄門一閉，白日攸哉。"

按：《漢語大詞典》收"騷瑟"，釋為"風吹草木聲"，書證為南朝齊謝朓等《侍筵西堂落日望鄉聯句》："芸黄先露早，騷瑟驚暮秋。"一本作"騷屑"。《漢語大詞典》亦收"騷屑"條，不過無北魏書證，可補。"騷瑟"應猶"蕭瑟"，"騷瑟""騷屑"應屬雙聲連綿詞，因聲成詞，詞形往往較多。據《漢語大詞典》所舉"蕭瑟"書證為宋元時期看，該詞應晚出。

Shan

山

山妖

東魏元象二年（539 年）《公孫略墓誌》："察山妖之誦，理亭婦之寃。帝嗟有德，以歌奇政。"

按：《漢語大詞典》收"山妖"，釋義為"山中怪物"，書證為宋蘇軾《雲龍山觀燒得"雲"字》詩："谷蟄起蜩燕，山妖竄夔魖。"過遲，可補此條語例。

Shao

茗

茗遰、茗蔕

1. 北魏神龜二年（519 年）《高道悅墓誌》："氣韻茗遰，与白雲同飈；風槩昂藏，与青煙俱颺。"

2. 北魏建義元年（528 年）《元瞻墓誌》："駕群輦而峻嶒，超流品而岧蒂。"

按：蒂，"蒂"的俗訛字。岧蒂，通"岧嵽"，亦作"岹嵽"，山高峻貌。[1]《漢語大詞典》未收"岧遰、岧蒂"，二詞詞義同毛遠明所解說的"岧嵽"，在誌文處喻指人的氣韻高峻。

Shen
神

神后

北魏孝昌元年（525 年）《元熙墓誌》："吏憚其威，民懷其惠。雖廉叔來暮之謳，公沙神后之歌，未之多也。"

按：《漢語大詞典》未收"神后"一詞。《後漢書·方術列傳》："公沙穆字文乂，北海膠東人也。……遷弘農令。縣界有螟蟲食稼，百姓惶懼。穆乃設壇謝曰：'百姓有過，罪穆之由，請以身禱。'於是暴雨，既霽而螟蟲自銷，百姓稱曰神明。""神明"即"神"。《禮記·表記》："皆事天地之神明。"鄭玄注："神明，謂群神也。""神后"之"后"，應即"后土"之省。"后土"，土神。《周禮·春官·大祝》："先告后土。"賈公彥疏："后土，土神。"在誌文中，"神后"，應泛指"神靈"。《後漢書》中作"神明"，而誌文此處作"神后"，語素有差異，整詞義無別。

Sheng
笙

笙鏞

1. 東魏武定五年（547 年）《元澄妃馮令華墓誌》："若夫帝王有命，將相應期。鐘鼎相傳，冠冕繼襲。固已功流載籍，道被笙鏞。"

2. 北齊天保七年（556 年）《李希禮墓誌》："祖……父尚書令、儀同文靖公，並民譽時宗，立功立事，騰華方策，散美笙鏞。"

3. 北齊武平元年（570 年）《劉悅墓誌》："道播笙鏞，跡光圖篆。"

---

① 毛遠明：《漢魏六朝碑刻校注》第六冊，綫裝書局 2009 年版，第 175 頁。

4. 北周大象元年（579 年）《封孝琰墓誌》：“祖司空孝宣公，道高壹世，德被笙鏞。”

按：笙，管樂器名，一般用十三根長短不同的竹管製成。鏞，大鐘。笙鏞，古樂器名。從上述誌文看，“笙鏞”已從具體的器物上升到一種記載、傳播美名的抽象載體。《漢語大詞典》收“笙鏞”，釋義為“古樂器名”。

省

省立

北魏建義元年（528 年）《元悌墓誌》：“優遊書囿，敖翔子集。刊彼己亥，正茲省立。”

按：《漢語大詞典》未收“省立”。“省”，通“眚”，有“錯誤”義，《尚書·洪範》：“曰王省惟歲，卿士惟月，師尹惟日。”蔡沈集傳：“王者之失得，其徵以歲。”孫星衍注：“史遷‘省’作‘眚’。”《史記·秦始皇本紀》：“飾省宣義。”張守節正義：“省，過也。”“立”，通“位”，段玉裁《說文解字注》“位”字下：“古文《春秋》‘公卽位’爲‘公卽立’。古者‘立’‘位’同字。”“省立”，在誌文中指“錯誤的位置”。此處“刊彼己亥”與“正茲省立”相對為文，“刊彼己亥”，謂校勘書籍文字錯誤；“正茲省立”，謂訂正書籍位置（順序）錯誤。意義恰好呼應。

Shi

十

十六

北魏孝昌元年（525 年）《元纂墓誌》：“析瑤枝於扶桑，播番衍於商魯。聲高八龍，嚮踰十六。”

按：《漢語大詞典》未收“十六”。“十六”係典故詞，出《左傳·文公十八年》：“是以堯崩而天下如一，同心戴舜，以爲天子，以其舉十六相、去四凶也。故《虞書》數舜之功，曰‘慎徽五典，五典克從’，無違教也。（杜預注：‘此八元之功。’）曰‘納於百揆，百揆時序’，無廢事也。曰‘賓於四門，四門穆穆’，無凶人也。（杜預注：‘此八愷之功。’）”“八元”加上“八愷”，共十六人，是有輔佐才能的十六個重要人物。《後漢書·傅燮列傳》：“臣聞天下之禍，不由於外，皆興於內。是故虞舜升朝，先除四凶，然後用十六相。明惡人不去，則善人無由進也。”“十六相”，指輔佐帝王的十六位關鍵人物，李賢注引《左傳》曰：“昔高陽氏有才子八人，蒼舒、隤敳、檮戭、大臨、龙降、庭堅、仲容、叔達，謂之八愷。高辛氏有才子八人，伯奮、仲堪、叔獻、季仲、伯虎、仲熊、叔豹、季狸，謂之八元也。”此段意指，“八愷”加上“八元”，即“十六相”，即此處誌文中的縮略形式“十六”。

時

時華

東魏元象元年（538 年）《淨智師圓寂塔銘》：“時華淹苒，□釋迦其再生；日月遞輝，恨如來其何逝。”

按：《漢語大詞典》收“時華”，釋義為：①時興的花式，②應時的花卉。義項均不適合此處誌文語境。此處“時華”與“日月”對舉，意義近似，當為“時間、時光”義。“華”有“光”義，《淮南子·墬形訓》：“末有十日，其華照下地。”高誘注：“華，猶光也。”可引申指“時光”，《漢語大詞典》此義項下的書證為北周庾信《竹杖賦》：“潘嶽秋興，嵇生倦遊，桓譚不樂，吳質長愁，並皆年華未暮，容貌先秋。”比此塔銘要晚。

此碑語例可補《漢語大詞典》“時華”條“時間、時光”之義項，亦早於書證北周庾信《竹杖賦》。

食

食子

北魏太昌元年（532 年）《楊遵智墓誌》：“攸攸天道，禍福何常。去蜂招罪，食子銜殃。正為逆忌，命以忠亡。嚴霜下降，流血上襄。”

按：《漢語大詞典》收“食子”一詞，釋義為：戰國時，魏將樂羊為表示忠於魏國，而吃了中山國烹其子所做的羹。事載《戰國策·魏策三》《中山策》《韓非子·說林上》。“食子”為典故詞，《漢語大詞典》指出了典源，惜未指出具體所出語段。

《韓非子·說林上》：“樂羊為魏將而攻中山。其子在中山，中山之君烹其子而遺之羹，樂羊坐於幕下而啜之，盡一杯。文侯謂堵師贊曰：‘樂羊以我故而食其子之肉。’答曰：‘其子而食之，且誰不食？’樂羊罷中山，文侯賞其功而疑其心。”樂羊為表忠心，竟吃了中山國烹其子之羹，魏文侯聽信讒言，反疑樂羊不仁。後以“食子”用為“有功見疑”之典。又作“樂羊食子”，《後漢書·桓榮丁鴻列傳》有“昔樂羊食子，有功見疑”。亦源於上文。

識

識半面

北魏太昌元年（532 年）《元延明墓誌》：“強於記錄，抑亦天啟。必誦全碑，必識半面。”

按：《漢語大詞典》未收“識半面”，該詞為典故語，出《後漢書·應奉傳》“奉少聰明”句李賢注引三國吳謝承《書》曰：“奉年二十時，嘗詣彭城相袁賀，賀時出行閉門，造車匠於內開扇出半面視奉，奉即委去。後數十年於路見車匠，識而呼之。”後以“識半面”等指人聰明強識之典。又作“半面”“半面不忘”。如唐李商隱《會昌一品集序》：“車匠胡奴，罔迷於半面。”又如《北齊書·楊愔傳》：“其聰明強識，半面不忘。”《漢語大詞典》收“半面”“半面不忘”。

世

世祿

北魏正光三年（522 年）《張猛龍碑》：“其氏族分興，源流所出，故已備詳世祿，不復具載。”

按：《漢語大詞典》收“世祿”一詞，釋義為“古代有世祿之制，貴族世代享有爵祿。”書證為《尚書·畢命》：“世祿之家，鮮克由禮。”孔傳：“世有祿位。”《漢語大詞典》的釋義顯然與誌文不合。“祿”當通“錄”，“冊籍”義，《周禮·天官下·職幣》：“皆辨其物而奠其祿。”鄭玄注引杜子春云：“祿當為錄。”賈公彥疏：“謂定其所錄簿書。”也可引申指“史籍志書的類別”，如唐劉知幾《史通·書志》：“原夫司馬遷曰書，班固曰志，蔡邕曰意，華嶠曰典，張勃曰錄，何法盛曰說，名目雖異，體統不殊。”“世祿”，即“族譜或宗族史冊"。

誓

誓河

1. 北魏孝昌元年（525 年）《元寶月墓誌》："既而倫伊比陟，況魯佯禽，寔宜均彼誓河，永傳龜玉。"

2. 東魏武定二年（544 年）《元湛墓誌》："公諱湛……受命於天，造我王室；誓河疏流，瞻山作鎮。"

按：《史記·高祖功臣侯者年表》："封爵之誓曰：'使河如帶，泰山若厲。國以永寧，爰及苗裔。'始未嘗不欲固其根本。"這段誓詞意思是即使黃河變得細如衣帶，泰山變得小如磨刀石，朝廷也要使功臣們的封國永遠安寧，恩澤延及子孫後代。後以"河帶山厲"比喻國基穩固或高官貴族爵位長久。此典又作"誓河""黃河誓""帶礪山河""誓著山河""山如礪""黃河如帶"等。此處"誓河"是比喻誌主官爵穩固而長久。

此後文獻對此典故也多有應用，如唐《封回紇葉護忠義王制》："力拔山岳，精貫風雲，蒙犯曾不辭其勞，急難無以逾其分。固可懸之日月，傳諸子孫，豈惟裂土之封，誓河之賞而已矣！"再如朝鮮史書《三國史記·新羅本紀七》："必其誓河若帶，義分如霜，違君之命，不忠，背父之心，非孝，一身二名，何以自寧？"

參本書"帶地"條。

誓首

北魏正始四年（507 年）《奚智墓誌》："君……內行羽真散騎常侍鎮西將軍中鎮大將內亦幹之孫……幹受任偏威，雄名遠振，為夷之俗，以為誓首，雖郅都守邊，何以過也。"

按：《漢語大詞典》未收"誓首"。"誓"有"發誓、立誓"義，"誓首"一詞與漢雁門太守郅都有關，見《史記·郅都傳》："孝景帝乃使使持節拜都為雁門太守，而便道之官，得以便宜從事。匈奴素聞郅都節，居邊為引兵去，竟郅都死，不近雁門。匈奴嘗為偶人，像郅都，令騎馳射莫能中，見憚如此。""誓首"即當指"做偶人，以為發誓剷除的對象"。在誌文中，反其意而用之，讚頌誌主祖父內亦幹之

"雄名"。

Shou
受

受蜃

北魏永熙二年（533 年）《乞伏賓墓誌》："君受蜃闕庭，躍馬闉外，色有難犯，志在勤王。"

按：《漢語大詞典》未收"受蜃"條。"受"為"接取、接受"義，如《儀禮·士喪禮》："降衣於前，受用篋。"《禮記·內則》："男不言內，女不言外，非祭非喪，不相授器。其相授，則女受以篚。""蜃"，是一種古祭器，為畫有蜃形的漆尊，如《周禮·春官·鬯人》；"凡祭祀……凡山川四方用蜃。"鄭玄注："蜃，畫為蜃形。"賈公彥疏："蜃，畫為蜃形者，亦謂漆畫之。"由上述文獻用例知，"受蜃"在此處當指接受社廟祭祀的禮制，以形容誌主顯貴的身份。

樹

樹靜

北魏延昌二年（513 年）《元恪貴華王普賢墓誌》："夫人痛臯魚之晚悟，感樹靜之莫因，遂乘險就夷，庶恬方寸。"

按：《漢語大詞典》未收"樹靜"一詞。《韓詩外傳》卷九："孔子出行，聞哭聲甚悲。孔子曰：'驅！驅！前有賢者。'至，則臯魚也，被褐擁鎌，哭於道旁。孔子辟車與之言曰：'子非有喪，何哭之悲也？'臯魚曰：'吾失之三矣：少而學，遊諸侯，以後吾親，失之一也；高尚吾志，間吾事君，失之二也；與友厚而小絕之，失之三矣。樹欲靜而風不止，子欲養而親不待也。往而不可追者，年也；去而不可得見者，親也。吾請從此辭矣。'立槁而死。"後以"風木之悲""樹靜"等"比喻父母亡故，不及侍養的悲傷"。《孔子家語·致思》所記與此大致相同，只是"臯魚"作"丘吾子"。此處誌文"痛臯魚之晚悟，感樹靜之莫因"中以"樹靜"表"親不及養的悲傷"。

Shuai

率

率由

東魏武定元年（543年）《王偃墓誌》："溫良本於率由，孝友始於天縱。"

按：《漢語大詞典》收"率由"，義項有五：①遵循，沿用；②謂遵循成規；③謂相率歸順；④由來；⑤猶皆由。但這幾個義項均不符合誌文語境。此處"率"應理解為"率性"之省，有"循其本性，盡情任性"義，《禮記·中庸》："天命之謂性，率性之謂道。"亦可引申指名詞"稟性，本性"，如南朝梁何遜《秋夕歎白髮》詩："昔年十四五，率性頗廉隅。""率"即"率性"。此誌文中"率"同此。誌文中"由"為"聽憑，聽任"義，動詞性，《論語·顏淵》："為人由己，而由人乎哉？"

誌文中"率由"為主謂式合成詞，義為"率性使然"，與其相對的"天縱"亦為主謂式合成詞，意義相近。

Shuang

雙

雙鯉

北齊河清元年（562年）《李君妻崔宣華墓誌》："性潔冰露，質薰蘭苣。仁感兩鳥，孝遊雙鯉。"

按：《漢語大詞典》收"雙鯉"一詞，釋義為"兩條鯉魚"。"雙鯉"作為典故詞，《漢語大詞典》未釋出其典故義。

此典出《後漢書·列女傳·姜詩妻》："廣漢姜詩妻者，同郡龐盛之女也。詩事母至孝，妻奉順尤篤……姑嗜魚鱠，又不能獨食，夫婦常力作供鱠，呼鄰母共之。舍側忽有湧泉，味如江水，每旦輒出雙鯉魚，常以供二母之膳。"

又出《晉書·王祥傳》："王祥字休徵，琅邪臨沂人，漢諫議大夫吉之後也……祥性至孝。早喪親，繼母朱氏不慈，數譖之，由是失愛於父。每使掃除牛下，祥愈恭謹。父母有疾，衣不解帶，湯藥必親嘗。母常欲生魚，時天寒冰凍，祥解衣將剖冰求之，冰忽自解，雙鯉躍出，持之而歸。”

又出晉干寶《搜神記》：“母常欲生魚，時天寒，冰凍，祥（王祥）解衣，將剖冰求之，冰忽自解，雙鯉躍出，持之而歸。”

後以“雙鯉”為孝親之典。

霜

霜靡

北魏永平四年（511 年）《元英墓誌》：“粵自初服，析瑞名蕃。西窮隴外，北盡沙原。威行霜靡，惠洽春暄。”

按：《漢語大詞典》未收“霜靡”。“靡”為“披靡，倒下”義，見《左傳·莊公十年》：“吾視其轍亂，望其旗靡。”霜雪過後，野草紛紛倒下。誌文此處用“霜靡”比喻百姓紛紛畏伏於誌主的威嚴。

Shui

水

水菜不交

北周明帝元年（557 年）《強獨樂造像記》：“（文帝）在任清儉，與民水菜不交，閤絕私覿，皎然冰境。”

按：《漢語大詞典》有“水菜不交”，未釋義，書證同此造像記。據文意，“水菜不交”應指官員在生活（經濟）上不和百姓發生往來，指官吏為官清廉。“水菜不交”應為典故詞，但典源目前難以找到。清華小亭《無事為福齋隨筆》亦曰：“北周《文王廟碑》：‘除原州刺史，在任清儉，與民水菜不交。’‘水菜’二字僅見。”

Si

絲

絲綍、絲綸、絲紼、絲言、綸綍、綸誥

1. 南朝梁普通三年（522 年）《蕭憺碑》：“公趨事紫居，兼摠關柝。絲綸惟序，衿帶以清。”

2. 北魏太昌元年（532 年）《元延明墓誌》："或外典圖書，或內掌絲綸。朝趨王陛，夕拜瑣門。經綸帝則，翼宣王度。詔誥衣草而行，議論寄名而已。"

3. 北魏永熙二年（533 年）《元鑽遠墓誌》："自非思敏食時，辭遒騎上，何以緝綜王言，彪炳絲綸？"

4. 北魏正光五年（524 年）《郭顯墓誌》："來管喉脣，絲綸伊穆。"

5. 北魏正光五年（524 年）《元子直墓誌》："絲綸告勒，執戟雲疲，唯梁請牧，連率是縻。"

6. 北魏正光五年（524 年）《郭顯墓誌》："來管喉脣，絲綸伊穆。"

7. 北魏武泰元年（528 年）《元暐墓誌》："鳳沼嚴貴，王言攸委，絲綸所出，匪易其人。"

8. 北魏建義元年（528 年）《元子正墓誌》："除散騎侍郎，不拜，尋改中書。青囊是職，紫泥斯奉。絲綸載敘，渙汗增輝。"

9. 北魏永安元年（528 年）《元欽墓誌》："羽儀華閣，絲綸紫幃，凝然若山，渙乎如水。"

10. 北魏太昌元年（532 年）《元頊墓誌》："移中書郎，潤色絲綸，麗則渙汗，飄飄視草，翩翩苦風。"

11. 北齊武平五年（574 年）《李君穎墓誌》："一投幕府，三降絲綸。"

12. 北周建德四年（575 年）《叱羅協墓誌》："暨帝圖既構，復預絲綸。"

13. 北齊乾明元年（560 年）《高湝墓誌》："且有後命，入佐王室。奉玉壺於帝座，統絲綸於鳳水。"

14. 北魏太昌元年（532 年）《長孫季及妻慕容氏墓誌》："遂得同漸仁義，並列周行。外捻六條，內膺絲紼。"

15. 東魏元象二年（539 年）《高渙墓誌》："臺儀照耀，王服容與。入掌絲紼，出諧刺舉。授柯盡制，楊旌鞠旅。"

16. 北魏孝昌二年（526 年）《銀青光祿大夫于纂墓誌》："俄遷通直散騎常侍。贊景九重，裨暉一德。賁是絲言，曄茲綸誥。"

17. 北魏太昌元年（532 年）《元恭墓誌》："爰遊鳳沼，翰飛戾天。絲言落雨，綸綍騰煙。”

　　按：《禮記·緇衣》有“子曰：‘王言如絲，其出如綸；王言如綸，其出如綍。’”孔穎達疏：“王言初出，微細如絲；及其出行於外，言更漸大，如似綸也。”又曰：“王言如綸，其出如綍者，亦言漸大出如綍也。”“絲言”“絲綸”“絲綍”均可指“帝王詔書”，是一種因比喻而形成的詞族。綍，同“紼”，“絲紼”與上述諸詞同義。“誥”本有“帝王詔書”義，所以“綸誥”亦與上述諸詞同義。

　　《漢語大詞典》收“絲綸”“絲言”“綸綍”“綸誥”，未收“絲綍”“絲紼”。

四

四聞

　　北魏正始四年（507 年）《侯君妻張列華墓誌》：“徽音流溢，四聞並韶。”

　　按：《漢語大詞典》未收“四聞”。“四聞”當“四德之聞”的省略，“四德”即“婦德、婦言、婦容、婦功”，“四聞”即指這四個方面的名聲。

Song

宋

宋朝

　　北魏武泰元年（528 年）《員外散騎侍郎元舉墓誌》：“履朝獨步，倫華非匹。一見唧唧，宋朝更生。久狎咄咄，平仲何奇。”

　　按：宋朝，春秋時宋國公子，容貌甚美。後常用作美男子的代稱。見《左傳·定公十四年》：“衛侯為夫人南子召宋朝。”杜預注：“朝，宋公子，舊通於南子。”《漢語大詞典》收“宋朝”條。這裏“一見唧唧，宋朝更生”的意思是，見第一面就歎服誌主的帥氣，以為是宋朝再生。

頌

頌壤

　　北魏永平四年（511 年）《元伻墓誌》：“其人雅智，體義尚和，名垂州里，美稱鄉阿。寬柔恩厚，審待如靜，人高絕倫，超與俊並。蘭音頌壤，芬揚岳嶺。”

按：《漢語大詞典》未收“頌壤”。“頌”，見《詩集傳·頌四》：“頌者，宗廟之樂歌。”“壤”，有“地”義，《文選·李斯〈上書秦始皇〉》：“割膏腴之壤。”張銑注：“壤，地也。”“頌壤”在此指家族宗廟的土地，引申指家族或邑里。誌文中“蘭音頌壤”與“芬揚岳嶺”相對，“音”作動詞，“傳聲”義。

誦

誦全碑

北魏太昌元年（532年）《元延明墓誌》：“強於記錄，抑亦天啟。必誦全碑，終識半面。”

按：《漢語大詞典》未收“誦全碑”一詞。該詞源自《三國志·魏書·王粲傳》：王粲，字仲宣，“初，粲與人共行，讀道邊碑，人問曰：‘卿能暗誦乎？’曰：‘能。’因使背而誦之，不失一字。”後以“王仲宣誦碑”為善於強記之典，又作“誦全碑”。

誌文中“終識半面”與“必誦全碑”相對為文，皆為“聰明強於記誦”義。參本書“識半面”條。

誦日

北周建德四年（575年）《張僧妙法師碑》：“詳其年居誦日，早聞通理，歲在星終，便稱穎脫。”

按：《漢語大詞典》未收“誦日”。“誦”有“朗讀，念誦”義，《周禮·春官·大司樂》：“以樂語教國子：興，道，諷，誦，言，語。”鄭玄注：“以聲節之曰誦。”“誦日”即可理解為“入學誦書的時日。”在此處可引申指“少年時期”。下文與之對應的“星終”，指十二歲，亦可佐證此解。

Su
蘇

蘇粒

北魏孝昌二年（526年）《元乂墓誌》：“遭太妃喪，哀毀過禮，幾於滅性。太師敦喻，乃更蘇粒。”

　　按：《漢語大詞典》未收“蘇粒”。“蘇”有“恢復”義，《尚書·仲虺之誥》：“徯予后，后來其蘇。”孔傳：“待我君來，其可蘇息。”“粒”，“穀米之粒”義，《穀梁傳·昭公十九年》：“（許太子止）哭泣，歠飦粥，嗌不容粒。”《呂氏春秋·任教》：“孔子窮乎陳蔡之間，藜羹不斟，七日不嘗粒。”“粒”在這裏代指“少許飯食”。“蘇粒”是“恢復（正常）飲食”義，該詞前面的“更”字，也是提示後面的詞義應在“恢復正常狀態”這一範圍內。

素

素首

　　北魏孝昌二年（526 年）《元朗墓誌》：“爰喪先妣，素首立年。亦既闋止，皓顛徂玄。”

　　按：《漢語大詞典》未收“素首”。“素首”即“白頭”義，與之呼應的下句銘文“亦既闋止，皓顛徂玄”中“皓顛”一詞，意即“白的鬢（‘顛’即‘鬢’）髮”，可作“素首”為“白頭”義之證。誌文中“苫凷二朞，顛髮皓然俱白。勉喪之後，還復緇首”句亦可證。

素宗

　　北魏延昌三年（514 年）《元宏充華趙氏墓誌》：“謙光柔順，播夙聲於素宗；英清玉粹，登椒華而俞馥。”

　　按：素宗，普通的宗族。下文銘文中有“承訓素里，流光紫庭”句，其“素里”一詞義同“素宗”。《漢語大詞典》未收該詞。

Sui
隋

隋、隨和

　　1. 北魏孝昌二年（526 年）《元則墓誌》：“本枝斯茂，載誕英賢，如和出岬，若隋曜淵。”

　　2. 東魏武定二年（544 年）《侯海墓誌》：“如彼璑（隨）和，陵巖開朗；如彼鳴鶴，桼離振響。”

　　按：《漢語大詞典》收“隨和”，釋義為“隨侯珠與和氏璧的並稱”，

《史記·李斯列傳》："今陛下致昆山之玉，有隨和之寶。"《楚辭·王褒〈九懷·陶壅〉》："瓦礫進寶兮，捐棄隨和。"洪興祖補注："隨侯之珠，和氏之璧。"後用來比喻人物高潔的才德。誌文例2′即此義。例1中"如和出岬，若隋曜淵"則是分開用，"和"即"和氏璧"，"隋""隨"在古籍中為異文，此處即"隨侯之珠"之省。《淮南子·覽冥訓》："譬如隋侯之珠，和氏之璧，得之者富，失之者貧。"高誘注："隋侯，漢東之國姬姓諸侯也。"《左傳·桓公六年》作"隨"。

綏

綏微

北魏永平元年（508年）《元淑墓誌》："純以綏微，粹以接英，百兩方顯，著於千齡。"

按：《漢語大詞典》未收"綏微"。"綏"有"安撫"義，《詩經·大雅·民勞》："民亦勞止，汔可小康，惠此中國，以綏四方。"鄭玄箋："康、綏，皆安也。""微"有"卑下"義，《尚書·舜典序》："虞舜側微。"孔穎達疏："不在朝廷謂之側，其人貧賤謂之微。"在這裏"微"引申指卑微之人。"綏微"，在誌文中與下句"接英"一詞相對，指"安撫卑微之人"。

T

Tai

胎

胎教

1. 北魏建義元年（528年）《元瞻墓誌》："既昭灼於芳鯉，亦蟬聯於胎教。"

2. 西魏大統二年（536年）《趙超宗妻王氏墓誌》："載熙家治，實康內則。胎教有偉，觀光王國。"

3. 北齊武平七年（576年）《李希宗妻崔幼妃墓誌》："自非蹈德履仁，正視胎教，何以□□太陰，剋生國母？"

按："胎教"一詞，《漢語大詞典》有載。"孕婦謹言慎行，心情舒暢，給胎兒以良好影響，謂之‘胎教’。"《韓詩外傳》卷九："吾懷妊是子，席不正不坐，割不正不食，胎教之也。"漢賈誼《新書·胎教》："周妃後妊成王於身，立而不跛，坐而不差，笑而不喧，獨處不倨，雖怒不罵，胎教之謂也。"上述三則誌文義同《漢語大詞典》所釋。

台

台胤

東魏武定元年（543年）《聶顯標六十餘人造像記》："佛弟子都唯那聶顯標邑義六十餘人等，盡是亦（弈）代台胤。綿世儒宗，體悟無常。"

按：《漢語大詞典》未收"台胤"一詞。《後漢書·孝安帝紀論》："遂復計金授官，移民逃寇，推咎台衡，以荅天眚。"李賢注："台謂三台，三公象也。""三台"謂星名，古代用以喻指"三公"。"台胤"義為"三公後代、高官後代"。

泰

泰夏

北魏永平元年（508年）《元淑墓誌》："赫矣元極，顯自黃基。分琨神荊，敷瓊靈芝。德由泰夏，道新肆茲。慧屬鳳翚，哲應龍期。"

按：《漢語大詞典》未收"泰夏"。"泰"有"大"義，《尚書·泰誓上》"泰誓"。孔傳："大會以誓眾。"孔穎達疏："經雲'大會於孟津'，知名曰'泰誓'者，其大會以示眾也。""夏"為朝代名，即夏後氏，我國歷史上第一個朝代。"泰夏"即"夏朝"的美稱。誌文中"德由泰夏"，言其德行久遠。

Tan

貪

貪泉必酌

北魏太昌元年（532年）《元瑱墓誌》："遷平北將軍相州刺史。王帶默綬於一方，駕朱駭於萬里。脂膏不潤，貪泉必酌。"

按：典出《晉書·良吏傳·吳隱之》："朝廷欲革嶺南之弊，隆安中，以隱之為龍驤將軍、廣州刺史、假節，領平越中郎將。未至州二十里，地名石門，有水曰貪泉，飲者懷無厭之欲。隱之既至，語其親人曰：'不見可欲，使心不亂。越嶺喪清，吾知之矣。'乃至泉所，酌而飲之，因賦詩曰：'古人云此水，一歃懷千金。試使夷齊飲，終當不易心。'及在州，清操逾屬，常食不過菜及乾魚而已，帷帳器服皆付外庫，時人頗謂其矯，然亦終始不易。"此典後省作"酌貪泉""酌貪""酌泉""貪泉"等，皆指官員能廉潔自持。《漢語大詞典》未收"貪泉必酌"，收"貪泉"。

Tang

唐

唐軒

北魏正始元年（504年）《山公寺碑頌》："玄化邁於唐軒，道風超於三代。"

按：《漢語大詞典》未收"唐軒"。"唐軒"為"唐堯"和"軒轅"省略後的合併詞。"唐堯"，帝嚳之子，五帝之一。"軒轅"即"軒轅黃帝"，三皇五帝之首。

儻

儻恍

北齊天保六年（555年）《元子邃墓誌》："泉宮暫啟，埏門永閉。死者若知，魂兮儻恍。言辭柏寢，往記楸棺，虞歌罷曲，送馬回鞍。"

按：《漢語大詞典》收"儻恍"一詞，釋義為"驚疑貌"，書證為宋惠洪《冷齋夜話·江神嗜黃魯直書韋詩》："即取視之，儻恍之際，曰：'我猶不識，鬼寧識之乎？'"但審讀誌文，其義不協。"儻"，有"忽來"義，《莊子·繕性》："軒冕在身，非性命也，物之儻來，寄者也。"成玄英注："儻者，以外忽來耳。""恍"有"飄逸"義，《後漢書·馮衍傳》："時恍忽而莫貴。"李賢注："恍忽，猶輕忽也。""輕忽"，即"飄逸"。誌文"死者若知，魂兮儻恍"意指"死者若地下有知，魂靈會飄忽而至的"。《漢語大詞典》"儻恍"條缺此義項。

Tao

韜

韜軫

北魏神龜三年（520 年）《穆亮妻尉氏墓誌》：“夕陽已逝，晨光未旋。瑤琴韜軫，金鑪滅煙。星火驟變，丹壑遽遷。式鑴景範，垂之永年。”

按：《漢語大詞典》未收“韜軫”一詞。“韜”，“藏”義，《龍龕手鏡》：“韜……藏也。”“韜”亦同“韜”，“韜”，“掩藏”義，《後漢書·姜肱傳》：“肱臥於幽闇，以被韜面，言患眩疾，不欲出風。”“軫”為樂器琴下繫弦的小柱子，漢劉向《列女傳·阿谷處女》：“向者聞子之言，穆如清風，不拂不寤，私復我心，有琴無軫，願借子調其音。”李白《北山獨酌寄韋六》詩：“坐月觀寶書，拂霜弄瑤軫。”王琦注：“琴下繫絃之柱，謂之軫。”“韜軫”意即“隱藏起了琴下小柱”，琴已無柱，不能再彈，暗示誌主已逝。

逃

逃年

北魏正光元年（520 年）《劉阿素墓誌》：“同火人典禦監劉阿女等，痛金蘭之奄契，悲紅顏而逃年。”

按：《漢語大詞典》未收“逃年”一詞。“逃年”為當時通俗語中的委婉詞，與誌主身份和同火人身份相適應。“逃年”即“年齡已逃，不可追回”，即“年齡停止”義。

Ti

梯

梯柯

北魏永平四年（511 年）《元侔墓誌》：“芳茂玄圃，蘭長梯柯。泉流清㳵，水潔生波。其人雅智，體義尚和，名垂州里，美稱鄉阿。”

按：《漢語大詞典》未收“梯柯”一詞。“梯”通“荑”，“嫩芽”義，《大戴禮記·夏小正》：“柳梯。梯也者，發孚也。”“柯”，

《廣雅·釋木》："莖也。""梯柯"在此指"嫩枝條、小枝條"義。

提

提槩

北魏孝昌二年（526 年）《銀青光祿大夫于纂墓誌》："後加恆州大中正。執權州部，提槩鄉國。昇黜得中，斟酌式允。"

按：《漢語大詞典》未收"提槩"一詞。"提"有"扶持"義，《漢書·張耳陳餘傳》："夫以一趙尚易燕，況以兩賢王左提右挈，而責殺王之罪，滅燕易矣。"顏師古注："提、挈，言相扶持也。""槩"即"概"字，"關切"義，《史記·范雎蔡澤列傳》："意者臣愚而不概於王心邪？"司馬貞《索隱》："《戰國策》'概'作'關'，謂關涉於王心也。"

啼

啼猿

北齊武平二年（571 年）《梁子彥墓誌》："是以金匱玉韜之術，破虖啼猿之伎，莫不同發機心，盡窮其妙。"

按：《漢語大詞典》未收"啼猿"一詞，該詞應為"彎弧啼猿"的省稱，又作"虛引怯猿"，出《淮南子·說山訓》："楚王有白猿，王自射之，則搏矢而熙；使養由其射之，始調弓矯矢，未發而猿擁柱號矣。"後因以形容高超的射箭技藝。

綈

綈裒

北魏建義元年（528 年）《元子正墓誌》："自始服青衿，爰啟綈裒，好問不休，思經無怠。"

按：《漢語大詞典》未收"綈裒"一詞。"綈"為一種厚實光滑的絲織物。"裒"同"袟"，書的封套。"綈裒"指用綈包裹的書卷封套，後用以指代書籍。

體

體而

北魏建義元年（528 年）《元瞻墓誌》："配極居微，物共首政。公其體而，膺茲大慶。洞曉無彊，懸解如聖。惟彼陰鳥，厥聲猶彰。

魚水好合，乃陟周行，入言良才，出曰民望。"

按：《漢語大詞典》未收"體而"一詞。"體而"應由"體大而允"割裂而成，出自漢班固《典引》："茲事體大而允，寤寐次於聖心。"李善注："允，信也。""茲事體大而允"意思是"這件事性質重要，關涉誠信"。截"體而"之形取"大、允"之義，誌文中"公其體而"意即"公之地位大而允"義。

Tian

天

天漢

1. 北魏永熙二年（533年）《元蕭墓誌》："啟神基於地符，派浚源於天漢。世有山岳之祥，家傳棟樑之業。"

2. 東魏武定三年（545年）《元瞱墓誌》："崇基邐迤，鴻源浩汗，別嶺崐峰，分流天漢。"

3. 北齊天保六年（555年）《元子邃墓誌》："分源天漢，引照扶桑，置功厚德，國阜家昌。"

4. 北齊河清三年（564年）《叱列延慶妻尔珠元靜墓誌》："天山起岫，天漢橫波，□龍道□，□熊引河。"

5. 北齊天統元年（565年）《趙道德墓誌》："雷震波駭，魚沉鳥散。忽撫風雲，高飛天漢。"

6. 北周天和二年（567年）《華嶽廟碑》："聳翠嶭於紫微，挺高峰於天漢。"

按：《漢語大詞典》收"天漢"一詞。《詩經·小雅·大東》："維天有漢，監亦有光。"毛傳："漢，天河也。"在與上述語例相似的語境中，也會用"江漢"一詞，亦應即"天河"義，如北魏永熙二年（533年）《元鑽遠墓誌》："構本枝於帝緒，導鴻原於江漢。"也用"天津"表"天河"義，如北魏延昌三年（514年）《元濬嬪耿氏墓誌》："天津永晦，金鏡無光。"北魏永熙二年（533年）《石育及妻戴氏墓誌》："鬱矣洪源，攸哉遠注。如彼天津，玄流長霧。"

古籍中稱天河有時會用"河漢"一詞表示，如《古詩十九首·迢迢牽牛星》："河漢清且淺，相去復幾許。"《漢語大詞典》雖收"天漢"並做了解釋，但並未進一步解釋比喻義，在這裏，"天漢"喻指誌主們的族源悠遠。

天利

北魏永平元年（508 年）《元繼妃石婉墓誌》："玉生衒閨，桂出含芳，紫金天利，明月自光。夫人窈窕，性實稟常，心如懷月，言似吐璋。"

按：《漢語大詞典》未收"天利"一詞。"紫金天利"與"明月自光"在誌文中對舉。紫金與鉑金、黃金並稱為三大金，尤以紫金的光澤度和亮度最優。《荀子·王制》："論百工，審時事，辨功苦，尚完利，便備用。"楊倞注："利，謂便於用。若車之利轉之類也。""天利"即"天然便於利用"義，在這裏言誌主稟賦天成，非後天習得。

Tiao

齠

齠齔、齠卅、齠年、齠日、齠歲

1. 北魏孝昌元年（525 年）《元懌墓誌》："年方齠齔，便學通諸經。"

2. 北魏孝昌三年（527 年）《元固墓誌》："爰初齠齔，亦既弁兮，克岐克嶷。"

3. 北魏延昌元年（512 年）《崔猷墓誌》："慶流昆後，篤生明懿，齠卅夙成，幼弘禮義。"

4. 北魏正光五年（524 年）《檀賓墓誌》："惠悟發於齠卅，英粲播於弱齡。"

5. 北魏延昌三年（514 年）《元颺墓誌》："恭孝之心，睦睦於齠年，忠亮之操，蹇蹇於弱歲。"

6. 正始二年（505 年）《李蕤墓誌》："齠年播淑，綺歲流風，清衿外朗，識韻內融。"

7. 北魏孝昌三年（527 年）《于纂墓誌》："君承積慶之休烈，資逸氣之淑靈，性識明敏，神情爽發，齠日振穎，綺歲騰徽。"

8. 北魏延昌四年（515 年）《王紹墓誌》："敦詩習禮，早敂齠歲，摛文綴翰，實戀雋年。"

按："齠齔"指小孩脫落乳牙換恒牙。《集韻·蕭韻》："齠，毀齒也。"《說文·齒部》："齔，毀齒也。男八月生齒，八歲而齔；女七月生齒，七歲而齔。"故"齠""齔"為同義詞，一般指小孩七八歲，在誌文此處泛指童年。"丱"指古時兒童束髮成兩角的樣子，亦"童年"義。"齠丱、齠年、齠日、齠歲"義同"齠齔"。"齠丱"為並列式合成詞，"齠年、齠日、齠歲"均為偏正式合成詞。《漢語大詞典》收"齠齔、齠年齠日齠歲"，未收"齠丱"。

Ting

聽

聽輪、聞車識士

1. 北齊天保五年（554 年）《高顯國妃敬氏墓誌》："舅姑愛其恭肅，娣姒欽其雅尚。可謂聲超集木，德美聽輪者矣。"

2. 北齊皇建二年（561 年）《是連公妻邢阿光墓誌》："歸配哲人，作嬪庭宇，恭奉祭祀，恪勤針縷。識有聽輪，告無投杼。"

3. 北齊武平七年（576 年）《李希宗妻崔幼妃墓誌》："小大以情，幽□咸照，聞車識士，窺溏知賢。"

按：《漢語大詞典》未收"聽輪"。"聽輪"係用典，典出漢劉向《列女傳·仁智傳·衛靈夫人》："靈公與夫人夜坐，聞車聲轔轔，至闕而止，過闕復有聲。公問夫人：'知此謂誰?'夫人曰：'此蘧伯玉也……不為冥冥惰行，蘧伯玉衛之賢大夫也，……必不以闇昧廢禮。是以知之。'公使視之，果伯玉也。"春秋衛國大夫蘧伯玉，賢而知禮，他夜間行車過公門而下車，不因夜闇而失禮。後用為讚頌賢臣之典，亦用為識賢之典。典面有"蘧輪""聽輪""聞車識士"等，誌文此處用"聽輪"表示"敬氏"和"邢阿光"等能識賢，有佐夫之德。

亭

亭耀

北魏正始四年（507 年）《元緒墓誌》："霽光東岫，傾輝西映；

西映焉照，寔維洛荊。化不待期，匪曰如成。望舒失禦，亭耀墜明。
流馨生世，委骨長冥。"

按：《漢語大詞典》未收"亭耀"一詞。在此處誌文中，"亭"應
是"亭午"之縮略，"正午"義，晉孫綽《遊天臺山賦》："爾乃羲和
亭午，遊氣高褰。""耀"即"光"，《類篇·火部》："耀，光也。"
"亭耀"，即"正午之太陽光"。"亭耀墜明"，正午的太陽沒有了光亮，
喻誌主去世。

挺

挺

1. 魏黃初元年（220 年）《上尊號碑》："皇天則降甘露而臻四靈，
后土則挺芝草而吐醴泉。"

2. 西晉元康八年（298 年）《趙氾墓表》："穆穆懿德，靈挺精英，
洞穎玄達，神鑒孔明。"

3. 東晉大亨四年（405 年）（碑文为大亨四年——編者注）《爨寶
子碑》："君少稟環偉之質，長挺高邈之操。"

4. 北魏太和十二年（488 年）《昭福寺碑》："太皇太后……協宣
皇極，百揆挺惟新之明；緝熙庶績，八表流擊壤之詠。"

5. 北魏熙平二年（517 年）《楊舒墓誌》："粵挺明德，聿遵前列。"

6. 北魏熙平二年（517 年）《元新成妃李氏墓誌》："若妃誕載，
神儀挺妙。"

7. 北魏熙平三年（518 年）《楊無醜墓誌》："稟靈閑惠，資神
獨挺。"

8. 北魏熙平三年（518 年）《楊泰墓誌》："少挺金璋之質，晚懷
瑚璉之器。"

9. 北魏神龜三年（520 年）《辛祥墓誌》："君稟靈樹慶，含仁
挺質。"

10. 北魏正光元年（520 年）《元賄墓誌》："岳挺淵深，獨拔不群
之操。"

11. 北魏正光元年（520 年）《元譿墓誌》："爰挺若人，風飈
秀起。"

12. 北魏正光元年（520年）《司馬昞墓誌》："君有拔群之奇，挺世之用，神風魁崖，機悟高絕。"

13. 北魏正光二年（521年）《穆纂墓誌》："君資岳瀆之秘靈，體重明之純粹，挺琳瑯以秀影，蘊眾美而成妙。"

14. 北魏正光四年（523年）《元秀墓誌》："幼挺芳質，夙表奇徵。素情霞舉，清猷日昇。"

15. 北魏正光四年（523年）《元倪墓誌》："國靈鍾美，開英帝族。載挺伊人，溫其如玉。"

16. 北魏正光四年（523年）《元靈曜墓誌》："容韻優裕，早負出群之才；風則韶綺，幼挺不羈之志。"

17. 北魏正光四年（523年）《高貞碑》："君稟岐嶷之姿，挺珪璋之質，清暈發於載弄，秀悟表乎齠齒。"

18. 北魏正光六年（525年）《甄凱墓誌》："生資秀氣，幼挺奇標。自有識能言，無遊辭失色。"

19. 北魏正光六年（525年）《李遵墓誌》："胄烈鐘鼎，族炳金符，綿綿不已，世挺寶瑜。"

20. 北魏孝昌元年（525年）《元煥墓誌》："分條孤挺，別葉獨秀，明發天誠，敏起懷袖。"

21. 北魏孝昌二年（526年）《染華墓誌》："君人才英挺，體量潛深，軀兒超偉，儀範莫群。"

22. 北魏孝昌三年（527年）《于纂墓誌》："衡嶽奚殖，挺茲松桂。"

23. 北魏孝昌三年（527年）《劉玉墓誌》："出祺之挺，屢有薰跡。宜可昇接，錫之矛土。"

24. 北魏建義元年（528年）《元略墓誌》："維天挺氣，維月降靈，猗歟賢哲，資和誕形。"

25. 北魏建義元年（528年）《元昉墓誌》："公挺妙策於玄緒，稟風雲以發邁。"

26. 北魏永安元年（528年）《元誕業墓誌》："君稟沖靈於海岳，資叡性於霞氣，藉三祖之遺烈，挺英名於早歲。"

27. 北魏永熙二年（533 年）《元鑽遠墓誌》："君體川岳之靈，稟辰宿之氣，挺珪璋之質，資文武之才。"

28. 北魏永熙二年（533 年）《乞伏寶墓誌》："公侯必復，山嶽降神，膺此余慶，挺茲哲人。"

29. 東魏天平五年（538 年）《鄧恭伯妻崔令姿墓誌》："夫人稟氣慶緒，姿德挺月。風婉早著，幼嘉禮合。"

30. 東魏興和三年（541 年）《祖子碩妻元阿耶墓誌》："維日之精，維月之靈；降神挺喆，有美刻生。"

31. 東魏興和三年（541 年）《封柔妻畢脩密墓誌》："黃河帶地，□嶽陵天；含靈蘊德，挺俊生賢。"

32. 東魏武定二年（544 年）《元顯墓誌》："蓋自帝挺質，從天聳幹，波瀾潏而不已，峰岫高且未休。"

33. 東魏武定二年（544 年）《侯海墓誌》："皇皇太微，鬱鬱悬象。剋挺哲人，霜筠千丈。"

34. 東魏武定二年（544 年）《王令媛墓誌》："藉此膏腴，挺茲窈窕。"

35. 東魏武定四年（546 年）《封柔墓誌》："八世祖仁，魏侍中。博學洽聞，奉玉壺以挺譽。"

36. 東魏武定五年（547 年）《元澄妃馮令華墓誌》："桂生必馥，蘭挺而芳；如金振響，如玉含光。"

37. 西魏大統十二年（546 年）《鄧子詢墓誌》："王父韞器藏華，顯考含光挺秀，並發閭間之譽，信義州里有聞。"

38. 北齊天保五年（554 年）《高顯國妃敬氏墓誌》："峩峩締構，藹藹綿瓜，挺斯令善，降此檘華。"

39. 北齊天保六年（555 年）《報德像碑》："連城之寶，必挺於楚山；照車之珍，宜產於隨國。"

40. 北齊河清三年（564 年）《高百年墓誌》："惟王載誕，疊曜重明。虹霞麗彩，松筠挺秀。"

41. 北齊天統元年（565 年）《趙徵興墓誌》："宋武天資英挺，龍潛此職；劉牢少稟才雄，早膺茲選。"

42. 北齊武平元年（570 年）《劉雙仁墓誌》："勳高魚陣，勇冠龍城。六軍挺譽，百里馳聲。未窮人爵，忽往藁亭。"

43. 北齊武平元年（570 年）《吳遷墓誌》："公體自王基，氣運天骨，稟資挺達，獨拔時英。"

44. 北齊武平二年（571 年）《梁子彥墓誌》："幼挺黃中之異，長標白眉之目。"

45. 北齊武平二年（571 年）《徐顯秀墓誌》："王躍馬抽劍，獨奮孤挺。遂破百萬之師，仍解危城之急。"

46. 北齊武平三年（572 年）《徐之才墓誌》："映三春之華，挺九秋之實。多能多藝，舉世知名。"

47. 北齊武平四年（573 年）《元華墓誌》："帝王積善，河洛有神。降靈分氣，仍挺異人。始華桃李，終勁松筠。"

48. 北齊武平七年（576 年）《趙奉伯妻傅華墓誌》："爰在弱笄，神姿挺映，禮瀹淳深，識量通遠。"

49. 北齊武平七年（576 年）《李雲墓誌》："昔虎鼻誕於虞年，時興畫像之法；遊龍挺於周世，實弘無□之理。"

50. 北周天和二年（567 年）《華嶽廟碑》："聳翠崿於紫微，挺高峰於天漢。"

51. 北周建德二年（573 年）《宇文顯和墓誌》："挺此含章，生茲秉德。孝實天性，忠為人則。"

52. 北魏景明年间《楊大眼造像記》："稟英奇於弱年，挺超群於始冠。"

按：關於"挺"之義，從上述碑誌文例可推知有如下幾項：一是"挺立，突顯"義，如例 2—10、例 12—14、例 16—27、例 29、例 32、例 34—37、例 40—46、例 48、例 50、例 52；二是"誕生、出生"義，如例 1、例 11、例 15、例 30—31、例 33、例 38、例 39、例 47、例 49、例 51。

"挺"有"生"義，《廣雅·釋詁一》："挺，出也。"如上文例 31 中的"挺俊生賢"，"挺"與"生"同義相對。

當"挺"後與之搭配的詞語是"明德、神、（芳）質、志"等表示人物品德、志向等抽象類詞語或是"淵深、松桂、楚山"等表示實體意義的詞語時，一般解釋為第一類義項，而對應前一類詞語時，一般釋為"突顯"；而對應後一類詞語時，一般釋為"挺立"。當"挺"後與之搭配的詞語是"人"，或"若人""伊人""哲人"等時，可釋為"誕生、出生"。

挺出

1. 北魏孝昌三年（527 年）《元融墓誌》："英華挺出，煥若瑜瑤。"

2. 北齊天保六年（555 年）《元子邃墓誌》："卓爾不群，嶷然挺出。"

3. 北魏孝昌二年（526 年）《元壽安墓誌》："公含川嶽之秀氣，表珪璋而挺出。"

按：王盛婷認為《漢語大詞典》"挺出"條釋為"突出，出眾"；不準確，應修改。認為"挺出""指植物的生長""又指賢人的誕生、崛起"。① 該判斷並不準確，一是其本身對"挺出"語義的判斷"崛起"與《漢語大詞典》對"挺出"的解釋"突出，出眾"並不矛盾，卻武斷得出《漢語大詞典》"挺出"釋義"不準確，應修改"的結論，推理不嚴謹；二是如果"挺出"僅有"生長""誕生"義的話，則例 2 的"卓爾不群，嶷然挺出"語序調整為"嶷然挺出，卓爾不群"才符合邏輯。其實，如上文所言，"挺"有"挺立、突顯"和"誕生"義，"出"也有"顯現"和"出生義"。如《易·繫辭上》"河出圖，洛出書，聖人則之"中"出"為"顯現"義；《正字通》："出，生也。"所以，"挺出"含兩義，一為"突出，出眾"；一為"誕生"。"突出，出眾"義例見例 2、例 3，"誕生"義見例 1。

挺生

1. 北魏永安元年（528 年）《元禮之墓誌》："憑河藉幸，依嶽挺生。"

2. 北魏太昌元年（532 年）《元徽墓誌》："父懷王，資圖阼運，膺三傑以挺生。"

3. 北魏永熙二年（533 年）《元爽墓誌》："若人挺生，實邦之儁，

① 王盛婷：《六朝碑刻詞語考釋》，《古籍整理研究學刊》2004 年第 5 期。

道風所及，德音彌振。"

4. 東魏興和三年（541 年）《封延之墓誌》："若人挺生，復作民英。"

5. 東魏武定八年（550 年）《茹茹公主閭氏墓誌》："決惟淑女，膺慶挺生，德兼柔慎，質儷傾城。"

6. 北齊武平二年（571 年）《乞伏保達墓誌》："餘休不昧，斯人挺生。"

7. 北齊武平四年（573 年）《高僧護墓誌》："君稟異挺生，資靈積善。"

8. 北周宣政二年（579 年）《寇嶠妻薛氏墓誌》："資靈淑氣，縱叡挺生。"

9. 北魏孝昌三年（527 年）《元融墓誌》："公含川嶽之純液，稟金玉而挺生，寓望魁悟，風情峻異。"（魁悟，即魁梧，忄、木偏旁混同。）

10. 北魏建義元年（528 年）《元信墓誌》："君令質挺生，雅懷嚴淨。"

11. 東魏武定八年（550 年）《高湛妻閭叱地連墓誌》："於惟淑女，膺慶挺生。德兼柔慎，質儷傾城。"

12. 北齊武平三年（572 年）《平等寺碑》："叡氣所膺，誕茲英哲。可謂崑山之上，美玉挺生；瀛海之中，明珠間出。"

按：《漢語大詞典》謂"挺生"為"挺拔生長，亦謂傑出"。從上述十二例語料來看，"挺生"釋義側重於"生長"不妥，應側重於"出生"。《廣雅·釋詁一》："挺，出也。""出"即"出生"義。如《呂氏春秋·仲冬》："芸始生，荔挺出。"所以，"挺"與"生"義同，"挺生"義即"出生"，是同義語素組成的並列式複合詞。

Tou

投

投干

北魏永平四年（511 年）《元英墓誌》："詮鏡九流，民物攸尚。

渊客投干，山民伫眈。垂倫平秩，庶官斯亮。冕旒一人，於焉充纊。”

按：《漢語大詞典》未收“投干”。“干”通“竿”，《詩經·鄘風·干旄》：“孑孑干旄，在浚之郊。”王先謙《三家義集疏》：“三家‘干’作‘竿’。”“投竿”，這裏指“拋擲魚竿”，即“釣魚”義。

投軫

北齊武平七年（576年）《高潤墓誌》：“焚林榜道之賓，指平臺而結轍；談天炙輠之客，望碣宮而投軫。無不側席虛右，擁篲先驅，禮重王前，恩逾隗始。”

按：《漢語大詞典》未收“投軫”一詞。“投軫”為一般詞語，非典故詞。“軫”為“車後橫木”，《周禮·〈考工記〉序》：“車軫四尺。”鄭玄注：“軫，輿後橫木。”可引申指“車子”，《國語·晉語四》：“若資窮困，亡在長幼，還軫諸侯，可謂窮困。”韋昭注：“還軫，猶迴車。”此處誌文“結轍”與“投軫”相對，義相近，“結轍”指車輪交錯，形容到訪的賓客多，而“投軫”之“投”，文獻用例中無與“結”意義相近的義項。疑“投軫”當“接軫”之誤刻。《漢語大詞典》收“接軫”，義為“車輛相銜接而行，形容車多”。與“結轍”指“車輪交錯”義相應。漢張衡《西京賦》：“冠帶交錯，方轅接軫。”北魏楊炫之《洛陽伽藍記·寶光寺》：“雷車接軫，羽蓋成陰。”

Tu

塗

塗羹匪弄

北魏武泰元年（528年）《梁國鎮將元舉墓誌》：“自塗羹匪弄，志學探幽。家庭致早成之嫌，物議貽搏風之美。”

按：塗羹，以泥土為羹。《韓非子·外儲說左上》：“夫嬰兒相與戲也，以塵為飯，以塗為羹，以木為胾，然至日晚必歸饟者，塵飯塗羹可以戲，而不可食也。”……塗羹匪弄，謂不可作小兒之戲，即下文“夙遺童心”。[①]

---

①　毛遠明：《漢魏六朝碑刻校注》第六冊，綫裝書局2009年版，第151頁。

Tui

推

推梨

北周建德四年（575 年）《李綸墓誌》："知愉懷橘，榮邁推梨。"

按："推梨"為用典，典出《後漢書·融家傳》："（融）年四歲時，每與諸兄共食梨，融輒引小者。"後用"孔融讓梨"或"文舉（孔融字文舉）讓梨"來比喻兄弟姊妹間的謙讓友愛，也可濃縮為"讓梨""推梨"。《漢語大詞典》"推梨"一詞未收。

推墙

北魏武泰元年（528 年）《元暐墓誌》："維城之志以懃，靖亂之心未逞。忽離盜增之禍，奄及推墙之災。以孝昌三年十月廿日薨於長安之公館。"

按：《漢語大詞典》未收"推墙"一詞。誌主元暐字仲囧，為同朝蕭寶夤所殺。《魏書·蕭寶夤傳》："寶夤密遣其將郭子恢等攻而殺之，詐收道元屍，表言白賊所害。又殺都督、南平王仲囧。是月，遂反，僭舉大號，赦其部內，稱隆緒元年，立百官。"誌文中"盜增之禍"與"推墙之災"相對，義相近，"盜增"係用典，指正直的人遭壞人嫉恨被殺，"推墙"亦當用典，惜未從典籍中找到典源。疑"推墻"源自俗諺"墻倒眾人推"，比喻人一旦失勢，則眾人皆攻擊之。此解與對語"盜增"和史實相協。

Tuo

託

託歲

北魏正光五年（524 年）《元寧墓誌》："君託歲懷經，羅年好褎，孝弟之稱，朝野明聞。"

按：《史記·樗里子甘茂列傳》載："甘羅者，甘茂孫也。茂既死後，甘羅年十二，事秦相文信侯呂不韋。"羅年，甘羅之年，義即像甘羅一樣的年紀，代指少年。誌文中"託歲"與"羅年"相對，"託"借為“橐”，指“項橐”。《史記·樗里子甘茂列傳》有：“甘羅曰：‘夫項橐生七歲為孔子師。今臣生十二歲於茲矣，君其試臣，何遽叱乎。’”“橐”，在《淮南子》中作“託”，如《淮南子·說林訓》：“呂望使老者奮，項託使嬰兒矜，以類相慕。”再如《淮南子·脩務訓》：“夫項託七歲為孔子師，孔子有以聽其言也。以年之少，為閭丈人說，救敲不給，何道之能明也！”有時“橐”亦作“托”，見《論衡·實知》：“難曰：夫項托年七歲教孔子，案七歲未入小學而教孔子，性自知也。”“託年”，即“項託（橐、托）之年”，義為像項託一樣的年齡，代指兒童。

脫

脫劍、獻劍

1. 北魏建義元年（528 年）《元略墓誌》：“信等脫劍，惠深贈紵。器博公琰，筆茂子雲。”

2. 北齊乾明元年（560 年）《高湑墓誌》：“朝烏初矯，晨馬遽息，承明罷謁，獻劍空留。”

按：“脫劍”“獻劍”係用典，出漢劉向《新序·節士》：“延陵季子將西聘晉，帶寶劍以過徐君。徐君觀劍不言而色欲之，延陵季子為有上國之使，未獻也，然其心許之矣。致使於晉故，反則徐君死於楚，於是脫劍致之嗣君。從者止之曰：‘此吳國之寶，非所以贈也。’延陵季子曰：‘吾非贈之也。先日吾來，徐君觀吾劍不言而其色欲之，吾為有上國之使，未獻也，雖然，吾心許之矣。今死而不進，是欺心也。愛劍偽心，廉者不為也。’遂脫劍致之嗣君。嗣君曰：‘先君無命，孤不敢受劍。’於是季子以劍帶徐君墓樹而去。徐人嘉而歌之曰：‘延陵季子兮不忘故，脫千金之劍兮帶丘墓。’”後析出關鍵詞“脫劍”以代表典源，為守諾重信、始終不渝之典，又作“獻劍”。《漢語大詞典》收“脫劍”條，無“獻劍”條。

可參本書“掛劍之樹”條。

紵

紵絾

北魏建義元年（528 年）《元廞墓誌》：“懸獸無譏，鳲鳩有錄。紃絾表容，蜍蚍顯足。”

按：紽緎，同"絇緎"……《詩經·召南·羔羊》："羔羊之皮，素絲五紽。"又說："羔羊之革，素絲五緎。"《羔羊·序》："在位皆飾儉正直，德如羔羊也。"誌取其義。[1]

W

Wang

尪

尪固

北魏熙平二年（517 年）《元遙墓誌》："公躬擐鉀胄，一鼓而摧，勇奪三軍，氣振尪固。"

按：《漢語大詞典》未收"尪固"一詞。"尪"有"跛"義，漢揚雄《太玄經·傒》："上九，傒尪尪，天撲之纇。"範望注："行不正稱尪。"在此引申指敵軍士兵的殘弱，是蔑稱。"固"，義為"固執、頑固"，《列子·湯問》："汝心之固，固不可徹。""尪固"，指稱"劣弱、頑固之人"，是對殘弱、頑固敵軍的蔑稱。

尪頓

北魏熙平二年（517 年）《楊舒墓誌》："自爾尪頓，日就危惙。雖顏丁之居憂，遠有慙德；曾柴之衛恤，寧或能擬。"

按：《漢語大詞典》未收"尪頓"一詞。《三國志·魏志·管寧傳》中有"尩頓"一詞："詔書問青州刺史程喜：'寧為守節高乎，審老疾尩頓邪？'""尩"同"尪"，"尩頓""尪頓"皆"衰疲困頓"義。"尪"在此為"因疲勞而脊背彎曲貌"，引申指"疲乏"。"頓"，"困頓"。《讀書雜誌·荀子第三·富國》："勞苦頓萃而愈無功。"王念孫按："頓，如困頓之頓。"

望

望菀

1. 北魏孝昌三年（527 年）《元固墓誌》："縻茲好爵，陟彼雲梯。

---

① 毛遠明：《漢魏六朝碑刻校注》第六冊，綫裝書局 2009 年版，第 214 頁。

騰聲望菀，騁足龍閨。"

2. 北齊天保三年（552 年）《元孝輔墓誌》："及冰靈潛謝，木運惟新。望菀重開，承筆次創。宮職普遷，仍為庶子，遷平西將軍。"

按：《漢語大詞典》未收"望菀"一詞。"菀""苑"古今字，《漢書·王嘉傳》："詔書罷菀。"顏師古注："菀，古苑字。""望菀"，即"望苑"，"博望苑"的簡稱，見《漢書·戾太子劉據傳》："及冠就宮，上為立博望苑，使通賓客，從其所好，故多以異端進者。"後以"博望苑"泛稱太子之宮。例1、例2均此泛指義。例1有提示語"太和中，釋褐太子舍人……遷太子庶子"，例2亦有提示語"盛選賓蓼，以君為太子中舍人"。

"望菀"一詞，後代墓誌文中亦多有使用。如唐《豆盧恕墓誌》："解黃拜長子縣尉，次歷宮門丞、太子通事舍人。雅步貴陸，清談望菀。"唐《隱太子承徽楊舍娘墓誌》："伊浦筐哥，軫長悲於望菀；搖山風樂，囂遺恨於潼綱。陵壑遷移，禽魚靡託。"唐《李賢墓誌》："箴規有闕，調護匪宜，監撫虧良，宗祧弛盛。搖山落構，望菀摧基。一墜卯精，永托辰尾。"隋《張妙芬墓誌》："於時龍德尚潛，早蒙提識，晉陽、淮海，恒陪後車。望菀披香，轂□軒陛，良疇邃宇，處別有資，珠服玉饌，久無虛月。"

Wei

閨

閨門、止闈

1. 南朝梁普通元年（520 年）《蕭敷妃王氏墓誌》："斷織之訓既名，閨門之禮斯洽。"

2. 南朝梁普通元年（520 年）《蕭敷妃王氏墓誌》："徙舍為訓，止闈成則。"

按：《漢語大詞典》未收"閨門"一詞。毛遠明僅釋為"閨"同"閨"[1]，如此則毛氏僅把其看作一普通詞語，解釋尚不全面。實則

---

[1] 毛遠明：《漢魏六朝碑刻校注》第三冊，綫裝書局 2009 年版，第 176 頁。

"闔門"為典故詞，出《列女傳·母儀·魯季敬姜傳》："魯季敬姜者，莒女也。號戴己。魯大夫公父穆伯之妻……穆伯先死，敬姜守養。康子嘗至敬姜，闔門而與之言，皆不踰閾。……仲尼謂敬姜別於男女之禮矣。詩曰：'女也不爽。'此之謂也。"韋昭注："闔，關也。"也就是"打開"的意思。"閾"為"門檻"義。敬姜丈夫穆伯"先死"，"康子"到訪，敬姜只是"闔門而與之言"，都不跨越門檻半步。後以"闔門"為能守婦禮之典。亦作"止閨"，"閨"亦"門戶"義，是對"不踰閾"的化用。誌文用"闔門、止閨"的典故，旨在讚頌王氏在其夫蕭敷去世後遵守婦道婦禮非常到位。

委

委他、逶他、逶迤、蜲虵

1. 北魏正光五年（524 年）《元謐墓誌》："白珩朱紱，委他有容。"

2. 北魏孝昌三年（527 年）《元固墓誌》："委他在公，便繁左右。鳴珮垂腰，清蟬加首。"

3. 北魏孝昌三年（527 年）《元融墓誌》："幼稱千里，飜飛九重。逶他龍沼，獨步無雙。"

4. 北魏正光五年（524 年）《郭顯墓誌》："夙夜在公，逶迤退食。"

5. 北魏建義元年（528 年）《元廞墓誌》："懸獸無譏，鳲鳩有錄。絁紱表容，蜲虵顯足。"

按：《漢語大詞典》未收"委他、逶他、蜲虵"，收"逶迤"，又作"委蛇、逶迆"，這些不同詞形意義相同，為"雍容自得貌"。"委蛇"見《詩經·召南·羔羊》："退食自公，委蛇委蛇。"鄭玄箋："委蛇，委曲自得之貌。""逶迆"見陸德明《經典釋文》："《韓詩》作'逶迆'，云公正貌。"

委縠

北魏永平元年（508 年）《元繼妃石婉墓誌》："顏如秋玉，色豔春葩。雲生公室。言歸王家。委縠徐步，望若遊霞。陳王羞賦，齊女慚華。學既采玄，才亦成篇，心懷巨寶，口吐芳煙。"

按：《漢語大詞典》未收"委縠"。"委"有"曲"義，漢劉向《說苑·正諫》："螳螂委身曲附欲取蟬，而不知黃雀在其傍也。""縠"

是用細紗織成的皺狀絲織物，《戰國策・齊策四》："王之憂國愛民，不若王愛尺縠也。"吳師道補正："縠，縐紗。""委縠"用在此，喻指女誌主步履屈曲。戰國楚宋玉《神女賦》有"動霧縠以徐步兮，拂墀聲之珊珊"句，李善注："縠，今之輕紗薄如霧也。"其中"動霧縠以徐步"或此處誌文化用之源。

委遲

北魏建義元年（528 年）《廣平侯楊濟墓誌》："輶柳委遲，旌斾低昂。一同萬古，永世流芳。"

按：《漢語大詞典》收"委遲"一詞，釋義為"徐行貌"，書證為郭沫若《反正前後》第一篇："但在這時，他不一定痛恨他奪了自己的飯碗，倒一定是痛恨他走路的官派過於委遲。"過遲，此誌文語例可補書證。

韋

韋弦、韍弦

1. 東魏武定七年（549 年）《劉騰造像碑》："其人也內□中諒，韋弦是戒。抱水鏡於胸衿，含香雲而吐氣。"

2. 北齊河清四年（565 年）《薛廣墓誌》："乃授君滎陽太守，鼓以春風，曝之夏日。韋弦迭舉，水火相仍。"

3. 東魏武定八年（550 年）《蕭正表墓誌》："雖七步之章未遒，權象之能過智。生長深宮，年殊及學。而韍（韋）弦敧器之誡，皆已闇冥胸腑者矣。"

按：《漢語大詞典》收"韋弦"，未收"韍弦"，二詞義同。毛遠明釋：韋弦，語出《韓非子・觀行》："西門豹之性急，故佩韋以自緩；董安于之性緩，故佩弦以自急。"後以"韋弦"比喻外界的啟迪和教益，用於警戒，規勸。《文選》任昉《王文憲集序》："夷雅之體，無待韋弦。"李善注："韋，皮繩，喻緩也。弦，弓弦，喻急也。"[1]

碨

碨磊

北齊武平二年（571 年）《常文貴墓誌》："君夙能卓絕，自懷碨

---

① 毛遠明：《漢魏六朝碑刻校注》第八冊，綫裝書局 2009 年版，第 113 頁。

磊之風；長居不群，非無亢朗之節。"

按：《漢語大詞典》收"磥磊"一詞，釋義為"高低不平貌，突起貌"，首見書證為唐杜甫《驄馬行》："隅目青熒夾鏡懸，肉鬃磥碨連錢動。"略遲，可補此語例為較早書證。誌文中"磥磊"當為"突出"義，義項上也應補充。

緯

緯隱

東魏武定四年（546年）《封柔墓誌》："盡鹽梅之致，極緯隱之方。民和政善，刑清訟息。"

按：《漢語大詞典》未收"緯隱"一詞。"緯"有"治理"義，《南史·文學傳序》："至於經禮樂而緯國家，通古今而述美惡，非斯則莫可也。""隱"通"穩"，"安穩，穩定"義，《楚辭·九章·抽思》："超回志度，行隱進兮。"洪興祖補注引《說文》："隱，安也。""緯隱"，指"治理穩定"義。

未

未移亭午

北齊武平五年（574年）《李君穎墓誌》："宜居上善，以窮人爵。未移亭午，奄墜虞淵。"

按：《漢語大詞典》未收"未移亭午"，收"亭午"。"亭午"為"正午"義，書證引晉孫綽《游天臺山賦》："爾乃羲和亭午，遊氣高褰。"毛遠明釋："未移亭午，太陽沒有超過中午，比喻人未過中年。"[①]

Wen

文

文物

1. 北魏正光五年（524年）《元謐墓誌》："文物備典，禮數加隆。宛其若此，何始何終。"

2. 北魏太昌元年（532年）《元延明墓誌》："是以馳傳四臨，

---

① 毛遠明：《漢魏六朝碑刻校注》第十冊，綫裝書局2009年版，第73頁。

位踐八命。聲名流瀰，文物照彰。東土著神君之聲，南人有靈人之懼。"

3. 北魏太昌元年（532 年）《元徽墓誌》："忽貿朝市，遽易涼暄。葉茲三兆，方從九原。嘉數以積，文物徒尊。"

4. 北魏永熙三年（534 年）《長孫子澤墓誌》："文物修堦，聲明長術。宿草從風，佳城照日。"

5. 東魏天平三年（536 年）《昌樂王元誕墓誌》："若夫粲煥龍章，葳蕤文物，外動鳴笳，内陳蘭錡，冰銷靈果，水汎金漿。"

6. 東魏天平四年（537 年）《高雅墓誌》："生者若浮，視非可久。人亦有言，德為不朽。葳蕤文物，蕭條原皁。短晨不□，深夜方厚。"

7. 東魏興和三年（541 年）《封延之墓誌》："徒隆聲榮，空存寵秩。文物葳蕤，笳管蕭瑟。靈輿戒道，徙就幃荒。"

8. 東魏武定元年（543 年）《元惊墓誌》："斧座哀隆，彤庭樂弛。雖加文物，詎榮青紫？"

9. 東魏武定五年（547 年）《元澄妃馮令華墓誌》："諸子布在周行，並縻好爵。每分至紀節，内外備在，未嘗不鐘鼓懸庭，蟬冕滿室。胥徒駱驛，軒蓋成陰。文物聲明，此焉獨盛。"

10. 北齊天保四年（553 年）《司馬遵業墓誌》："朱□空調，文物虛寫。徘徊送客，悲鳴去馬，萬古如□，銘茲泉下。"

11. 北齊武平三年（572 年）《徐之才墓誌》："哀終加陰，蓋有前烈，文物聲明，宜從優典。"

12. 北齊武平七年（576 年）《李希宗妻崔幼妃墓誌》："四輴將引，三龜並吉。文物成行，哀榮捴出。空遺一子，悲經數室。"

按：《漢語大詞典》收"文物"一詞，適合此處誌文的義項為"指車服旌旗儀仗之類"，書證是南朝宋謝莊《宋孝武帝哀策文》："文物空嚴，鑾和虛衛。"在誌文中，只有少數用例適用此義所指的一般場合，如例 2、例 5。除此兩例外，其他語例皆指在殯葬場合使用的"車服旌旗儀仗"。

Wo

沃

沃弱

北魏太昌元年（532 年）《元延明墓誌》："除使持節都督徐州諸軍事左將軍徐州刺史。駬騄沃弱，旌旆絿纏，亦既憩止，化成期月。"

按：《漢語大詞典》未收"沃弱"。"弱"同"若"，助詞，用於形容詞詞尾。《周易·離》："出涕沱若，戚嗟若。"孔穎達疏："若，是語辭也。"《詩經·衛風·氓》："桑之未落，其葉沃若。"毛傳："沃若，猶沃沃然。""沃若"就是"壯美貌。"也可用來形容"馬"之"壯美"，如《文選·謝朓〈拜中軍記室辭隋王牋〉》："駑蹇之乘，希沃若而中疲。"劉良注："沃若，良馬行貌。"南朝詩人何遜《寄江州褚諮議詩》中所用，更接近本誌文："夫君頗留滯，驂騑未沃若。伊家從入關，終是填溝壑。"其中"驂騑未沃若"與本誌文"駬騄沃弱"語境類似。

Wu

烏

烏景

北齊皇建二年（561 年）《邢阿光墓誌》："烏景難停，蟾光易缺，始隨雲卷，終追雨絕。"

按：《漢語大詞典》未收"烏景"一詞。"烏景"義為"日光"。在我國神話傳說中，太陽裏有金黃色的三足烏鴉，烏鴉蹲居周圍金光閃爍，故稱太陽為"金烏"。"景"為"光"義，"烏景"指"太陽光"。在《邢阿光墓誌》中，以"烏景"和"蟾光"相對為文，分別指日光和月光。《漢語大詞典》已收"蟾光"，未收"烏景"。

吳

吳涕

南朝宋大明八年（464 年）《劉懷民墓誌》："淮棠不翦，湼鶊

改聲，履淑違徵，潛照長冥。鄭琴再寢，吳涕重零，銘慟幽石，舟
□□□。”

按：《漢語大詞典》未收“吳涕”一詞。該詞係用典。毛遠明釋
為：《三國志·吳志·凌統傳》載，凌統病卒，“權聞起，拊牀起坐，
哀不能自止，數日減膳，言及流涕”。後用此典，哀良臣之死也。① 毛
氏說解當是，與之對文的“鄭琴再寢”出《列子·湯問》載鄭國樂師
師文琴技高超事，“吳”與“鄭”皆國名，行文相對。

五

五袴

1. 北魏延昌二年（513 年）《□伯超墓誌》：“桑麻以興，黎庶殷
富，雞犬相聞，民歌五袴。”

2. 北魏孝昌三年（527 年）《元容墓誌》：“化若不言，政理明密。
有聞五袴，無敢三欺。”

3. 北齊天統三年（567 年）《堯峻妻吐谷渾靜媚墓誌》：“遂使時
有五袴之歌，世致攀轅之戀。”

4. 北周保定四年（564 年）《賀屯植墓誌》：“襄惟三載，民興五
袴之謠；擁鉞十周，士懷赴火之節。”

5. 北周天和四年（569 年）《鄭術墓誌》：“勝殘去煞，易俗移風
載興五袴之歌，遐動兩岐之頌。”

6. 北周建德五年（576 年）《韋彪墓誌》：“扇以春風，沐之夏雨，
四民樂業，五袴興詠。”

按：《漢語大詞典》收“五袴”，語出《後漢書·廉範傳》：“舊
制禁民夜作，以防火災；而更相隱蔽，燒者日屬。範乃毀削先令，但
嚴使儲水而已。百姓為便，乃歌之曰：‘廉叔度，來何暮？不禁火，
民安作，平生無襦今五絝。’”② 此典用以稱頌地方官的善政。又作
“五絝”“來暮”“叔度”等。

參本書“來暮”條。

---

① 毛遠明：《漢魏六朝碑刻校注》第三冊，綫裝書局 2009 年版，第 120 頁。
② 毛遠明：《漢魏六朝碑刻校注》第六冊，綫裝書局 2009 年版，第 96 頁。

物

物代

北齊武平二年（571 年）《劉忻墓誌》："方當託鳳□□，附驥騁足，［致］遠之效未申，物代之時奄及。"

按："代"字清晰，但"物代之時奄及"，於義難通，疑當作"化"字，原刻形近而誤。物化，謂死亡。語出《莊子·刻意》："聖人之生也天行，其死也物化。"郭象注："頹然無所係。"《文選》古詩《回車駕言邁》："人生非金石，豈能長壽考。奄忽隨物化，榮名以為寶。"李善注："化，謂變化而死也。不忍斥言其死，故言隨物而化也。"① 北齊武平二年（571 年）《逢哲墓誌》："儵忽奄化，路別□塵。白楊蕭瑟，空拂秋春。"其中"化"即"死亡"義，可為佐證。

物改

北齊武平五年（574 年）《□乔墓誌》："悲夫人生感化，世去如流，忽以風燭之期，奄從物改。"

按：《漢語大詞典》未收"物改"。"改"即"化"義，《戰國策·燕策二》："故入江而不改。"黃丕烈札記："《新序》亦作'化'。"《文選·古詩〈回車駕言邁〉》有與誌文"奄從物改"相似句"奄忽隨物化"，李善注："化，謂變化而死也。不忍斥言其死，故言隨物而化也。"因此，"物改"同"物化"，皆為"去世"的婉曲語。

X

Xi

豨

豨陌

北魏永安二年（529 年）《元馗墓誌》："君奉命鷹闕，載駈豨陌，拯將溺於深泱，救垂炭於猛烈。"

按：《漢語大詞典》未收"豨陌"一詞。"豨"就是"豬"，《莊

---

① 毛遠明：《漢魏六朝碑刻校注》第九冊，綫裝書局 2009 年版，第 380 頁。

子·知北遊》："正獲之問於監市履狶也，每下愈況。"郭象注："狶，大豕也。"成玄英疏："狶，豬也。""狶陌"義指"野豬出沒的道路"，在此處比喻兇險的道路。

熙

熙融

東魏天平四年（537年）《崔鷫墓誌》："杳杳靈途，遙遙天道，慶善靡酬，熙融徒皎。楚喪明珠，鐘山墜寶。爰棄照明，奄同秋草。"

按：《漢語大詞典》未收入"熙融"一詞，慧琳《一切經音義》卷八三有著錄。從誌文"熙融徒皎"句"徒皎"一詞也可推知"熙融"為"光亮的樣子"。"熙"為"光亮"義，見《詩經·周頌·昊天有成命》："於緝熙，單厥心，肆其靖之。"毛傳："緝，明；熙，廣。"鄭玄箋："廣當為光。""融"為"大亮"義，見《左傳·昭公五年》："《明夷》之《謙》，明而未融，其當旦乎，故曰'為子祀'。"杜預注："融，朗也。"孔穎達疏："明而未融，則融是大明，故為朗也。"

歆

歆嶷

北魏延昌元年（512年）《崔猷墓誌》："奉饋供濟，尊卑誠孝之厚，齊代以為美談。閨庭雍整，造腹歆嶷。樹言樹行，有禮有法。"

按：《漢語大詞典》未收"歆嶷"一詞。"歆"通"憸"，"恬靜，淡泊"義，見《莊子·刻意》："平易恬惔，則憂患不能入，邪氣不能襲。""嶷"，義為"年齡小而聰明"，見《詩經·大雅·生民》："誕實匍匐，克岐克嶷。"毛傳："岐，知意也。嶷，識也。""歆嶷"這裏義為"恬淡而聰明"。

參本書"造腹"條。

蝥

蝥居

南朝梁普通元年（520年）《蕭敷妃王氏墓誌》："及卑世蝥居，遺孤載藐，提攜撫育，逮乎成備。"

按："蝥居"即"嫠居"。《左傳·襄公二十五年》："嫠也何害，先夫當之矣。"杜預注："寡婦曰嫠。"陸德明釋文："嫠，本又作釐。"
"嫠居"即"釐居"，寡居。

曦

曦望

北齊天保九年（558 年）《宋敬業等造塔頌》："曦望曶速，三曜
不停。春還秋往，陰陽貿遷。"

按：《漢語大詞典》未收"曦望"一詞。"曦"有"太陽，陽光"
義。晉陸雲《四言失題》詩之五："沉曦含輝，芳烈如蘭。""望"通
"亡"，《劉逖·論衡》："察之若望。"孫詒讓案："望當讀為亡。"
"亡"在此可引申指"消亡、消失"義。"曦望"即"日光消失"，引
申指"時光離去"。誌文中"曦望"與"曶速"對文，皆是述賓結構，
意義也相近。"曶速"，本指"日光迅速"義，引申指"時光迅速"。

毛遠明釋"曦望"為："曦和與望舒，指日月。"[1] 若如此解，則
"曦望曶速"句中之"曶速"作何解釋？"曶"無"月光、月影"義。

觽

觽年、觽辰

1. 北魏孝昌二年（526 年）《元則墓誌》："廿日有成，觽年通理，
愛仁尚義，敦詩悅史。"

2. 北魏永安元年（528 年）《唐耀墓誌》："故觽年處素，譽該邦
倫；冠歲登榮，義播朝右。"

3. 北魏建義元年（528 年）《元誦墓誌》："公膺慶積善，資靈川
岳，遠大表自觽辰，珪璋發乎綺歲。"

按：《漢語大詞典》未收"觽年、觽辰"。"觽"指古代解結的工
具。形如錐，用象骨製成，也用作配飾。《詩經·衛風·芄蘭》："芄
蘭之支，童子佩觽。""童子佩觽"割裂為"童子"和"佩觽"，截
"佩觽"之形，取"童子"之義，遂用"佩觽"代指"童子"，後引
申指"童年"。"觽年""觽辰"義同"佩觽"，只不過是替換為指向
義明顯的"年""辰"而已。

---

① 毛遠明：《漢魏六朝碑刻校注》第九冊，綫裝書局 2009 年版，第 20 頁。

Xia

遐

遐邇

北魏熙平元年（516 年）《吐谷渾璣墓誌》："酬交舒遠，仁孝慈忠，久而益敬，遠近皆服其遐邇。"

按：《漢語大詞典》釋"遐邇"有兩義：①遠近；②遙遠。但均不適合誌文"遠近皆服其遐邇"的語境。"遐邇"當"名聞遐邇"之縮略，《魏書·崔浩傳》："奚斤辯捷智謀，名聞遐邇。"在這裏，"遐邇"負載"名聞遐邇"義，義為"名聲大"。

遐曆、遐辰、遐祀、遐授、遐算

1. 北魏孝昌二年（526 年）《崔鴻墓誌》："肅肅晨興，幹幹夕惕，永懷自己，宜窮遐曆。言登遠算，空期仁者，會等亡羊，歸同息馬。"

2. 東魏天平元年（534 年）《薑氏墓誌》："宜保遐曆，膺永無疆。□□不弔，落景未央。空芬丘隴，虛映岩崗。"

3. 北魏正光元年（520 年）《趙光墓誌》："七教既敷，四行已申，宜享無疆，永保遐辰。如何不弔，殲此良人，敬刊幽石，恕播餘芬。"

4. 北魏普泰元年（531 年）《婁黑女墓誌》："河南發貞義之稱，廣漢有仁明之目。埒古循今，高擅遐祀。方謂終母儀於千室，采祿養於萬鐘，茲義忽違，遂愆與善。"

5. 東魏天平三年（536 年）《王僧墓誌》："宜保頤年，享茲遐授，豈圖不弔，奄摧良木。春秋五十八，天平二年三月十日薨於平陽。"

6. 北魏正光元年（520 年）《劉阿素墓誌》："宜保遐算，享茲琭珍，如何不熟，貞蘭摧春。"

7. 北魏正光五年（524 年）《元平墓誌》："敷化岷蜀，愛深勿翦，宜延遐算，助隆聖魏。"

8. 北魏孝昌二年（526 年）《高猛妻元瑛墓誌》："方享遐頤，式昭閨範。奄至薨背，哀慟抽惋，不能自任。"

按：《漢語大詞典》收"遐曆"一詞，書證即例 1，義為"長壽"。《漢語大詞典》收"遐禩"，簡化詞形為"遐祀"。亦收"遐算"。《漢語大詞典》未收"遐辰""遐授""遐頤"。以上六詞義同，均指"高壽"。

俠

俠纊、挾纊

1. 北魏建義元年（528 年）《元端墓誌》："軍賞不足，私財斑賚。俠纊之眾，人百其勇。"

2. 東魏興和三年（541 年）《李挺墓誌》："故知挹河所以稱醉，俠纊非謂同袍。"

3. 北魏永安元年（528 年）《元欽墓誌》："於是人飽注川，家蒙挾纊，洪濤斯弭，黿鼉不勃。"

4. 北魏普泰元年（531 年）《元弼墓誌》："左命内腱軍□，恩同俠纊：外撫堰場，無慚叔子。"

5. 北魏普泰元年（531 年）《新興王元弼墓誌》："内綏軍旅，恩同俠纊；外撫疆場，無慚叔子。"

按：《漢語大詞典》未收"俠纊"，收"挾纊"。"俠"通"挾"，《春秋繁露》："楚與中國俠而繫之。"凌曙注："官本按：'俠，他本作挾。'""俠纊"與"挾纊"義同。"挾纊"語出《左傳·宣公十二年》："申公巫臣曰：'師人多寒。'王巡三軍，拊而勉之，三軍之士皆如挾纊。"杜預注："纊，棉也。言說（悅）以忘寒。""挾纊"本指"披著棉衣"，引申指因受人撫慰、關心而感到溫暖。誌文所用為引申義。

Xian

先

先鳴

北魏正始元年（504 年）《元龍墓誌》："義陽尚阻，南師競進，勝負未形，先鳴莫在。以君功宣曆識，氣蓋當時，選眾而舉，朝無異議。"

按：《漢語大詞典》收"先鳴"一詞，義項有三：①首先鳴叫；②指首先登城而大呼；③謂首先顯露。但這三個義項均不適合誌文"先鳴莫在"的語境，此處應是在"首先鳴叫"義的基礎上，引申指"首先鳴叫者"，在此又引申指"首領"。

先首

1. 東魏興和二年（540 年）《馬都愛造像記》：“一切眾生，願值彌勒，愴登先首。”（按：愴，當為“搶”之誤刻。）

2. 西魏大統元年（535 年）《毛遐造像碑》：“願……歷侍諸佛，龍華三會，願在先首。”

3. 西魏大統四年（538 年）《合邑四十人造像記》：“仰為……逮及師僧父母，七世所生……生生世世，值佛聞法，彌勒現世，願登先首。邊地眾生，普同正覺，〔共〕登正菓。”

按：《漢語大詞典》未收“先首”。“先”有“在前”義，《莊子·天道》：“春夏先，秋冬後，四時之序也。”“首”有“開端，首先”義，《老子》：“夫禮者，忠信之薄而亂之首。”其實，“首”義同“先”，《禮記·射義》：“以貍首為節。”陸德明《經典釋文》：“首，先也。”“先首”，即義指“靠前”。

據傳佛陀入滅後五十六億七千萬年，彌勒菩薩自兜率下生人間，學道成，於翅頭城華林園中龍華樹下分三次說法，是為龍華三會。其聽講者中，只有關係深大而勝者，才能赴初會，其次則赴二會，而淺小而劣者，只能赴三會。三則造像記語例中的“先首”，即言“在初會之列”義。

參本書“初首、初爭”係。

鮮

鮮

東魏興和三年（541 年）《李挺墓誌》：“前疑罔置，後車自辨。行作士模，德為民鮮。”

按：誌文此處“鮮”當即“先”字。所有詞典中“鮮”均無“先”義項，也無文獻用例證明“鮮”通“先”。此處碑誌誤刻的可能性也不大，因為此墓誌文他處無誤刻之字。那麼，唯一的可能就是“鮮”確有“先”義，在這裏作“先行者、模範”講。

銜

銜索

北齊武平三年（572 年）《徐之才墓誌》：“但以分環有日，尋箭無期，痛結當歸，悲纏銜索。頻表還南，辭旨懇到。”

按：銜索，口穿繩索。語出《孔子家語·致思》：“枯魚銜索，幾何不蠹；二親之壽，忽如過隙。”後用以表示不能孝養父母。①

銜衣

北魏正光五年（524 年）《杜法真墓誌》：“兒息涕戀，攀車結慕。朝野銜衣，西顧長悲。”

按：《漢語大詞典》未收“銜衣”一詞。“銜衣”見晉干寶《搜神記》卷九：“吳諸葛恪征淮南，歸，將朝會之夜，精爽擾動，通夕不寐。嚴畢趨出，犬銜引其衣。恪曰：‘犬不欲我行耶？’出，仍入坐，少頃，復起，犬又銜衣。恪令從者逐之。及入，果被殺。”

又見《晉書·五行志》：“吳諸葛恪征淮南歸，將朝會，犬銜引其衣。恪曰：‘犬不欲我行乎？’還坐。有頃復起，犬又銜衣，乃令逐犬，遂升車，入而被害。”

疑誌文此處“銜衣”乃化用上述典故，喻指對去世者的不捨之情。

獻

獻臺

北魏孝昌二年（526 年）《于景墓誌》：“及至蒞事獻臺，則聰馬之風允樹；朝直西省，夙夜之聲克顯。”

按：《漢語大詞典》收“獻臺”，釋義為“猶擂臺；用來角技、比武的高臺。”顯然與此處語義不合。此處“獻”當通“憲”，“獻臺”即“憲臺”，指禦史府或禦史。漢應劭《漢官儀·憲臺》：“漢禦史府，後漢改稱憲臺。”後為同類機構的通稱，亦以稱禦史等官職。

獻替、獻可替否

1. 北魏孝昌元年（525 年）《元誘墓誌》：“朝拜青瑣，暮踐丹墀。事等編綸，理兼獻替。”

2. 北魏孝昌二年（526 年）《元壽安墓誌》：“左右獻替，夙夜便繁。政成期月，化若不言。”

3. 東魏興和三年（541 年）《司馬興龍墓誌》：“父常侍，從容獻

---

① 毛遠明：《漢魏六朝碑刻校注》第九冊，綫裝書局 2009 年版，第 415 頁。

替，其言未沒，門極崇高之緒，家傳道義之風。"

4. 北齊武平三年（572 年）《徐之才墓誌》："鳴玉在佩，豐貂加首，葳規潛閟，獻替左右。"

5. 東魏興和三年（541 年）《李挺墓誌》："切問近對，良資博物，獻可替否，是曰王臣。"

6. 東魏武定四年（546 年）《封柔墓誌》："獻可替否，當官正色，循名擢實，無慚白馬。"

7. 北齊武平二年（571 年）《堯峻妻獨孤思男墓誌》："獻可替否，並武鍾王；布政襃帷，齊肩賈郭。"

按：獻替，"獻可替否"之省略。義為：進獻可行者，廢去不可行者。謂對君主進諫，勸善規過。亦泛指議論國事興革。語出《左傳·昭公二十年》："君所謂可而有否焉，臣獻其否以成其可。君所謂否而有可焉，臣獻其可以去其否。"《漢語大詞典》收"獻否"，亦收"獻可替否"，但書證中無魏晉南北朝碑誌文語例，當補。

Xiang

鄉

鄉遂

北魏延興五年（475 年）《元理墓誌》："壯而才德播美於邦畿，孝友照明於鄉遂。"

按：《漢語大詞典》收"鄉遂"一詞，釋義為"鄉遂周制，王畿郊內置六鄉，郊外置六遂。諸侯各國亦有鄉、遂，其數因國之大小而有不同。後亦泛指都城之外的地區"。其所引首見書證為元揭傒斯《大元敕賜修堰碑》："乃具文書會行省及蒙古軍七翼之長、郡縣守宰、鄉遂之老，各陳便宜，皆曰便。"過遲，應補此條為首見書證。

翔

翔穆

北魏建義元年（528 年）《元端墓誌》："菡之撫誨，禮樂翔穆。瑤響遐著，聲聞海嶽。"

按：《漢語大詞典》未收"翔穆"一詞。"翔"通"祥"，馬王堆帛書《六十四卦·履》："上九，視禮（履）考祥，其旋元吉。"而《十三經注疏》本作："上九，視履考祥，其旋元吉。"故知，"翔"通"祥"。漢蔡邕《文範先生陳仲弓銘》有"遷太丘長，民之治情斂欲反於端懿者，猶草木偃於翔風，百卉之挺於春陽也"。其中"翔風"即"祥風"。"祥"有"和順"義，《淮南子·氾論訓》："天下豈有常法哉？當於世事，得於人理，順於天地，祥於鬼神，則可以正治矣。"高誘注："祥，順也"。"穆"有"壯美"義，《詩經·周頌·清廟》："於穆清廟，肅雝顯相。"鄭玄箋："穆，美。""翔穆"，即"和順壯美"義。

相

相杵不聞

北齊武平二年（571 年）《劉忻墓誌》："相杵不聞，鄰哀振路。"

按：《漢語大詞典》未收"相杵不聞"，該詞係典故詞，出《禮記·曲禮上》："鄰有喪，舂不相。里有殯，不巷歌。"鄭玄注："助哀也。相，謂送杵聲。"意指鄰居家有喪事，舂穀之時便停止唱號子，以示不打擾鄰居並致哀之義。此典面又作"鄰凶不杵"。《漢語大詞典》收"相杵"，並不是典源的完整表達形式。

參本書"罷鼃輟相"條。

相好

1. 北齊乾明元年（560 年）《鏤石班經記》："至六年，中國師大德禰禪師重瑩修成，相好斯備。方欲刊記，金言光流。"

2. 北周天和元年（566 年）《僧妙十七人等造像記》："敬造釋迦石像一軀，莊瑩雕華，麗同金質。相好之美，等昔真容。"

按：例 1 毛遠明釋作：佛教語。就佛身體而言，微妙之相狀可了別者，謂之相；細相之可愛樂者，謂之好。[1] 例 2 毛遠明釋作：相好，佛教語。佛經謂釋迦牟尼佛有三十二種相，八十二種好……因又指佛像。[2]

《漢語大詞典》收"相好"，釋義同毛遠明，不過該詞典所舉書證

---

① 毛遠明：《漢魏六朝碑刻校注》第九冊，綫裝書局 2009 年版，第 73 頁。
② 毛遠明：《漢魏六朝碑刻校注》第十冊，綫裝書局 2009 年版，第 206 頁。

中無南北朝造像碑記語例，可補。

項

項室

北魏建義元年（528 年）《元昉墓誌》："奇骨出世，器實玄黃。無先項室，甯謝顏堂。德齊逼種，道越三良，如何是人，獨碎珪璋。"

按：《漢語大詞典》未收"項室"一詞。"項室"係典故詞。《淮南子·脩務訓》載："夫項橐七歲為孔子師，孔子有以聽其言也。以年之少，為閭丈人說，救敝不給，何道之能明也！"《文選·顏延年〈皇太子釋奠會作〉》："蔗士傾風，萬流抑鏡"句下李善注引晉人嵇康《高士傳》云："項橐七歲為聖人師。孔子問項橐曰：'居何在？'曰：'萬流屋是也。'注曰：'言與萬物同流匹。'"結合上述兩個典源，誌文處所言"項室"當指"項橐所居之室"，言"年少聰明，罕有匹敵者"義。

象

象賢

北魏正光元年（520 年）《元孟輝墓誌》："樊侯入贊，維周之貞，乃祖乃父，弼魏之明。象賢不絕，世誕其英。一匡濟時，萬里肅平。貽厥孫謀，及爾君子。播構川河，令問不己。"

按：《漢語大詞典》收"象賢"一詞，釋義為"能效法先人的賢德"，書證引《儀禮·士冠禮》："繼世以立諸侯，象賢也。"鄭玄注："象，法也，為子孫能法先祖之賢，故使之繼世也。"無魏晉南北朝時期書證，誌文語例可補。

Xiao
削

削草
溫樹

北魏孝昌二年（526 年）《韋彧墓誌》："公義同削草，事等溫樹，今髻髯遺塵，無申萬一。"

按："削草""溫樹"係典故詞。同出一源，見《漢書·孔光傳》：

"凡典樞機十餘年，守法度，修故事。上有所問，據經法以心所安而對，不希指苟合；如或不從，不敢強諫爭，以是久而安。時有所言，輒削草稿，以為章主之過，以奸忠直，人臣大罪也。有所薦舉，唯恐其人之聞知。沐日歸休，兄弟妻子燕語，終不及朝省政事。或問光：'溫室省中樹皆何木也'？光嘿不應，更答以它語，其不泄如是。"後以"削草""溫樹（溫室樹）"為居官謹慎、言語不泄之典。

《漢語大詞典》收"削草""溫樹""溫室樹"條。但"削草"條只是以《漢書·孔光傳》為書證，也未釋出典故義。"溫樹"條書證轉引自《藝文類聚》裏的南朝梁王僧孺《詹士徐府君集序》，未作典故詞處理。"溫室樹"條點出了典源，但釋義為"後以'溫室樹'泛指宮廷中的花木"，未釋出典源中"謹慎"的含義，釋典源義不太確切。

蕭

蕭散、簫散

1. 北魏建義元年（528 年）《元毓墓誌》："蕭散而居，弗窺華薄之觀；韻致淵凝，性以儒素為高。"

2. 東魏天平四年（537 年）《高雅墓誌》："秉笏簫散，曳裾容與。爰留趙北，風馳南楚。"

按：魏晉南北朝碑刻文獻中，構件"竹""艸"常混同，本處誌文中"蕭散"即為"簫散"，二者義同。《漢語大詞典》收"蕭散"，釋為"形容舉止、神情、風格等自然，不拘束；閒散舒適"。

蕭條

1. 北魏熙平元年（516 年）《王昌墓誌》："遠氣蕭條，叔度無以比其量；雅懷沉毅，文饒未足齊（其）操。"

2. 東魏元象元年（538 年）《李憲墓誌》："外家貴臣，舊難為治，而水火兼行，韋弦具舉，曾未期月，風化有成。獄犴蕭條，桴鼓虛置。邵公流稱於前，音徽不遠；子華垂譽於後；芳塵在目。"

3. 東魏武定八年（550 年）《蕭正表墓誌》："故能抗禦中華，嘯吒淮右。扞圉蕭條，蒲鞭靡設。階少訟言，路多遺劍。"

按：《漢語大詞典》收"蕭條"一詞，義項有七：①寂寞冷落，凋零；②指政治、經濟等不景氣，衰微、衰退；③疏散，稀疏；④匱乏；⑤猶逍遙，閒逸貌；⑥消瘦貌；⑦簡陋。例1中的"蕭條"適合義項⑤。例2、例3中的"蕭條"同義，若解釋成義項③，與志文語境不合，由於循吏的清明治理，監獄怎麼會"稀疏"呢？之前所建的監獄數應該是不變的；唯有義項①還差強人意，不過還是不太確切。確切的解釋應該是"冷清"。由於政治清明，囚犯減少，監獄故而變得"冷清"。

小

小年

1. 北魏建義元年（528年）《元子正墓誌》："小年莫返，大夜無晨。嗟乎此地，薀我名臣。"

2. 東魏武定八年（550年）《司馬韶及妻侯氏墓誌》："所以小年易歿，無九轉能留；大運雖移，乃百年如昨。"

3. 北齊河清三年（564年）《高百年墓誌》："而穹旻寡惠，霧露成痾，小年不永，善言遽畢。"

4. 北齊天統四年（568年）《薛懷儁墓誌》："大夢易窮，小年難久。忽捐華館，奄歸荒皋。"

5. 北齊武平五年（574年）《李祖牧墓誌》："小年未暮，大夜俄昏。叡情悼軫，加葬崇恩。"

6. 北齊武平七年（576年）《李雲墓誌》："方覬調茲鼎實，變是臺階，而大德未酬，小年遽盡。"

7. 北周建德三年（574年）《張僧妙法師碑》："曾祖亮，郡功曹。高足未申，小年已盡。"

按：《漢語大詞典》收"小年"一詞，有六個義項：①短促的壽命；②少年、幼年；③將近一年，用以形容時間之長；④指舊曆十二月二十三或二十四日；⑤指舊曆十二月月小的年份；⑥指竹筍、魚鮮或某種水果等產量較低的年頭。碑誌文獻中適用"短促的壽命"這一義項。不過其書證除《莊子·逍遙遊》外，下一個就是唐張柬之《處士張景之墓誌》，無魏晉南北朝豐富的碑刻語例，可補充之。

Xie

燮

燮釐

北魏孝昌二年（526 年）《于景墓誌》："祖尚書，以佐命立功。父太尉，以燮釐著積。君稟長川之溢源，資高岳之餘峻，志度英奇，風貌閑遠。"

按：《漢語大詞典》未收"燮釐"一詞。毛遠明："燮釐，指諧調從政，協和行政。"① 解說不太細緻。"燮"有"協和，調和"義，《尚書·洪範》："燮友柔克。"孔傳："燮，和也。世和順，以柔能治之。""釐"有"治理，處理"義，《尚書·堯典》："允釐百工，庶績鹹熙。"孔傳："釐，治。"總之，"燮釐"在這裏為"（善於）協調、治理"。在上述文獻材料的基礎上，毛氏的解釋才較易理解。

Xing

婞

婞亮

北魏孝昌二年（526 年）《尹祥墓誌》："議贈襄威將軍、東代太守，冀標婞亮之節矣。"

按：《漢語大詞典》收"婞亮"一詞，釋義為"剛直信實"，書證為《新唐書·裴夷直傳》："夷直字禮卿，亦婞亮。第進士，歷右拾遺，累進中書舍人。"書證稍遲，應補該條北朝墓誌語例。

Xiu

修

修迄

北魏孝昌三年（527 年）《征虜將軍于纂墓誌》："窆於芒山之西垂，帝陵之東坡。南枕修迄，北負崇原，與妻叔孫氏合塋焉。"

---

① 毛遠明：《漢魏六朝碑刻校注》第六冊，綫裝書局 2009 年版，第 57 頁。

按：《漢語大詞典》未收"修達"一詞。"修"，"長"義，《詩經·大雅·韓奕》："四牡奕奕，孔修且張。"毛傳："修，長。""達"指"通達的道路"，即"大道"，《左傳·隱公十一年》："潁考叔挾輈以走，子都拔棘以逐之，及大逵。"杜預注："逵，道方九軌也。""九軌"，意即"可容九輛車並列行駛的路面寬度"，所以"達"指"大道"意在其寬。故"修達"的意思是"又長又寬的大道"。

Xu
虛

虛腴

北魏神龜二年（519 年）《元玭妻穆玉容墓誌》："綺兒虛腴，妍姿晻曖，溢媚纖腰，豐肌弱骨。"

按：《漢語大詞典》未收"虛腴"一詞。"虛"可通"舒"，《爾雅·釋訓》："其虛其徐。"郝懿行疏："虛徐，猶言舒徐。""舒"，有"從容、平和"義，見《文選·張衡〈西京賦〉》："夫人在陽時則舒。"張銑注："舒，逸也。""虛腴"義即"平和豐腴"。

Xuan
旋

旋蓋

北魏孝昌元年（525 年）《元誘墓誌》："怨旋蓋之難息，恨曲池之易平。綴清塵於既往，勒玄石於泉扃。"

按：《漢語大詞典》未收"旋蓋"一詞。"旋"有"回還"義，《詩經·小雅·黃鳥》："言旋言歸，復我邦族。"朱熹《詩集傳》："旋，回。""蓋"有"車蓋"義，《荀子·禮論》："版蓋斯象拂也。"楊倞注："蓋，車蓋也。""旋蓋"一詞，在此代指"旋車"，"調轉車駕"義。

鉉

鉉教

北魏永平元年（508 年）《元颺墓誌》："鉉教孔修，端風丕暎。"

按:《漢語大詞典》未收"鉉教"一詞。"鉉",謂"鼎耳,比喻重臣",漢蔡邕《司空臨晉侯楊公碑》:"頻歷鄉校,五登鼎鉉。"《文選·任昉〈王文憲集序〉》:"皇朝軫慟,儲鉉傷情。"呂延濟注:"鉉,鼎耳也,謂三公也。""教",謂"教化、風化",《禮記·王制》:"脩其鉉不易其俗。"孔穎達疏:"教,謂禮義教化。""鉉教",意指"高官的禮義教化"。

懸

懸床

東魏天平四年(537年)《張滿墓誌》:"君褰帷陳禮,下車布政,放囚赴期,逃吏服罪。伯達舊臨斯部,文行昔蒞此蕃。懸床廢杖,足相陵亂。"

按:《漢語大詞典》收"懸床"條,釋為"見懸榻","懸榻"出《後漢書·徐稚傳》:"蕃(陳蕃)在郡不接賓客,唯稚來特設一榻,去則縣之。"後以"懸榻"喻禮待賢士。

其實,典故詞"懸床"與"懸榻"典源不同(可參下條"懸榻")。"懸床"出《三國志·魏志·裴潛傳》裴注引《魏略》:"始潛自感所生微賤,無舅氏,又為父所不禮,即折節仕進,雖多所更歷,清省恪然。每之官,不將妻子,妻子貧乏,織藜芘以自供。又潛為兗州時,嘗作一胡床,及其去也,留以掛柱。"用以為官清廉之典,典面又作"掛床"。誌文語境為讚頌誌主清簡能治,為一循吏。

懸榻

1. 北齊武平四年(573年)《崔博墓誌》:"家豐懸榻之朋,室滿重茵之侶。"

2. 北齊武平五年(574年)《元始宗墓誌》:"齊武興王,宗英之極,每見升引,雅相欽尚,未曾不擁篲分庭,虛左懸榻。"

按:懸榻,謂禮待賢良之士。《後漢書·徐稚傳》載,徐稚家貧,常自耕稼,德行甚高,為人所景仰。陳蕃為豫章太守,"不接賓客,唯稚來特設一榻,去則懸之。"[1]《漢語大詞典》收"懸榻"條,但除

① 毛遠明:《漢魏六朝碑刻校注》第十冊,綫裝書局2009年版,第24頁。

出處外，首引北周庾信《園庭》詩："倒屣迎懸榻，停琴聽解嘲。"稍遲，可補充北齊墓誌語例。

Xun

蘍

蘍猶、熏猶

1. 北魏永安元年（528年）《元誕業墓誌》："□□□義，奸正未分，蘍猶同行，俱燼原火。"

2. 北齊天統元年（565年）《趙徵興墓誌》："將恐陵谷遷貿，熏猶難辨。求諸不朽，莫如玄石。"

按：《漢語大詞典》未收"蘍猶（猶）、熏猶（猶）"，收"薰猶"。三個詞形態不同，意義相同，均為"香草和臭草"，喻指"善惡、賢愚、好壞等"，語本《左傳·僖公四年》："一薰一猶，十年尚猶有臭。"杜預注："薰，香草；猶，臭草。十年有臭，言善易消，惡難除。"

佝

佝齊

北魏孝昌元年（525年）《元誘墓誌》："內明外朗之美，生知佝齊之妙，固已擬睿高陽，同徽子晉。"

按：《漢語大詞典》未收"佝齊"一詞，《辭源》收"徇齊"，"佝"，通"徇"，故"佝齊"與"徇齊"義同。見《史記·五帝本紀》："弱而能言，幼而徇齊。"裴駰《集解》："徇，疾；齊，速也。言聖德幼而疾速也。"此段意思是說黃帝這位聖德之人幼小時反應就很敏捷。"佝齊"義為疾速，可引申指"聰敏"義，誌文處即此義。

尋

尋箭

北齊武平三年（572年）《徐之才墓誌》："但以分環有日，尋箭無期，痛結當歸，悲纏銜索。頻表還南，辭旨懇到。"

按："尋箭"，《漢語大詞典》未收。當語出《後漢書·朱馮虞鄭周列傳》："鄭弘字巨君，會稽山陰人也。"李賢注引孔靈符《會稽記》

曰：“射的山南有白鶴山，此鶴為仙人取箭。漢太尉鄭弘嘗采薪，得一遺箭，頃有人覓，弘還之。問何所欲，弘識其神人也，曰：‘常患若邪溪載薪為難，願旦南風，暮北風。’”此處當言誌主當初隨豫章王蕭綜與南朝梁決裂降魏，而再無回南朝梁的機會。以此對照典源，不確切。待詳考。

循

循得其牆

東晉大亨四年（405年）《爨寶子碑》：“弱冠稱仁，詠歌朝鄉。在陰嘉和，處淵流芳。宮宇數仞，循得其牆。”

按：《漢語大詞典》未收“循得其牆”條。收“循牆”一詞，釋義為“謂避開道路中央，靠牆而行。表示恭謹或畏懼”。見《左傳·昭公七年》：“故其鼎銘云：‘一命而僂，再命而傴，三命而俯，循牆而走，亦莫余敢侮。’”杜預注：“言不敢安行也。”“循得其牆”係化用典故“循牆”，意義相同。

馴

馴雉飛蝗

北齊武平二年（571年）《裴良墓誌》：“君昔宰絳邑，弦歌遠被，馴雉飛蝗，沛然在口。詔旨深相褒歎，聽得便道還家，仍宣王澤。”

按：《漢語大詞典》未收“馴雉飛蝗”條。收“馴雉”條，見《後漢書·魯恭傳》，後以“馴雉”為稱頌地方官吏施行仁政之典。《漢語大詞典》收“飛蝗”條：蝗蟲，身體灰褐色、黃褐色或綠色。常成群飛翔，吃禾本科農作物，大面積出現飛蝗，會造成嚴重的災害。書證為《三國志·吳志·趙達傳》：“（趙達）治九宮一算之術，究其微旨，是以能應機立成，對問若神，至計飛蝗，射隱伏，無不中效。”此“飛蝗”條釋義與誌文不合。

誌文處“飛蝗”亦是用作歌頌地方官施行仁政之典，見《後漢書·卓茂列傳》：“平帝時，天下大蝗，河南二十餘縣皆被其災，獨不入密縣界。督郵言之，太守不信，自出案行，見乃服焉。”又見《後漢書·宋均列傳》：“中元元年，山陽、楚、沛多蝗，其飛至九江界者，輒東西散去，由是名稱遠近。”

�-center

遜

遜遁

東魏武定元年（543 年）《房蘭河墓誌》："孝昌中，葛杜亂華，或亂或治，虜君為常山正平郡太守。君已易世純臣，臨刃奉忠，遜遁如不拜，家國奇其節。"

按：《漢語大詞典》收"遜遁"和"遜遯"條，二詞同義。釋義為"退避，退隱"，《詩·大雅·雲漢》："昊天上帝，寧俾我遯。"漢鄭玄箋："天曾將使我心遜遯，慚愧於天下，以無德也。"《後漢書·方術傳上·謝夷吾》："念存遜遁，演志箕山。"但誌文中"臨刃奉忠，遜遁如不拜"，顯然非其義。據毛遠明釋義："遜遁，即'逡遁'，又作'逡巡'、'逡循'、'遜遁'、'遜遯'，從容不迫之貌。"[1] 毛遠明釋義符合誌文語境。

遜勉

北魏太昌元年（532 年）《宋虎墓誌》："家貧幹祿，便任將作曹掾……君幽情通悟，妙識玄理，志慕虛寂，榮優非願也。於是屢申遜勉，棲誦家林。"

按：《漢語大詞典》未收"遜勉"一詞，據此處語境，誌主始任"將作曹掾"一職，後因"志慕虛寂，榮優非願"，故"屢申遜勉"。所以據語境推理，此處"遜勉"當"退避，退隱"義，與《漢語大詞典》所載"遜遁"和"遜遯"義近。

Y

Yan

奄

奄髂

北魏太昌元年（532 年）《王溫墓誌》："公踐奄髂之洪基，蹈笙歌之芳烈。□訓惠於韜齔，天資篤於號慕。秉翰則神思電發，對席則

---

① 毛遠明：《漢魏六朝碑刻校注》第七冊，綫裝書局 2009 年版，第 353—354 頁。

雅韻煙生。”

按：《漢語大詞典》未收“奄骼”一詞。“奄”有“同”義，《尚書·大禹謨》：“奄有四海。”孔安國傳：“奄，同也。”《詩經·周頌·執敬》：“奄有四方。”毛傳：“奄，同也。”“骼”，“骨骼”，可引申指“骨肉”，同姓的人，見《宋書·王懿傳》：“北土重同姓，謂之骨肉。”這裏“奄骼”，指“同姓的人、同族的人”之義。

奄化

北齊武平二年（571 年）《逢哲墓誌》：“鄉稱佳士，俗號神人，如山倚日，如月開雲。倏忽奄化，路別□塵，白楊蕭瑟，空拂秋春。”

按：《漢語大詞典》將“奄化”直釋為“逝世”。“奄化”乃“奄然往化”之縮略，“奄然”，“突然”的意思。“往化”，“死亡”義。“奄化”指人的突然去世。《漢語大詞典》釋“奄化”為“逝世”，釋義不太確切。其書證為柳亞子《〈燕子龕遺詩〉序》：“曼殊奄化之歲，青浦王德鐘輯其遺詩，得如幹首，將梓以行世，屬餘為之序。”過遲，此誌文可補。

奄及

1. 北魏武泰元年（528 年）《元暐墓誌》：“忽離盜增之禍，奄及推墙之災。”

2. 東魏武定二年（544 年）《元湛妃王令媛墓誌》：“方當致偕老於君子，成好仇於哲王。鼓琴之志詎申，擊缶之期奄及。”

3. 北齊天統三年（567 年）《堯峻妻吐谷渾靜媚墓誌》：“豈謂福善無驗，禍仁奄及。春秋卅有七……薨於京師永福里第。”

4. 北齊武平二年（571 年）《張道貴墓誌》：“但與善無徵，云亡奄及，以天統五年二月廿日終於家庭。”（按：云亡，出自《詩經·大雅·瞻卬》：“人之云亡，邦國殄瘁。”）

5. 北周宣政二年（579 年）《寇胤哲墓誌》：“秀而不實，云亡奄及。年十有九，不祿於家。”

6. 北周大象元年（579 年）《崔宣靖墓誌》：“桂馥筠貞，風霜奄及。時年十七，永熙三年九月十七日卒於晉陽。”

按：《漢語大詞典》未收“奄及”一詞。“奄及”，就是“突然來到”義，在墓誌文中，一般與直接表達死亡或間接表達死亡的詞相接，表示“死亡的突然降臨”。和直接表達死亡的詞連接，如例4、例5的“云亡奄及”。其他是和間接表達死亡的詞相連，如“奄及推墙之災”“擊缶之期奄及”“風霜奄及”；其中例3的表達“禍仁奄及”為與偏義複詞“禍仁”相連，偏指“禍”。

淹

淹長

1. 北魏普泰元年（531年）《元誨墓誌》：“理識淹長，氣韻通雅。在紈綺之中，灼然秀出。少慷慨，有大節，常以功名自許。”

2. 北齊天保二年（551年）《元賢墓誌》：“前陽州刺史賢，業尚閑遠，識略淹長，出捴戎陣，效成□茋，不幸云亡，言念傷惜。”

按：《漢語大詞典》未收“淹長”一詞。“淹”有“長久”義，《爾雅·釋詁下》：“淹，久也。”《左傳·僖公三十三年》：“為從者之淹，居則具一日之積，行則備一夕之衛。”杜預注：“淹，久也。”“淹長”為同義語素組成的並列式合成詞，誌文中“理識淹長”或“識略淹長”，即“深謀遠慮”義。

淹敏

北魏孝昌二年（526年）《元過仁墓誌》：“君少而英槼，澄撓不渝。長而韶亮，淹敏俞正。”

按：《漢語大詞典》未收“淹敏”一詞。“淹”有“滿、至”義，南朝陳徐陵《檄周文》：“席捲江淮，無淹弦望。”在這裏可引申為“特別”，亦與對文“俞”相協。“敏”為“聰慧”義，《左傳·襄公十四年》：“有君不弔，有臣不敏。”杜預注：“敏，達也。”“淹敏”在誌文中的意思就是“十分聰慧”。

言

言功

德容

1. 北魏永平二年（509年）《元願平妻王氏墓誌》：“夫人貞順自性，驄令天骨，德容非學，言功獨曉。”

2. 北魏景明三年（502年）《穆亮妻尉氏墓誌》：“道訓柔嘉，德容溫謐，嚴同夏景，仁協春輝。"

3. 北魏景明四年（503 年）《元端妻馮氏墓誌》："言功幼日，婉淑鬖齡；冰堅等譽，玉潔齊聲。"

按：《周禮・天官・九嬪》："掌婦學之法，以教九禦婦德、婦言、婦容、婦功。"鄭玄注："婦德謂貞順，婦言謂辭令，婦容謂婉娩，婦功謂絲枲。"《後漢書・皇后紀序》："九嬪掌教四德。"李賢注："四德謂婦德、婦言、婦容、婦功也。""德容"，指女子的德行與容貌；"言功"，指婦言與婦功；兩詞語將"四德"分而言之。《漢語大詞典》"德容"條有"指女子的德行與容貌"之義，"言功"僅解釋為"陳述功績"，於"婦言、婦功"義無涉，待補。[①]

嚴

嚴貴

北魏武泰元年（528 年）《元暐墓誌》："鳳沼嚴貴，王言攸委，絲綸所出，匪易其人。"

按：《漢語大詞典》未收"嚴貴"一詞。"嚴"有"威嚴"之義，《詩經・小雅・六月》："有嚴有翼。"毛傳："嚴，威嚴也。""嚴貴"，即"威嚴而顯貴"義。

鹽

鹽梅

1. 北魏孝昌二年（526 年）《元義墓誌》："鼎實斯屬，鹽梅在茲。"

2. 北魏永安元年（528 年）《元欽墓誌》："棟樑廣夏，鹽梅大羹。"

3. 北魏普泰元年（531 年）《穆紹墓誌》："從屯及泰，自揆登臺，實為領袖，乃作鹽梅。"

4. 北魏太昌元年（532 年）《元徽墓誌》："鹽梅雅俗，舟械生民。"

5. 東魏興和三年（541 年）《封延之墓誌》："公實外作股□，內參心膂，既曰魚水，亦處鹽梅，熊虎為資，鷹鸇是務。"

6. 東魏武定元年（543 年）《元鷙墓誌》："及其論道臺階，補闕袞職，鹽梅自和，陰陽得序，眷言政本，寔曰喉唇。"

---

① 徐志學：《北朝石刻詞語八則》，《漢字文化》2010 年第 3 期。

7. 東魏武定四年（546 年）《封柔墓誌並序》："盡鹽梅之致，極緯隱之方。"

按：《漢語大詞典》收"鹽梅"，釋義為"鹽和梅子；鹽味鹹，梅味酸，均為調味所需，亦喻指國家所需的賢才"。語出《尚書·說命下》："若作和羹，爾惟鹽梅。"

"鹽梅"在誌文中多用為名詞性，如例1、例3、例5、例7，以喻體形式出現在語境中，表面看是"鹽和梅子"的本意，實則是喻指賢才身份。

例2 和例4 是用作動詞性的詞，義為"調和、使和諧"。

例6 比較特殊，"鹽梅"是用的"鹽和梅子"的本義，它和"自和"組合成"鹽梅自和"表達"協調治理能力"義。

嬿

嬿婉

北周宣政二年（579 年）《寇嶠妻薛氏墓誌》："嬿婉忽違，嬬幃遽奄。遂攝高行之風，仍踵共姜之節。"

按：毛遠明釋為：嬿婉，指丈夫。《詩經·邶風·新臺》："燕婉之求，籧篨不鮮。"毛傳："燕，安；婉，順也。"[1]《詩經》毛傳關於"燕婉"的解釋和"嬿婉"的"丈夫"義無關涉，且未明確"燕"與"嬿"的關係，不能作為"嬿婉"為"丈夫"義的理由。《漢語大詞典》對"嬿婉"的解釋是"歡好；和美"。引例為《文選·蘇武〈詩〉之三》："歡娛在今夕，嬿婉及良時。"呂向注："嬿婉，歡好貌。"可從。即"嬿婉"釋為"美好"；"嬿婉忽違"，指"夫妻二人在一起的美好生活突然逝去了"，委婉指丈夫去世。

Yang

仰

仰斧之埏

北齊天統元年（565 年）《崔德墓誌》："嗟乎，霜沒仰斧之埏，

---

[1] 毛遠明：《漢魏六朝碑刻校注》第十冊，綫裝書局 2009 年版，第 323 頁。

風飄掛劍之樹。昔曹操雀臺，望墳無益；孫皓飛閣，造冢徒然。"

按：《漢語大詞典》未收"仰斧之埏"一詞。該詞出《莊子·徐無鬼》：莊子經過惠子之墓，顧謂從者曰："郢人堊慢其鼻端，若蠅翼，使匠石斲之。匠石運斤成風，聽而斲之，盡堊而鼻不傷，郢人立不失容。宋元君聞之，召匠石曰：'嘗試為寡人為之。'匠石曰：'臣則嘗能斲之。雖然，臣之質死久矣'。自夫子之死也，吾無以為質矣！吾無與言之矣！"後取其中"運斤成風"的故事表示技藝高超或才能出眾，又作"郢人斤斫""郢人運斧""郢匠揮斤"等。上述語源也可用"仰斧之埏"來概括，"埏"為"墓道"，代指墳墓，字面意思為"抬頭對著（好友的）墳墓"，指旗鼓相當的對手或相互依存者的離世。

《漢語大詞典》未收"仰斧之埏"，但收有"偃斧"，釋義為：仰斧，指堆土為墳，墳頂窄狹如仰斧形狀。書證為《孔子家語·終記》："（孔子）葬於魯城北泗水上，藏入地，不及泉，而封為偃斧之形，高四尺，樹松柏為志焉。""偃斧"直接釋為"仰斧"，"偃"義為"倒伏"，"仰"義為"抬頭"，"偃""仰"意義幾乎相反，非同訓，亦不屬反訓。文獻亦無"偃""仰"互通的用例。《漢語大詞典》"偃斧"條釋義難以理解。當然也不能把上述《孔子家語》的書證作為"仰斧之埏"的典源。

仰尋

1. 南朝宋大明二年（458 年）《爨龍顏碑》："嗣孫碩子等，友乎哀感，仰尋彝訓，永慕高蹤。"

2. 北魏孝昌三年（527 年）《宋景妃造像記》："賴亡母慈育恩深，得長輕軀。是以仰尋勖養之勞，無以投報。"

3. 北周建德元年（572 年）《邵道生造像記》："然佛弟子邵道生，乃能仰尋經［教］，即減割家珍，為亡女寄女造像一區。"

按："仰尋"即遵循。①《漢語大詞典》未收"仰尋"一詞。"仰"為敬辭，《詩經·小雅·車舝》："高山仰止，景行行止。"孔穎達疏："仰是心慕之詞。""尋"，應為"受"義。《康熙字典》引《字匯》：

---

① 羅小如：《魏晉南北朝碑刻若干疑難詞語考釋》，《龍岩學院學報》2016 年第 1 期。

"舊注古受字。""仰尋",即為"敬受"義。

楊

楊風

北齊天統四年(569 年)《和紹隆墓誌》:"君乃楊風入境,布惠下車,寬猛兼施,澆俗大改,折轅將返,留犢言歸。"

按:《漢語大詞典》收"楊柳風""柳風",意為"春風"。收"楊風"一詞,意為"楊風子(人物別號)",不合此處語境,這裏"楊風"應義同"楊柳風""柳風","春風"義。

楊攉、揚攉

1. 東魏武定五年(547 年)《元澄妃馮令華墓誌》:"尚稱榮舊史,著英前書,楊攉而言,曾何髣髴。"

2. 北齊武平元年(570 年)《暴誕墓誌》:"俱騰令譽,並播清風。無勞揚攉,自可知矣。"

按:例1,毛遠明釋為:攉,通"搉"。……楊攉,即"揚搉","揚攉",意為約略,舉其大端。《莊子·徐無鬼》:"可不謂有大揚攉乎?"釋文"攉略而陽顯之也。"《淮南子·俶真》:"若藏天下於天下,則無所遁其形矣。物其可謂無大揚攉乎?"高誘注:"揚攉,無慮,大數名也。"①

例2,毛遠明釋為:攉,同"搉",又作"榷"。楊搉,評論,評說。②

《漢語大詞典》收"揚搉""揚榷",未收"楊攉、揚攉"。

Yao

瑤

瑤金必剖、剖金

1. 北魏正光四年(523 年)《高貞碑》:"杞梓備陳,瑤金必剖。僉求其可,帝曰爾諧。遷太子洗馬。"

2. 南朝宋大明八年(464 年)《劉懷民墓誌》:"眩紫皇極,剖金連城。野獸朝浮,家犬夕寧。"

---

① 毛遠明:《漢魏六朝碑刻校注》第八冊,綫裝書局 2009 年版,第 70 頁。
② 毛遠明:《漢魏六朝碑刻校注》第九冊,綫裝書局 2009 年版,第 331 頁。

按：《漢語大詞典》未收“瑤金必剖”，收“剖金”，二者義同，指帝王向受封者分授金印，泛指帝王封賞爵祿或分授官職。書證即為南朝宋《劉懷民墓誌》。

Ye

頁

頁戴

北魏正始三年（506 年）《鄭君妻墓誌》：“既稱萊婦，亦號鴻妻，復有令德，一與之齊。實佐君子，簪蒿杖藜。欣欣頁戴，在冀之畦居室有行，亟聞義讓。”

按：《漢語大詞典》未收“頁戴”一詞。《鄭君妻墓誌》中“頁”之碑刻拓片為頁，過錄不誤。但“頁”應係“負”之誤刻。《文選·任彥升〈劉先生夫人墓誌〉》：“欣欣負載，在冀之畦。居室有行，亟聞義讓。”《鄭君妻墓誌》與此文句子同，疑此誌為偽刻，《六朝墓誌檢要》亦認為其為偽刻。誌文中“頁戴”應即“負戴”。

“負戴”典出漢劉向《列女傳·楚接輿妻》：“接輿躬耕以為食，楚王使使者持金百鎰、車二駟往聘迎之。其妻曰：‘義士非禮不動，不為貪而易操，不為賤而改行。妾事先生躬耕以為食，親織以為衣，食飽衣暖，據義而動，其樂亦自足矣。若受人重祿，乘人堅良，食人肥鮮，而將何以待之？不如去之。’於是夫負釜甑，妻戴紝器，變名易姓而遠徙，莫知所之。”後因以“負戴”指夫妻一起安貧樂道，不慕富貴榮華。在此指誌主具備佐助丈夫之德。

夜

夜金

北魏建義元年（528 年）《元悌墓誌》：“慎等夜金，密同溫樹。千里難追，萬頃莫測。”

按：《漢語大詞典》未收“夜金”，收“暮夜金”，係典故詞，出《後漢書·楊震列傳》：“楊震字伯起，弘農華陰人也……故所舉荊州茂才王密為昌邑令，謁見，至夜懷金十斤以遺震。震曰：‘故人知君，君不知故人，何也？’密曰：‘暮夜無知者。’震曰：‘天知，神知，我知，子知。何謂無知？'密愧而出。"後常用作拒絕受賄之典，在這裏化用"夜金"作為官謹慎之典。

Yi

一

一湌之惠

北齊天保六年（555 年）《報德像碑》："蓋聞益天之明者，莫若於日月；益人之善者，莫若脩福。是以一湌之惠，扶輪之報，為……文靜公趙郡李憲、司空文簡公李希宗二公父子。以禮待青，得奉朝請。而青德乏故，賢無刎頸之報。去家五百里……造報德像碑，磨巖刊石，萬世不朽。"

按：毛遠明釋：湌，同"餐"。參《史記·淮陰侯列傳》。扶，同"扶"。① 結合"一湌之惠，扶輪之報"的語境看，當語出《左傳·宣公二年》："初，宣子田於首山，舍於翳桑，見靈輒餓，問其病。曰：'不食三日矣。'食之，舍其半。問之，曰：'宦三年矣，未知母之存否，今近焉，請以遺之。'使盡之，而爲之簞食與肉，寘諸橐以與之。既而與爲公介，倒戟以禦公徒而免之。問何故。對曰：'翳桑之餓人也。'問其名居，不告而退，遂自亡也。"此典源包含了誌文中的"一湌之惠，扶輪之報"這句話的全部意思，毛遠明認為"湌"同"餐"，是。出處稍遲。

一繩靡維、一繩匪維

1. 北魏永安三年（530 年）《元彧墓誌》："屬天未悔禍，妖徒方熾，千城棄律，一繩匪維。"

2. 北魏太昌元年（532 年）《元徽墓誌》："而天未悔禍，時屬道消，一繩匪維，我言不用。"

按：《漢語大詞典》未收"一繩靡維、一繩匪維"，該詞係用典，典出《後漢書·徐稺傳》："（徐稺）謂容（茅容）曰：'為我謝郭林宗（郭泰字），大樹將顛，非一繩所維，何謂栖栖不遑寧處？'"唐李

---

① 毛遠明：《漢魏六朝碑刻校注》第八冊，綫裝書局 2009 年版，第 363 頁。

賢注："維，繫也。喻時將衰季，豈一人可能救邪？"誌文中用"一繩靡維"或"一繩匪維"喻局勢將危，非個人所能救止。

一醮

北魏永安二年（529 年）《邢巒妻元純弛墓誌》："良人既逝，半體雲傾。慨絕三從，將循一醮。"

按：《漢語大詞典》未收"一醮"條。"醮"指古代婚禮的一種儀式，稱父母給子女酌酒。那麼，再嫁就被稱為"再醮"。《孔子家語·本命》："（女子）夫死從子，言無再醮之端。"這裏的"一醮"，就是指誌主在丈夫死後不再嫁人。

參本書"已醮"條。

一指之喻

北周建德三年（574 年）《張僧妙法師碑》："遂乃卻尋儒教，知非出世之因，亦鄙一指之喻，又淺二篇之經。"

按：《漢語大詞典》釋"一指"為：《莊子·齊物論》："天地一指也，萬物一馬也。"此謂天下雖大，一指可以蔽之；萬物雖多，一馬可以理盡，故無是無非。後因以"一指"為齊是非得失之典實。此處碑誌文"一指之喻"應指"道教"。

猗

猗歟、猗與、漪歟、猗哉

1. 南朝梁普通元年（520 年）《蕭敷妃王氏墓誌》："猗歟罔匱，於昭不已。"

2. 北魏熙平元年（516 年）《元謐妃馮會墓誌》："猗歟照文，秉嵒抱璽。"

3. 北魏正光五年（524 年）《檀賓墓誌》："美哉華琨，匪刊非珍。猗歟君公，夙誕其神。"

4. 北魏孝昌元年（525 年）《元熙墓誌》："猗歟君王，時維儁哲。"

5. 北魏建義元年（528 年）《元彝墓誌》："瓊枝挺秀，瑤源泂清。猗歟令德，早振才名。"

6. 西晉永平元年（291 年）《徐君妻管洛墓碑》："猗與夫人，秉德淑清。聰朗內識，接物以誠。"

7. 北魏神龜元年（518年）《高英墓誌》：“猗與上善，獨悟思緣。”

8. 北魏孝昌二年（526年）《寇治墓誌》：“猗歟我公，赫矣餘暉。荊蠻敢距，我是用之。”

9. 北魏孝昌二年（526年）《寇偘墓誌》：“猗歟斯子，名形俱昇。仁于不朽，没而踰徵。”

10. 北魏太昌元年（532年）《楊仲宣墓誌》：“漪歟夫子，含章以貞，如金之鏡，由冰之清。”

11. 北齊天保二年（551年）《元賢墓誌》：“既稱帶地，是曰削成，猗與俊哲，應時挺生。”

12. 北魏永熙二年（533年）《元鑽遠墓誌》：“長髮載禎，麟趾攸緒。猗哉帝胄，篤生翹楚。”

按：《漢語大詞典》未收“漪歟、猗哉”，收“猗歟、猗與”。“漪歟、猗哉、猗歟、猗與”四詞同義，《詩經·周頌·潛》：“猗與漆沮，潛有多魚。”鄭玄箋：“猗與，歎美之言也。”

褘

褘褕

北魏正光五年（524年）《韓賄妻高氏墓誌》：“二后褘褕，亞瓚天極。瓊風峻舉於千仞，玉韻直開於萬古。及諸弟冠冕，龜組重暉，贊化四皇，毗明六帝。”

按：“褘”，“后之上服”，《禮記·祭統》：“夫人副褘立於東房。”孔穎達疏：“副及褘，后之上服。”“褕”即“褕翟，古代王后的一種禮服”，《說文·衣部》：“褕，褕翟，羽飾衣。”《玉篇·衣部》：“褕，畫雞雉於王后之服。”“褘褕”就是指王后之服，在此指皇后妝容之盛。

夷

夷倨

北齊天保六年（555年）《竇泰妻婁黑女墓誌》：“蘭室不聞夷倨，家人未瞻愠喜。”

按：“夷倨”即“夷踞”。“倨”通“踞”，《莊子·天運》：“老聃方將倨堂而應。”成玄英疏：“倨，踞也。”《資治通鑒·秦紀三》“沛公方倨床”，胡三省注：“倨，與踞同。”《廣雅·釋詁》：“蹲，踞也。"王念孫疏證:"倨與踞通。""踞"義為伸開兩足而坐,即"箕坐"。《慧琳音義》卷五四"蹲踞"注:"踞,舊經言箕坐也。""夷"訓踞。《尚書·泰誓上》:"乃夷居弗事上帝神祇。"蔡沈集傳:"夷,蹲踞也。"《論語·憲問》:"原壤夷俟。"何晏集解引馬融曰:"夷,踞也。"《荀子·修身》"不由禮則夷國僻違。"楊驚注:"夷,倨也。""夷踞"為同義複合詞。①《漢語大詞典》未收該詞。

夷衣

北齊武平二年(571年)《梁子彥墓誌》:"未窮袞服,翻襲夷衣。徒崇禮數,空駕驂騑。"

按:《周禮·天官·凌人》:"大喪共夷槃冰。"鄭玄注:"夷之言尸也。實冰於夷槃中,置之尸牀之下,所以寒尸;尸之槃曰夷槃,牀曰夷牀,衾曰夷衾,移尸曰夷於堂,皆依尸而為言者也。"

《漢語大詞典》收"夷衾"條,釋為"古代喪禮用以覆蓋尸體、靈柩的被單。"《儀禮·士喪禮》:"牀笫夷衾,饌於西坫南。"鄭玄注:"夷衾,覆尸之衾。"但《漢語大詞典》未收"夷衣"條,"夷衣"據上陳述可知,其義為"死人所穿之衣",而非"覆蓋"之"被單"。當據北朝墓誌文語例補。

移

移光

北魏孝昌元年(525年)《王君妻元華光墓誌》:"玉葉淪暉,寶裔移光。飛雪隕花,桂落雕芳。"

按:"移光",指失去光輝。移光,本指一種自然現象,古人見太陽東升西落,以為太陽繞著地球轉動,日光也隨之從一地遷移到另一地。因此,光的移動,也意味著光輝的消失。"移光",即移走光芒,意指失去光輝。班婕妤《自悼賦》:"白日忽已移光兮,遂喳莫而昧幽。猶被覆載之厚德兮,不廢捐於罪郵。"阮籍《詠懷》:"壯年以時逝,朝露待太陽,願攬義和轡,白日不移光。""白日不移光",希望日光永駐。明孫黃《班姬怨》:"新愛易舊歡,物情有遷變,白日尚移

---

① 鄧瑩:《六朝碑刻詞語劄記》,《語文學刊》2010年第11期。

光，君恩詎能偏。”明蔣主孝《讀書》：“夕陽下山暝，籲燈坐中庭，縹帙亂幾案，寒芒射奎星，娟娟雲遑月，移光照疏櫺。”指月亮移動光輝。張暢《若耶山敬法師誄（並序）》：“四諦歸想，三乘總路，生滅在法，諸行難常。哲人薪盡，舊火移光。白日投晦，中春起霜。”清李光地《詩所》卷五：“今澤他注，而火移光，故惟有傷懷勞心而已。”“舊火移光”“火移光”指火光移往他處，意味著光輝的消失。通過上面分析，知“移光”指日月移動光輝，或事物失去光輝。《漢語大詞典》有“移光”詞條，僅釋為“古時美女名”。[①]

貽

貽傷、貽楊

1. 北魏孝昌元年（525 年）《元顯魏墓誌》：“激水之勢未申，夭秀之悲忽及……二宮貽傷，有識嗟惜。贈假節輔國將軍，東豫州刺史。”

2. 北魏孝昌二年（526 年）《元伯陽墓誌》：“激水之勢未申，夭秀之悲忽及……二宮貽楊，有識嗟惜。贈假節輔國將軍、青州刺史。”

按：《漢語大詞典》未收“貽傷、貽楊”。二條語例在用語、字形方面驚人相似，其中一個當為仿刻或偽刻。據誌文，例1“傷”作“𫝶”，例2“楊”作“𢫨”，“楊”字當“傷”字之誤刻。“貽”有“有”義，《文選·任昉〈齊竟陵文宣王行狀〉》：“公實貽恥。”呂向注：“貽，猶有也。”“貽傷”，就是“心有悲傷”義。

頤

頤年、頤壽

1. 東魏天平三年（536 年）《王僧墓誌》：“後除龍驤將軍、諫議大夫。宜保頤年，享茲遐授。豈畐不弔，奄摧良木。”

2. 北齊武平四年（573 年）《高僧護墓誌》：“冀保頤壽，世襲才雄，豈其朝露，神化如□。”

按：《漢語大詞典》收“頤年、頤壽”。“頤年”，“謂保養年壽”。但例1“宜保頤年”中“頤年”前有“宜保”，“保養年壽”義顯然不

① 徐志學：《北朝石刻詞語八則》，《漢字文化》2010 年第 3 期。

適合此處語境，且其所引書證為明何景明《述歸賦》："終養恬以頤年兮，厭予心之所諶。"過遲。

《漢語大詞典》未收"頤壽"一詞。

"頤"，應是"期頤"之省稱。《禮記·曲禮》："百年曰期頤。"故"頤年"當"期頤之年"的省稱；"頤壽"當"期頤之壽"或"期頤永壽"的省稱，均為"長壽、高壽"義。"頤年"除《漢語大詞典》所引書證外，未見其他文獻用例，例1可補書證之不足。"頤壽"見於傳世文獻，如《四庫全書·遵生八牋》卷二："養武天和，一吾心志，作耆年頤壽之地也哉！""頤壽"與"耆年"對舉，義同。

已

已醮

北魏永興二年（533年）《長孫士亮妻宋靈妃墓誌》："承上以敬，接下以溫。女德光於未笄，婦德茂於已醮。"

按：《漢語大詞典》未收"已醮"條。"醮"是古代婚禮的一種儀式，稱父母給子女酌酒，因此，"醮"可引申指"出嫁"。"再嫁"就被稱為"再醮"，如《孔子家語·本命》："（女子）夫死從子，言無再醮之端。""已醮"就是"已經出嫁"義。

"已醮"，文獻有不少用例，如明丘濬《大學衍義補·慎刑憲·謹詳讞之議》："婦人從夫者也。在室之女當從父母，已醮之婦則當從夫家。""醮"後又有"改嫁"義，如清蒲松齡《聊齋志異·夜叉國》："父子登舟，一晝夜達交。至家，妻已醮。"

參本書"一醮"條。

倚

倚伏

1. 北魏永平四年（511年）《元悅墓誌》："晦明弗殊，倚伏同轍。"

2. 北魏神龜二年（519年）《元祐墓誌》："吉凶不理，倚伏何常。"

3. 北魏正光五年（524年）《元纂妃李媛華墓誌》："方當追蹤上古，準的來今，享万鍾之殊榮，盡色養之深願。而倚伏難思，斯心未展，遽等流川，奄如過客。"

4. 北魏孝昌三年（527年）《胡明相墓誌》："吉凶有兆，倚伏無期。奄辭蕭帳，方即泉扉。”

5. 北魏太昌元年（532 年）《楊暐墓誌》：“禍瑤莫驗，倚伏難明。如何不弔，奄忽潛靈。”

按：《漢語大詞典》收“倚伏”一詞，語本《老子》：“禍兮福之所倚，福兮禍之所伏。”倚，依託；伏，隱藏。意謂禍福相因，互相依存，互相轉化。但所引書證為唐李頎的《别梁鍠》，宜擇魏晉南北朝語例補。

倚閭

東魏武定六年（548 年）《元延明妃馮氏墓誌》：“訓誨諸子，雅有義方。恩切倚閭，喻均斷織。”

按：《漢語大詞典》未收“倚閭”條。該詞係典故詞，典出《戰國策·齊策·王孫賈事閔王》：“王孫賈年十五，事閔王。王出走，失王之處。其母曰：‘女朝出而晚來，則吾倚門而望；女暮出而不還，則吾倚閭而望。女今事王，王出走，女不知其處，女尚何歸？’”後常以“倚門倚閭”形容父母盼兒女歸來的殷切心情，又略作“倚閭”。

懿

懿哲

1. 北魏正始四年（507 年）《元鑒墓誌》：“好爾懿哲，惟王斯舉，殼暢澄猷，縈整斯怗。照照鴻度，恢恢虚沖，六術內朗，五典外融。”

2. 北魏建義元年（528 年）《元子正墓誌》：“念百揆之未敘，嗟五品之不訓，自非妙簡良才，深求懿哲，將何以安擾邦國，總持綱紀。”

按：《漢語大詞典》收“懿哲”條，釋為“賢明的人”，書證為唐吳筠《覽古》詩之第十四：“天道殃頑凶，神明佑懿哲。”孤證且稍遲，可擇此二例以補充。

弋

弋羅

北魏太昌元年（532 年）《楊仲宣墓誌》：“君繼美忠純，嗣徽前德。馳騁九丘，弋羅百氏。”

按：《漢語大詞典》收“弋羅”一詞，釋義為“矢繳和羅網，獵取禽獸的工具，亦指用弋羅捕捉鳥獸。”首引書證為唐白居易《贈諸少年》詩：“老慚退馬霑芻秣，高喜歸鴻脫弋羅。”

《漢語大詞典》在該詞條上存在兩個問題：一是釋義並不適合誌文語境，這裏應是在“弋羅”動詞義的基礎上引申為“管理、管制”；二是書證過晚，此條語例可補之。

抑

抑楊

1. 北魏孝昌元年（525 年）《元顯魏墓誌》：“比龍方玉，騰實飛聲。蘊藉禮容，抑楊文史。一槩險夷，忘懷憂喜。”

2. 北魏孝昌二年（526 年）《元伯陽墓誌》：“比龍方王（玉），騰實飛聲。蘊藉禮容，抑楊文史。一槩險夷，忘懷憂喜。”

按：《漢語大詞典》未收“抑楊”，收“抑揚”。魏晉南北朝碑刻文獻中，構件“扌”“木”常相混，實則一字。如《王僧南墓誌》“揚”作𣇃，《高樹解伯都等造像記》“楊”作𣙙，《楊宣碑》“楊”作𣔌。故在這裏，“抑楊”同“抑揚”，適合此處的義項是“褒貶”。二墓誌文在用語、字形方面驚人相似，其中一個當為仿刻或偽刻。

益

益算

北魏太和七年（483 年）《崔承宗造像記》：“又願合家眷屬，先者延齡，少者益算。”

按：《漢語大詞典》收“益算”一詞，釋義為“增加歲數；延年。算，壽命”。但所引首見書證為唐康駢《劇談錄·說方士》：“付汝之藥，每丸可益算十二。”稍遲，可補此條語例。

翊

翊政

北魏孝昌元年（525 年）《元暐墓誌》：“聖主萬機，文母翊政，申彼窈魂，膺此嘉命。”

按：《漢語大詞典》未收“翊政”一詞。“翊”，“輔佐”義，《漢書·百官公卿表上》：“左內史更名左馮翊。”顏師古注引張晏曰：“翊，佐也。”“翊政”，即“輔佐政事”義。後代墓誌亦有用例，如唐《李靖碑》：“當權執憲，象雨露之無私；緯俗經邦，法岳瀆之為紀。

遠清邇晏，畫一之道無差；翊政還醇，登三之化斯在。”

Yin

因

因心

北魏永熙二年（533 年）《元爽墓誌》：“君稟氣藍田，資靈漢水，兼市為珍，連城起價，然其理識開悟，體量通率，立身唯孝，因心則友，固以道德潤己，忠信被物。”

按：“因心則友”，出自《詩經・大雅・皇矣》：“維此王季，因心則友。”毛傳：“因，親也。善兄弟曰友。”陳奐傳疏：“因訓親，親心即仁心。”《漢語大詞典》有“因心”詞條，釋為“親善仁愛之心”，其釋義或本此疏。我們還沒有確實的證據說此釋義有誤，但我們根據石刻材料及傳世材料可支持另一說法：“因心”，即出自本心，是說好的品德非由後天學習，而是自然形成。漢蔡邕《為陳留太守奏上孝子程末事表》：“舅本以田作為事，家無典學者，其志行發於自然，非耳目聞見所仿效也。雖成人之年，知禮識義之士，恐不能及。伏唯陛下體因心之德，當中興之運，躬秉萬機，建用皇極。”“因心之德”，是說程末之“志行發於自然，非耳目聞見所仿效也”，與王季之“因心則友”極為相似，是出自本心的美德。石刻中有很多用例可以為證。如北魏《赫連悅墓誌》：“寶以環成，德由師潤；孰若夫子，因心吐韻。”“因心吐韻”，是說赫連悅不像“寶”“德”那樣，需要借助外物，而是出自本心，自然習得。《營州刺史高貞碑》：“凡我僚舊，爰及邦人，咸以君生而玉質至美也，幼若老成至慧也，孝友因心至行也。”又“與物無競，孝友因心”。《元襲墓誌》：“君稟和氣象，鍾美川岳，廉貞孝友，因心自得。”東魏《張瑴墓誌》：“義烈因心，未資於典籍，忠良天縱，不假於規模。”

文獻中用例，自漢至唐，蔚然大觀，皆可為證……“因心”，最初為出自本心地善待兄弟，也就是“因心則友”。漸漸指出自本心地對待親人、百姓乃至萬物。如《元融墓誌》：“性至孝善，事親因心。”唐太宗《封懷化郡王李思摩為可汗詔》：“朕受命三靈，因心百姓，爰初薄伐，非貪辟土之功。”《元寶建墓誌》：“出言必踐，立志無違。仁義之道，因心被物；孝友之行，自己形人。"唐太宗《詳定封禪儀詔》："朕繼跡百王，因心萬物。上奉蒼昊，義在薦功；下撫黎元，方祈厚福。"從大量例證來看，"因心"宜解為"出自本心"。①

寅

寅門

1. 北魏孝昌三年（527 年）《元融墓誌》："遭離閔憂，蒸蒸幾減。毀甚寅門，哀逾泣血。形乎兄弟，被之甥侄。遠邇欽風，華夷仰轍。"

2. 北魏建義元年（528 年）《王誦墓誌》："年甫十二，備遭荼蓼，泣血孺慕，幾於毀滅，寅門之慟，不曰是過。"

3. 北魏孝昌三年（527 年）《元融墓誌》："毀甚寅門，哀踰泣血。形乎兄弟，被之甥姪。"

按：《漢語大詞典》未收"寅門"一詞，但收"演門"條。梁春勝釋為：《莊子·外物》："演門有親死者，以善毀爵為官師，其黨人毀而死者半。"成玄英疏："演門，東門也。亦有作寅者，隨字讀之。""寅門"即出此，用作喪親哀慟之典。石刻中作"演門"者反而未見。②

Ying

嬰

嬰拂

北魏普泰元年（531 年）《穆紹墓誌》："公資此謙晦，達乎出處，榮觀之來，事唯嬰拂。雖復居端作宰，當軸秉均，標名義以檢俗，托吟諷以弘道。"

按：《漢語大詞典》未收"嬰拂"一詞。"嬰"有"繞，圍繞"義，《文選·司馬遷〈報任少卿書〉》："其次剔毛髮嬰金鐵受辱。"呂延濟注："嬰，繞也。""拂"有"過而拍擊"義，《說文·手部》："拂，過擊也。"徐鍇《繫傳》："過而擊之也。""嬰拂"，在此指"思慮操心"義。

---

① 徐志學：《北朝石刻詞語八則》，《漢字文化》2010 年第 3 期。
② 梁春勝：《六朝石刻典故詞例釋》，《漢語史學報》2016 年第 1 期。

後續之文獻亦多有相關意義的用例，如《全唐文》卷四一一之《授裴遵慶吏部尚書制》："乃者匡弼王室，克和庶政，訓導儲宮，用宏三善。日新之美，歲晚彌彰，自陶融於元和，不嬰拂於俗務。"再如《列子集釋·楊朱篇》："凡彼四聖者，生無一日之歡，死有萬世之名。名者，固非實之所取也。雖稱之弗知，雖賞之不知，與株塊無以異矣。"注云："觀形即事，憂危之跡著矣。求諸方寸，未有不嬰拂其心者。將明至理之言，必舉美惡之極以相對偶者也。"

嬰姟、嬰咳

1. 西晉元康九年（299 年）《徐義墓誌》："美人乳侍，在於嬰姟。"

2. 北魏武泰元年（528 年）《元湛妻薛慧命墓誌》："匹夫懷痛，思王極筆。嬰咳哭我，寧不篆石？"

3. 北魏武泰元年（528 年）《元湛妻薛慧命墓誌》："雙龍不育，隕君斯逐。嬰咳滿堂，割裂吾腸。悼亡撫存，孤泣無央。"

按：《漢語大詞典》未收"嬰姟""嬰咳"條。"姟"，字書所在未有"孩"義，但據此處誌文，"嬰姟"即"嬰孩"。《玄應音義》卷九"嬰咳"條注："咳，古文孩，同。"《隸釋·淳于長夏承碑》："咳孤憤泣，忉怛傷摧。"洪适釋："碑以'咳'為'孩'。"故"嬰姟""嬰咳"皆為"嬰孩"義，指幼兒。

營

營代

北魏永平二年（509 年）《穆循墓誌》："清貞著於所莅，美教播於營代，金魚不能動其懷，聲色不能變其操。"

按：《漢語大詞典》未收"營代"一詞。"營"有"掌管"義，《淮南子·主術訓》："執正營事，則讒佞姦邪無由進矣。"高誘注："營，典。""典"即"掌管"義。"代"有"時代"義，如晉夏侯湛《東方朔畫贊碑》："瞻望往代，爰想遐蹤，邈邈先生，其道猶龍。"再如南朝宋謝靈運《七里瀨》詩："既秉上皇心，豈屑末代誚。"可引申指"年代、時期"，如《宋本廣韻·代韻》："代，更代，年代。"誌文中的"代"即"時期"義。"營代"，即指誌主作為地方官"治理（地方）的時期"。

穎

穎脫

北魏孝昌元年（525 年）《元顯魏墓誌》：“夙成之歡，播美於知音；穎脫之姿，殊異於公族。”

按：《漢語大詞典》收“穎脫”“脫穎”，但在釋“穎脫”時並未指出典源，只作一般解釋。應出《史記·平原君虞卿列傳》：“平原君曰：‘夫賢士之處世也，譬若錐之處囊中，其末立見……’毛遂曰：‘臣乃今日請處囊中耳。使遂蚤得處囊中，乃穎脫而出，非特其末見而已。’”後以“穎脫”喻指人的才能顯露。唐李白《自廣平乘醉走馬六十里至邯鄲登樓覽古書懷》詩也有“毛君能穎脫，二國且同盟”句。

應

應韓

1. 北魏正始元年（504 年）《元龍墓誌》：“長發帝緒，建德應韓，暐暐枝葉，弈弈波瀾。”

2. 北魏建義元年（528 年）《元譚墓誌》：“朝廷以公地重應韓，戚親芃蔣，分星裂土，執玉磐石，封城安縣開國侯。”

按：《漢語大詞典》未收“應韓”。“應”和“韓”乃西周時兩個諸侯國國名，皆拱衛武王之封地。出《左傳·僖公二十四年》：“故封建親戚以蕃屏周，毛、聃、管、蔡、郕、霍、魯、郜、雍、曹、滕、畢、原、酆、郇，文之昭也；邘、晉、應、韓，武之穆也。”杜預注：“應國在襄陽城父縣西，韓國在河東郡界河內。”“應韓”用在誌文中，類比誌主所屬封地之於朝廷之重要。

參本書“芃蔣”條。

Yong

雍

雍絹

北魏永平四年（511 年）《司馬悅墓誌》：“除寧朔將軍司州別駕，翼佐徽猷，風光治軌。君識遵墳典，庭訓雍絹。男隆懿主，女徽貴賓。

姻婭綢疊，戚聯紫掖。”

按：《漢語大詞典》未收“雍絹”一詞。“雍”有“和諧”義。《尚書·堯典》：“百姓昭明，協和萬邦，黎民於變時雍。”孔傳：“雍，和也。”“絹”是平紋的生絲織物，似縑而疏，挺括滑爽，如《墨子·辭過》：“治絲麻，梱布絹，以為民衣。”在此可引申為“順暢”義。“雍絹”在此處的意思就是“和諧順暢”，即在誌主庭訓之下，其子女有成，“男隆懿主，女徽貴賓”。

擁

擁篲、擁帚

1. 北齊武平七年（576 年）《高潤墓誌》：“焚林榜道之賓，指平臺而結轍；談天炙輠之客，望碣宮而投軫。無不側席虛右，擁篲先驅。禮重王前，恩逾隗始。”

2. 北齊武平七年（576 年）《李希宗妻崔幼妃墓誌》：“西漢王陳，無暇扶轝；東京陰鄧，未讒擁帚。”

按：《漢語大詞典》“擁篲”同“擁彗”。“篲”同“彗”，“掃帚”義。“擁彗”，即執帚。帚用以掃除清道，古人迎候賓客，常擁篲以示敬意。《漢語大詞典》書證除漢朝文獻語例外，接下來就是唐朝，間隔時間稍長，可補此條北朝墓誌語例。《漢語大詞典》亦收“擁帚”，義同“擁篲”“擁彗”。

擁樹

北魏普泰二年（532 年）《韓震墓誌》：“君稟粹開靈，含元挺質，始自擁樹，爰及拊塵。風彩潤徹，意思清遠，在紈綺之中，灼然秀出。”

按：《漢語大詞典》收“擁樹”一詞，其略適合此處釋義為“抱小兒”，引《文選·陸機〈漢高祖功臣頌〉》：“馬煩轡殆，不釋擁樹。”李善注引晉灼曰：“今京師謂抱小兒為擁樹。”但此處誌文“始自擁樹”中，“擁樹”當為名詞，釋為“幼兒時期”較為合適，《漢語大詞典》宜補此引申義項。

You

猶

猶風

北魏熙平元年（516 年）《楊播墓誌》：“抑絕三欺，敷懷四道。德被猶風，民化如草。”

按：毛遠明釋為：猶風，溫順之風，比喻仁惠的政治。猶通“猷”，《廣雅·釋詁·一》：“猷，順也。”[1] 毛氏誤。其實“德被猶風”與“民化如草”相對為文，“猶”即“如”。

油

油素

1. 北魏普泰元年（531 年）《元誨墓誌》：“含詠雕篆，涉獵油素，同北宮之愛士，齊東菀之好賢。”

2. 東魏武定二年（544 年）《李希宗墓誌》：“祖袞州，政齊豹產，聲被笙鏞。父儀同，望重縉紳，事光油素。”

按：《漢語大詞典》收“油素”，釋為“光滑的白絹。多用於書畫”。引漢揚雄《答劉歆書》：“天下上計孝廉及内郡衛卒會者，雄常把三寸弱翰，齎油素四尺，以問其異語。”《文選·任昉〈為范始興作求立太宰碑表〉》中有“人蓄油素”句，李周翰注曰：“油素，絹也。”由上可知，“油素”為一種絹無疑。《慧琳音義》卷十“緹油”注：“油者，絹油也，古人用以書記事。”由此看，“油素”之“油”，為一種用以“書記事”的工具之一，“素”指“絹”，當為書寫載體，誌文處可引申指史籍譜牒。

而《慧琳音義》卷十所記“緹油”一詞，《漢語大詞典》亦收載，釋義為“古代車軾前屏泥的紅色油布。”書證為《漢書·循吏傳·黄霸》：“居官賜車蓋，特高一丈，別駕主簿車，緹油屏泥於軾前，以章有德。”顯然，《漢語大詞典》釋義不適合此處誌文，“油素”當為一種塗油或浸油的帛，只是供書寫的載體。因之塗油或浸油，更有利於

---

[1] 毛遠明：《漢魏六朝碑刻校注》第四冊，綫裝書局 2009 年版，第 309 頁。

長久保存。結合誌文，亦可引申指史籍譜牒。

後代墓誌多有用例，皆此義，如隋大業十一年（615 年）《白伔貴墓誌》："□□遐冥，世緒蟬聯。油素揘蔚，人物相傳。唐永徽四年（653 年）《劉裕墓誌》："既有彰油素，亦無待荃蹄。"唐龍朔三年（663 年）《周師墓誌》："幼窺油素，蘊雅頌之菁華；少習蒼旻，閟星㫑繁縟。"唐咸亨四年（673 年）《董仁墓誌》："立事立言，英聲煥乎油素；一丘一壑，粹氣昭於煞青。"

謝國劍認為，"表'書籍、史冊'義的'緹油'很可能是由同樣表'書籍、史冊'義的'緹緗'（或'緹帙'）和'油素'兩詞合稱而產生的。"[1] 可備一說。

總之，此條"油素"釋義，可補《漢語大詞典》釋義及書證之不足。

游

游演

北魏建義元年（528 年）《元瞻墓誌》："及夫切瑳為寶，佩瑜象德，游演應規，相羊適度。架群輩而崚嶒，超流品而苕蒂。"

按：《漢語大詞典》收"游演"一詞，義為"緩緩地游行"，書證為清曹寅《鴨》詩："游演那拘束，鷗波不可尋。"釋義和書證對應，無誤。但誌文語境強調誌主才智超群，"游演"和"相羊"皆當指人物的一種閒適自得的狀態，這應該是"游演"的引申義。《詩經·大雅·卷阿》："來游來歌。"陳奐傳疏："游，優游也。"故"游"當有引申義"優游"。《釋名·釋言語》："演，延也，言蔓延而廣也。"由此判斷，"演"亦當有"蔓延恣肆"義，即"閒適"義。總之，此處"游演"指誌主所處的一種閒適自得的狀態。

遊

遊蒲

北魏永安二年（529 年）《爾朱襲墓誌》："畾城起於戲竹，畫陣發自遊蒲，故邑里号曰神童，在世言其可大。"

按：《漢語大詞典》未收"遊蒲"一詞。誌文中"畾城起於戲竹"與"畫陣發自遊蒲"相對為文，"戲竹"與對應詞"遊蒲"義應相近。

---

① 謝國劍：《釋"緹油"》，《語文學刊》2013 年第 7 期。

"戲竹"意思較明，為兒童竹馬之戲，"遊蒲"當亦一種兒童所玩遊戲。二詞在誌文中均引申指少兒時期。

在文獻中，"蒲""博"相通用。"博"是指一種遊戲，《公羊傳·莊公十二年》："與閔公博。"陸德明《經典釋文》："博，戲名也。字書作'簿'。""博"就是"樗蒲"，《資治通鑑·晉紀》："又喜博弈。"胡三省注："博，樗蒲。""樗蒲"是古代一種博戲，漢馬融《樗蒲賦》："昔玄通先生游於京都，道德既備，好此樗蒲。""蒲"又可作"蒱"，見晉葛洪《抱樸子·百里》："或有圍棋樗蒱而廢政務者矣，或有田獵遊飲而忘庶事者矣。"故"博""簿""蒲""蒱"皆一聲之轉。"博""簿"，李方桂上古擬音為［P'］母魚韻，"蒲""蒱"上古音為［b］母魚韻，"古無輕唇音"，因上古輕重音不分，所以四字古音同，只是書寫形式異。《資治通鑑》胡三省注："博，樗蒲"，那麼亦即"蒲"也就是"樗蒲"。"遊""游"二字本為異體字，自不多言。

故"遊蒲"即"遊博"，義為"嬉遊博戲。博謂六博，古代的一種棋類遊戲"。《後漢書·王符傳》："或以謀奸合任為業，或以遊博持掩為事。""遊蒲"之戲多為兒童娛樂形式，故又引申指"少兒時期"。

Yu

羽

羽栝

北魏太昌元年（532年）《長孫季及妻慕容氏墓誌》："清風峻節，秉襟獨遠。不假色於朱藍，寧資深於羽栝。"

按：《漢語大詞典》未收"羽栝"一詞。參本書"栝羽""金羽"條。

與

與玄

北齊天保二年（551）《元賢墓誌》："是以年在與玄，而神奇可識。元禮知其偉器，德操覺其通理。"

按：《漢語大詞典》未收"與玄"一詞。"與玄"係用典，出漢揚雄《法言·問神》："育而不苗者，吾家之童烏乎？九齡而與我玄文。"

李軌注：“童烏，子雲之子也。仲尼悼顏淵苗而不秀，子雲傷童烏育而不苗。顏淵弱冠與仲尼言《易》，童烏九齡而與揚子論玄。”“九齡而與我玄文”割裂為“九齡”和“與我玄文”兩部分，後者縮略為“與玄”，截“與玄”之形而取“九齡”之義，故此處“與玄”義為“九歲”。

虞

虞淵

1. 北齊武平三年（572 年）《徐之才墓誌》：“但虞淵不駐，歸塘未已，懸車將老，［岱］遊遽迫。”

2. 北齊武平七年（576 年）《李希宗妻崔幼妃墓誌》：“而虞淵既夕，鐘漏將窮，窺掌亡珠，倚閭無見，哀痾增感，氣疹彌留。”

3. 北齊武平五年（574 年）《李君穎墓誌》：“宜居上善，以窮人爵。未移亭午，奄墜虞淵。”

按：《漢語大詞典》收“虞淵”一詞，釋義為“傳說為日落之處”，但不太適合誌文具體語境。例1、例2中的“虞淵”當代指“時光”義。例3中的“虞淵”當因日落而喻指“死亡”。

於

於昭

1. 南朝梁天監十三年（514 年）《蕭融墓誌》：“於昭帝緒，擅美前王。”

2. 梁普通元年（520 年）《蕭敷妃王氏墓誌》：“猗歟罔匱，於昭不已。”

3. 北魏熙平二年（517 年）《刁遵墓誌》：“氛鯨興虐，金曆道亡。於昭我祖，違難來翔。”

4. 北魏正光四年（523 年）《元譚妻司馬氏墓誌》：“既王既牧，且衰且旒。於昭踵武，赫矣聿修。”

5. 北魏正光五年（524 年）《尼慈慶墓誌》：“於昭淑敏，寔粹光儀。如雲出岫，若月臨池。”

6. 北魏正光五年（524 年）《元颺妃李媛華墓誌》：“於昭中饋，宅後光先。陸離組佩，照耀簪鐏。”

7. 北魏孝昌二年（526 年）《元則墓誌》：“樞光流慶，弱水開源。

於昭利見，三后在天。”

8. 北魏普泰元年（531 年）《元天穆墓誌》：“於昭我后，應期作宰。五典剋從，九工亮彩。”

9. 北魏太昌元年（532 年）《元恭墓誌》：“於昭我君，體基辰緒。既哲且明，允文斯武。”

10. 北魏建義元年（528 年）《楊鈞墓誌》：“會高祖於昭日盛，聖敬方隆，萃志典墳，留心法獄。”

11. 東魏武定二年（544 年）《侯海墓誌》：“風騰月淨，漢舉星明。於昭遐烈，奕世有聲。”

按：《漢語大詞典》未收“於昭”一詞。該詞係用典，典出《詩經·大雅·文王》：“文王在上，於昭於天。”毛傳：“於，歎辭；昭，見也。”鄭箋：“文王初為西伯，有功於民，其德著見於天。”後遂以“於昭”指功德顯著，誌文即用此義。

玉

玉韜

北齊武平二年（571 年）《梁子彥墓誌》：“是以金匱玉韜之術，破虜啼猿之伎，莫不同發機心，盡窮其妙。”

按：《漢語大詞典》未收“玉韜”一詞。“韜”義為“弓袋”，《詩經·小雅·彤弓》：“彤弓弨兮，受言櫜之。”毛傳：“櫜，韜也。”陸德明《經典釋文》：“韜，本又作弢。弓衣也。”“韜”，即盛弓的套子。“玉韜”指鑲嵌有玉石的盛弓的套子。唐呂溫《同舍弟恭歲暮寄晉州李六協律三十韻》詩云：“劍匣益精利，玉韜寧磷緇。”“玉韜”和“劍匣”相對，亦即此義。

御

御鵠伊川

東魏武定二年（544 年）《元湛妃王令媛墓誌》：“榛楛濟濟，瓜瓞綿綿；降鳳岐嶺，御鵠伊川。”

按：《列仙傳·王子喬》：“王子喬者，周靈王太子晉也。好吹笙作鳳凰鳴。遊伊、洛之間，道士浮丘公接以上嵩高山。三十餘年後，求之於山上，見恆良，曰：‘告我家，七月七日待我於緱氏山巔。’至時，果乘白鶴駐山頂。望之不得到，舉手謝時人，數日而去。"

《漢語大詞典》有"鵠駕"一詞，釋為"傳說中仙人以鶴為坐騎，因稱。鵠，通'鶴'"。"鵠駕"即"駕鵠""御鵠"。《列仙傳·王子喬》中"伊、洛之間"，意即"伊川、洛川附近"。碑誌文中"御鵠伊川"當非"得道成仙"義，而是側重於王子喬的太子身份，且與"降鳳岐嶺"相對為文，意為墓主出身高貴。

Yuan

淵

淵渟、淵停、瀯渟

1. 北魏太和二十年（496 年）《元楨墓誌》："洋洋雅韻，遙遙淵渟。瞻山凝量，援風烈馨。"

2. 西晉泰始六年（270 年）《郭休碑》："夫其抗節亮直，□□弘毅；岳峙淵渟，威而不猛。"

3. 西晉永康元年（300 年）《張朗墓誌》："君體質沖素，芳絜淵渟，儉以自居，閨内有政。"

4. 北魏永熙三年（534 年）《長孫子澤墓誌》："玉孕方峰，珠生圓沚，席彩淵渟，衡溫峻峙。"

5. 北周天和四年（569 年）《鄭術墓誌》："君道亞生知，識均殆庶，岳立淵渟，黄中通理。"

6. 北齊武定二年（571 年）《梁子彥墓誌》："所以譽滿邦家，聲馳海内。實宜羽翼飛鴻，鹽梅鼎實。岳峙淵停，永為垣屏。"

7. 東魏興和二年（540 年）《閭伯昇及妻元仲英墓誌》："陰山峻極，瀚海瀯渟。昌源不已，世載民英。"

按：《漢語大詞典》收"淵渟""淵停""瀯渟"。

"淵渟"釋義為"深靜"，首見書證為《魏書·宗欽傳》："蕭志琴書，恬心初素，潛思淵渟，秀藻雲布。"

"淵停"釋義為"深沉寧靜"，首見書證為《太平廣記》卷一六九引南朝宋劉義慶《世說新語·郭泰》："郭泰秀立高峙，澹然淵停，九州之士，悉懍懍宗仰。"

"瀅淳"釋義為"水清澈貌",首見書證為唐皎然《奉和陸使君長源水堂納涼效曹劉體》:"瀅淳前溪上,曠望古郡西。"

《漢語大詞典》三詞義同,而《詞典》未溝通三詞關係,且"瀅淳"條的書證稍遲,應補充例1、例2、例3、例4、例7語例。且三詞在誌文中均有臨時的比喻意義。

崮

崮泌

北魏正始四年(507年)《元緒墓誌》:"故得恬神崮泌,養度茅邦,朝野同詠,世號清王。"

按:《漢語大詞典》未收"崮泌"一詞。

"崮""園"異體字,此處"崮"為"丘崮(丘園)"之縮略,見《周易·賁卦》:"六五,賁於丘園,束帛戔戔。"王肅注:"失位無應,隱處丘園。"孔穎達疏:"丘謂丘墟,園謂園圃。唯草木所生,是質素之所。"後以"丘園"指隱居之處。

"泌","謂隱居之地。"語本《詩經·陳風·衡門》:"衡門之下,可以棲遲,泌之洋洋,可以樂飢。"朱熹《詩集傳》:"此隱居自樂而無求者之詞。言衡門雖淺陋,然亦可以遊息;泌水雖不可飽,然亦可以玩樂而忘飢也。"後以"衡泌"或"泌"指隱居之地。

總之,"崮泌"為"隱居之地"義。

Yun

雲介

北魏延昌二年(513年)《元飈妻王氏墓誌》:"惟茲夫人,《關雎》挺節,翹翹蔓楚,灼灼雲介。言刈其林,作配魏桀。如何不弔,高松早折,奄同周南,窈窕永逝。"

按:《漢語大詞典》未收"雲介"一詞。誌文中"翹翹蔓楚"與"灼灼雲介"對文,"蔓楚"為兩種植物,"雲介"當亦與此相近。"雲介"當為"雲芥",一種一年生草本植物,一株之上接續開花,花期持續十幾天,甚至將近一個月。所以誌文用"灼灼"修飾,形容花開鮮明的樣子,《詩經·周南·桃夭》有"桃之夭夭,灼灼其華"句。

南朝宋大明八年（464 年）《劉懷民墓誌》有"苕苕玄緒，灼灼飛英"句，與本誌"翹翹蔓楚，灼灼雲介"句意相似，"雲介"或可為"雲芥"，與"飛英"義近，皆為喻指宗族繁衍昌盛。

雲巾

北魏太昌元年（532 年）《元襲墓誌》："君珪璋內映，風飈外發，聲邁雲巾，才超日下。"

按：古代的一種雲狀巾帽。明王圻《三才圖會》："雲中有梁，左右前後用金綫或素綫屈曲為雲狀，制頗類忠靜冠，士人多服之。"在這裏指代有聲望者。

雲液

北魏永平三年（510 年）《南石窟寺碑》："自惟鴻源帝鄉，庇鄰雲液。議蹤翼親，論疇懿胕。榮要山河，連基齊晉。"

按：《漢語大詞典》未收"雲液"一詞。"雲液"在誌文中與"帝鄉"相對，其詞義亦當與"帝鄉"相當。"雲"當為"雲臺"之縮略，為漢宮中高臺名，為漢光武帝召集群臣議事之所，後用以朝廷的代稱，如南朝梁沈約《為武帝與謝朓敕》："今方復引領雲臺，虛己宣室。""液"為"太液池"之縮略，漢太液池也稱蓬萊池，池中築漸臺，高二十餘丈，起蓬萊、方丈、瀛洲、壺梁，像海中神仙、龜、魚之屬。後成為指代"朝廷"的泛稱，如唐姚鵠《送賀知章入道》："太液始同黃鶴下，仙鄉已駕白雲歸。"

在這裏，"雲臺"和"太液池"濃縮成詞為"雲液"，借指"朝廷"，同"帝鄉"對文。

薀

薀藉、蕰藉、醞藉

1. 北魏建義元年（528 年）《元彝墓誌》："升降詳雅，薀藉可觀，每從容輦陛，君臣留矚，由是聲實兩盛，朝野希風。"

2. 北魏孝昌二年（526 年）《元伯陽墓誌》："蕰藉禮容，抑揚文史。一槩險夷，忘懷憂喜。"

3. 北周建德四年（575 年）《李綸墓誌》："醞藉閑雅，磊落英奇。"

按：《漢語大詞典》收"蘊藉""薀藉""醞藉"，未收"蕰藉"。

四者皆為不同詞形，義同，皆為"含蓄、不顯露"義。《漢語大詞典》"蘊藉"條書證為章炳麟《駁神我憲政說》："馬氏固羅馬教僧，其言不得不稍菹藉，充其意趣，去金鐵主義不遠矣。"過遲。且《漢語大詞典》也未溝通所收"蘊藉""薀藉""醞藉"三詞的關係。

薀匱

北魏孝昌二年（526 年）《公孫猗墓誌》："折旋懷穎，已見眸子之奇；俯仰薀匱，俄開通理之賞。"

按：《漢語大詞典》未收"薀匱"一詞。"薀"通"蘊"，"積聚含藏"義，《左傳·昭公二十五年》："众怒不可蓄也，蓄而弗治，将薀。"杜預注："薀，積也。""匱"，"窮盡，空乏"義，《詩經·大雅·既醉》："孝子不匱，永錫爾類。"毛傳："匱，竭。""薀匱"在誌文中與"俛仰"相對，義相近，其義為"或含藏或窮盡"。

蘊

蘊韣

北齊武平七年（576 年）《李雲墓誌》："能文能武，不鏤自雕，蘊韣琳琊，坐致天爵。"

按：《漢語大詞典》未收"蘊韣"一詞。"蘊"，"蘊藏、包含"義，《後漢書·班固傳》："蘊孔佐之弘陳云爾。"李賢注："蘊，藏也。""韣"為"弓袋"義，《禮記·少儀》："弓則以左手屈韣執拊。"鄭玄注："韣，弓衣也。""韣"在誌文此處引申為動詞"包裹、包含"義。在此處，"蘊韣"意即"包含"。

Z

Zai

災

災蝗不入

北齊武平元年（570 年）《劉雙仁墓誌》："治均滅火，政等鳴琴，暴虎出奔，災蝗不入。"

按：《漢語大詞典》未收"災蝗不入"一詞。該詞係用典，出《東觀漢記·卓茂》："卓茂，字子康，南陽人。遷密令，視民如子，口無惡言。時天下大蝗，河南二十餘縣皆被其災，獨不入密縣界。督郵言之，太守不信，自出按行，見乃服焉。"又，《東觀漢記·魯恭》："魯恭為中牟令，時郡國螟傷稼，犬牙緣界，不入中牟。"《後漢書·卓茂列傳》《後漢書·魯恭列傳》亦載。此典用於稱頌官員的政績。又有飛螟出境、蝗不入境、蝗蟲避境、蝗退飛、蝗自識人、無蝗虎、以政驅蝗、境外遺蝗等典故形式。

在

在冀之畦

北魏正始三年（506年）《鄭君妻墓誌》："既稱萊婦，亦號鴻妻，復有令德，一與之齊。實佐君子，簪蒿杖藜。欣欣頁戴，在冀之畦。"

按：《漢語大詞典》未收"在冀之畦"。該詞係用典，出《左傳·僖公三十三年》："初，臼季使過冀，見冀缺耨。其妻饁之，敬，相待如賓。與之歸，言諸文公曰：'敬，德之聚也，能敬必有德。德以治民，君請用之，臣聞之，出門如賓，承事如祭，仁之則也。'……文公以為下軍大夫。"這則典源是說，臼季經過冀邑時，看到冀缺在田中鋤草，他妻子給他送飯來，夫妻間相敬如賓。因此推薦給晉文公說冀缺謙恭有禮，必然有崇高品德，可以重用。晉文公立即任命冀缺為下軍大夫。後以"冀缺耨"用為詠賢人隱耕之典，又作"冀缺妻"，"在冀之畦"是一個變化了的典面形式，見《文選·任彥升〈劉先生夫人墓誌〉》："欣欣負載，在冀之畦。居室有行，亟聞義讓。"在此誌文處是說誌主有婦德，能"實佐君子"。

Zan

暫

暫飾

1. 北齊天保元年（550年）《僧哲等四十人造像記》："僧哲等卌人，自云生［在］閻浮，長在三界。身非是常，娑羅難覩。暫飾聖容，則生不動之國。"

2. 北齊天保元年（550年）《僧通等八十人造像記》："造四面石像一區，像身七尺，釋迦大像十二勘，師子夫坐，暫飾成妙。"

按：《漢語大詞典》無"暫飾"一詞。毛遠明釋為：暫飾，當即"整飾"，修整裝飾。[1] 例1下文也有"暫飾"一詞："造石四面像一區，像身五尺，師（獅）子夫坐，暫飾成訖，不獨為己身。"

"暫""鑿"應音同，相通，在北朝造像記文字中，音同替代現象比較普遍。"鑿"，"鑿刻"義，《廣雅·釋器》："鑴謂之鑿。"《玉函山房輯佚書·通俗文》："石鑿曰鑿。""暫飾"，即"（用鑿石工具）雕飾"義。北齊天保五年（554年）《崔棠夫妻造像記》："敬造釋加像一區，彫飾就功，願共有形之類，普同斯福。"其中"彫飾"一詞所用語境與"暫飾"同，意義亦相近，可佐證之。

Zao

糟

糟粕

北齊武平五年（574年）《李祖牧墓誌》："君諱祖牧，字翁伯，趙郡平棘人也。昔庭堅邁種，梗概著於虞謨；伯陽執玄，糟粕存乎關尹。先民陶其真範，後昆景其遺跡，繁祉余慶，刻萃本枝。"

按：《漢語大詞典》收"糟粕"一詞，釋義為"酒滓。喻指粗惡食物或事物的粗劣無用者"。書證有漢劉向《新序·雜事二》："凶年饑歲，士糟粕不厭，而君之犬馬有餘穀粟。"《韓詩外傳》卷五："此真先聖王之糟粕耳，非美者也。"書證與釋義相合。但此解並不適合此處誌文語境，誌文中"糟粕"與"梗概"相對，義應相近。

對於"伯陽執玄，糟粕存乎關尹"句的理解，可參《史記·老子韓非列傳》："姓李氏，名耳，字聃。"司馬貞《索隱》："有本字伯陽，非正也。然老子號伯陽父，此傳不稱也。"由此知，"伯陽"即老子字。關尹為春秋時期天水人，字公度，道書中稱作關令尹喜。相傳老子看透了當時的形勢，知道周天子王治不久，所以離開周，西出函關。函關守令尹喜久仰老子大名，所以盛情款留，希求指教。《古今圖書集成》載："老子亦知其奇，應其所求，著《道德經》五千餘言，留

---

[1] 毛遠明：《漢魏六朝碑刻校注》第八冊，綫裝書局2009年版，第234頁。

傳世上，並盡傳關尹以內外修煉之法。"由以上情形知，關尹應該求得老子學問之大略，"糟粕"當非貶義，義即"大概、概要"義。

造

造腹

北魏延昌元年（512年）《崔猷墓誌》："奉饋供濟，尊卑誠孝之厚，齊代以為美談。閨庭雍整，造腹歇嶷。樹言樹行，有禮有法。"

按：《漢語大詞典》未收"造腹"一詞。"造"與"㿲"通，"盈、滿"義，《廣雅·釋詁》："㿲，盈也。"王念孫疏證："《淮南子·氾論訓》云：'……加轅軸其上，以為造。''造'與'㿲'通。""造腹"，即"滿腹"，"造腹歇嶷"，"滿腹恬淡而聰明（之德）"，引申為"內心恬淡而聰明"。

參本書"歇嶷"條。

Zhan
展

展足

北齊天統四年（568年）《和紹隆墓誌》："武定初除潁州別駕，加前將軍，護潁川郡事，處別乘之任，成展足之名。"

按：《漢語大詞典》未收"展足"，收"驥足"和"展驥"，三詞皆係典故詞，典出《三國志·蜀志·龐統傳》："先主領荊州，統以從事守耒陽令，在縣不治，免官。吳將魯肅遺先主書曰：'龐士元非百里才也，使處治中、別駕之任，始當展其驥足耳。'"後以"驥足""展驥"為"賢良之士待時以施展才能"之典，在此作"展足"。

Zhang
章

章勾

北魏熙平二年（517年）《楊舒墓誌》："銳情無惰，潭思能懃。終朝章勾，且夕典墳。淵才博贍，高志脫群。"

按：《漢語大詞典》未收"章勾"一詞。"勾"字本作"句"，"勾"為後起俗字，此處"章勾"之"勾"作 ⿴. 魏晉南北朝碑誌文多以"勾"為"句",北魏正光元年（520年）《李璧墓誌》中"少好《春秋左氏傳》,而不存章句"之"句"即作🄰。誌文此處"章勾"即"章句",《漢語大詞典》收,義為"剖章析句。經學家解說經義的一種方式。亦泛指書籍注釋"。書證為《東觀漢記·明帝紀》:"親自製作五行章句。每饗射禮畢,正坐自講,諸儒並聽,四方欣欣。"

杖

杖寄

北魏正光四年（523年）《席盛墓誌》:"分命偏率,隨方致討,公雅相杖寄,故使作監軍。"

按:《漢語大詞典》未收"杖寄"一詞。"杖"有"倚杖"義,如《漢書·李尋傳》:"近臣已不足杖矣。"顏師古注:"杖,謂倚任也。""寄"有"託付"義,如《論語·泰伯》:"可以託六尺之孤,可以寄百里之命,臨大節而不可奪也——君子人與?君子人也。"又如三國蜀諸葛亮《前出師表》:"先帝知臣謹慎,故臨崩寄臣以大事也。"在這裏"杖寄"即"倚仗託付"義。

Zhao

照

照（昭）晉

北魏景明二年（501年）《元彧墓誌》:"匪天莫高,日月照晉。匪地莫厚,山嶽表鎮。"

按:《全北齊文》卷三,邢劭《廣平王碑文》:"公分氣氤氳,稟靈昭晉,基構輪奐,源流睿遠,積石莫之方,委水不能喻。""昭（照）晉"一詞,大型辭書未收。[①]《易·晉》:"《象》曰:'晉,進也。明出地上,順而麗乎大明,柔進而上行。'"孔穎達《正義》:"離上坤下,故言'明出地上'。"晉卦,卦形為離上坤下,離為火,坤為土,則火在土上,故明出地上,所以"晉"有"明"義。[②]

[①] 謝國劍:《中古石刻文獻詞語釋讀四則》,《古漢語研究》2016年第1期。
[②] 謝國劍:《中古石刻文獻詞語釋讀四則》,《古漢語研究》2016年第1期。

照梁

1. 北魏正光三年（522 年）《盧令媛墓誌》："修姱窈窕，玉瑩金相。似星環極，如日照梁。"

2. 東魏武定五年（547 年）《元凝妃陸順華墓誌》："太妃畏自公宮，聲標中谷，容止閑華，識悟柔婉，照梁未可為並，委衣不足為儔。"

按：《漢語大詞典》未收"照梁"。該詞係用典，典出《文選·宋玉〈神女賦〉》："其始來也，耀乎若白日初出照屋梁。其少進也，皎若明月舒其光。"後遂以"照梁"為"形容女子美貌"之典，此兩例誌主皆為女性，誠是。

照廡、照廩

1. 北齊河清元年（562 年）《李君妻崔宣華墓誌》："始知玉出高春，照廡何怪；珠生清漠，耀夜非恐。"

2. 北齊武平四年（573 年）《赫連子悅墓誌》："扶搖將舉，懸識二冥之心；照廡初陳，已表連城之價。"

3. 北周大象元年（579 年）《安伽墓誌》："基遙轉固，派久彌清。光踰照廩，價重連城。"

按："照廡"典出《尹文子·大道上》："魏田父有耕於野者，得寶玉徑尺，弗知其玉也，以告鄰人。鄰人欲陰圖之，謂之曰：'怪石也，畜之弗利其家，弗如一復之。'田父雖疑，猶錄以歸，置於廡下。其夜玉明，光照一室。田父稱家大怖，復以告鄰人，曰：'此怪之徵，遄棄，殃可銷。'於是遽而棄於遠野。鄰人無何盜之，以獻魏王。魏王召玉工相之。玉工望之，再拜而立：'敢賀王，王得此天下之寶，臣未嘗見。'王問價，玉工曰：'此無價以當之，五城之都，僅可一觀。'魏王立賜獻玉者千金，長食上大夫祿。""照廡"後凝固成典故詞，代指玉。[①]

典面後又發展出"照廩"，如例 3。同時典故義非梁春勝所言僅為"代指玉"，也指"像玉一樣光潔"，喻指人的品行，如例 1。

---

① 梁春勝：《六朝石刻典故詞例釋》，《漢語史學報》2016 年第 1 期。

Zhe

折

折角之恥

東魏興和二年（540 年）《敬顯儁碑》："結周公河西之略，咨義真折角之恥。掛冠辭闕，杖劍歸鄉。"

按：《漢語大詞典》未收"折角之恥"。"折角之恥"係用典，典出《後漢書·皇甫嵩列傳》："皇甫嵩字義真，安定朝那人，度遼將軍規之兄子也。……初，嵩討張角，路由鄴，見中常侍趙忠舍宅踰制，乃奏沒入之。又中常侍張讓私求錢五千萬，嵩不與。二人由此爲憾，奏嵩連戰無功，所費者多。其秋徵還，收左車騎將軍印綬，削戶六千。"在這裏"折角之恥"意爲"遭奸人算計而被削官爵"。

折軸

北魏永安二年（529 年）《邢巒妻元純弛墓誌》："言歸備禮，環佩鏗鏘，明同折軸，智若埋羊。惇和九族，雍睦分房，時順有極，榮落無常。"

按：《漢語大詞典》未收"折軸"一詞，該詞係典故詞，出《戰國策·魏策·張儀爲秦連橫說魏王》："是故天下之遊士，莫不日夜搤腕瞋目切齒以言從之便，以說人主。人主覽其辭，牽其說，惡得無眩哉？臣聞積羽沉舟，群輕折軸，眾口鑠金，故願大王之熟計之也。"後以"群輕折軸"喻指小問題太多了，會造成大的災禍。誌文此處典面用爲"折軸"讚頌女誌主明了事理。

赭

赭綖

東魏興和三年（541 年）《李挺墓誌》："赭綖之謀弗施，姦豪自肅；簪轄之權靡用，人莫能欺。"

按：《漢語大詞典》未收"赭綖"一詞。"赭綖"乃典故詞，係"赭衣綵綖"縮略而成，《漢語大詞典》亦未收"赭衣綵綖"。

"赭衣"出《漢書·趙尹韓張兩王傳》："（張）敞既視事，求問長安父老，偷盜酋長數人，居皆溫厚，出從童騎，閭里以爲長者。敞皆召見責問，因貰其罪，把其宿負，令致諸偷以自贖。偷長曰：‘今一旦召詣府，恐諸偷驚駭，願一切受署。’敝皆以爲吏，遣歸休。置酒，小偷悉來賀，且飲醉，偷長以赭汙其衣裾。吏坐里閭閱出者，汙赭輒收縛之，一日捕得數百人。窮治所犯，或一人百餘發，盡行法罰。由是枹鼓稀鳴，市無偷盜，天子嘉之。”

“綵綖”出《後漢書·虞傅蓋臧列傳》：“虞詡字升卿，陳國武平人也……及到官……又潛遣貧人能縫者，傭作賊衣，以采綖縫其裾爲幟，有出市裏者，吏輒禽之。賊由是駭散，咸稱神明。”

後以“赭衣綵綖”作稱頌地方官“以謀施政”之典，在誌文處縮略爲“赭綖”，言誌主不施行“赭綖之謀”，而“奸豪自肅”，更是棋高一著。

Zhen

斟

斟養

北魏孝昌三年（527 年）《和邃墓誌》：“時選部以瑚璉虛設，未有斟養。俄遷員外散騎侍郎，領南臺侍郎。”

按：《漢語大詞典》未收“斟養”一詞。“斟”義爲“用勺、瓢等舀取”，見《呂氏春秋·任數》：“孔子窮乎陳蔡之間，藜羹不斟，七日不嘗粒。”高誘注：“無藜羹可斟，無粒可食，故曰不斟不嘗。”“養”有“使用”義，見《廣雅·釋詁一》：“養，使也。”《文選·范曄〈宦者傳論〉》：“易以役養乎？”張銑注：“養，使也。”此處“斟養”可引申指“使用”。

楨

楨符

北魏太昌元年（532 年）《元徽墓誌》：“耀星電以啟基，駭風雷而成業。楨符相屬，靈命不窮。”

按：《漢語大詞典》未收“楨符”一詞。“楨”，“支柱，主幹”義。《詩經·大雅·文王》：“思皇多士，生此王國，王國克生，維周之楨。”毛傳：“楨，幹也。”鄭玄箋：“又願天多生賢人於此邦，此邦能生之，則是我周之幹事之臣。"可引申指幹臣。此處誌文中"符"
與"靈"對文，皆為"天命"義，見三國魏曹植《鞞舞歌·大魏篇》：
"大魏應靈符，天祿方甫始。"又見晉陸機《吊魏武帝文》："信斯武之
未喪，膺靈符而在茲。""楨符"當意為"符合天命的幹臣"。

榛

榛枯濟濟

東魏武定二年（544 年）《元湛妃王令媛墓誌》："榛枯濟濟，瓜
瓞綿綿；降鳳岐嶺，禦鵠伊川。"

按："榛枯濟濟"，《漢語大詞典》未載。此處"枯"與"楛"通。
"榛楛濟濟"出《詩經·大雅·旱麓》："瞻彼旱麓，榛楛濟濟。""榛
楛"，指榛樹和楛樹。毛傳："濟濟，眾多也。"誌文此處"榛枯濟濟"
與"瓜瓞綿綿"相對為文，意義接近，為"比喻子孫興旺"義。

鍼

鍼藊

北齊天統五年（569 年）《蔡府君妻袁月瑊墓誌》："考昂……人
之儀表，國之鍼藊。"

按：《漢語大詞典》未收"鍼藊"。古"鍼""針"同，古代中醫
用石磨成針狀刺穴位以治病，稱針石或石針，後用金屬制成，稱金針。
《韓非子·喻老》："疾在腠理，湯熨之所及；在肌膚，鍼石之所及。"
"藊"，見《正字通》："藊，音藥。""藊"應為"藥"的同音替代字。
"鍼藊"在此喻指"國家的重要人物"。

Zhi

之

之夫

東魏元象二年（539 年）《公孫略墓誌》："開清夷之路，塞邪枉
之門。猛均夏日，惠優春暖。守君子之一心，達之夫之百行。"

按：之夫，又作"之父""之甫"，子州之父的省略，傳說中的遠
古賢士。《莊子·讓王》："以天下讓許由，許由不受。又讓於子州之
父。子州之父曰：'以我為天子，猶之可也。雖然，我適有幽憂之病，

方且治之，未暇治天下也。'"①

知

知來後素

北魏建義元年（528 年）《元邵墓誌》："若夫知來後素之業，師逸於綺襦；升堂入室之功，道備於紈綺。"

按：知來，對未來有所預見。《易·繫辭上》："神以知來，知以藏往。"後素，本指在白色上敷布眾色，比喻人先有美質，然後加以文飾和學習培養。②

知識

1. 西晉元康元年（291 年）《成晃墓碑》："遠近知識者，莫不悲愕，肝情淩碎者也。"

2. 北魏神龜二年（519 年）《杜永安造像記》："及七世父母，所生父母，因屬知識，常與善遇。"

3. 北魏正光四年（523 年）《惠榮造像記》："為師僧父母，七世因緣，親善知識，一切含生，一時成佛。"

4. 北魏建義元年（528 年）《王僧歡造像記》："上願皇祚永隆……妻子女等，及善友知識，邊地眾生，長生［佛］國。"

5. 北魏普泰二年（532 年）《範國仁等造像記》："上為皇帝陛下，州郡令長，七世父母，下及來生眷屬，善友知識，同斯福慶。"

6. 東魏武定五年（547 年）《朱舍捨宅造寺記》："願七世先亡，永離眾苦，見在家眷，無病長壽，恆值佛聞法，遇善知識。"

7. 北齊河清四年（565 年）《王惠顯二十人等造像記》："上為皇帝陛下，師僧父母，善友知識，普及一切群生，咸同斯福。"

按：知識，瞭解相識的人，朋友。③《漢語大詞典》亦有"知識"條，釋義同毛遠明。

知十

北魏建義元年（528 年）《元悌墓誌》："學鄙三冬，問嘉知十。

---

① 毛遠明：《漢魏六朝碑刻校注》第七冊，綫裝書局 2009 年版，第 239 頁。
② 毛遠明：《漢魏六朝碑刻校注》第六冊，綫裝書局 2009 年版，第 162 頁。
③ 毛遠明：《漢魏六朝碑刻校注》第九冊，綫裝書局 2009 年版，第 186 頁。

優遊書圃，敖翔子集。"

按：《漢語大詞典》未收"知十"。"知十"乃"聞一知十"之省稱，義即聽到一件事，可以推知十件事，形容聰明而善於類推。出《論語·公冶長》："賜也何敢望回？回也聞一以知十，賜也聞一以知二。"亦見於《隸釋·漢安平相孫根碑》："根受性明睿，聞一知十。"

執

執物

北魏延昌四年（515 年）《皇甫驎墓誌》："刺史元王以君量勘執物，復表為別駕。"

按：《漢語大詞典》未收"執物"一詞。"執"有"主持，掌管"義，《周禮·天官·小宰》："執邦之九貢、九賦、九式之貳，以均財節邦用。""物"有"事務，事情"義，《逸周書·五權》："二曰物，物以權官。"朱右曾校釋："物，猶事也。事繁官多，事簡官省。"這裏"執物"即"掌管事務、處理事情"義。

祇

祇桓

1. 北魏太和十二年（488 年）《昭福寺碑》："紹靈鷲於溥天，摹祇桓於振旦。"

2. 北齊武平六年（575 年）《畢文造像記》："建此祇桓，髣髴真容。觀坐茲敬，見者彌恭。"

按：《漢語大詞典》未收"祇桓"。祇桓，即"祇洹"，或"祇園"。梵語 Jetavanavihāra，意譯為"祇樹孤獨園"，簡稱"祇園"。印度佛教聖地之一，釋迦牟尼曾說佛法於此。後用作佛寺的代稱。①

指

指豹

北齊天保五年（554 年）《高顯國妃敬氏墓誌》："徙家成德，陳詩取義。情猶指豹，智並埋羊。景福攸止，諸子刻昌。徽音秩秩，令聞堂堂。"

---

① 毛遠明：《漢魏六朝碑刻校注》第三冊，綫裝書局 2009 年版，第 397 頁。

　　按：《漢語大詞典》未收"指豹"一詞。疑出漢劉向《列女傳陶答子妻》："陶大夫答子之妻也。答子治陶三年，名譽不興，家富三倍，其妻數諫不用。居五年，從車百乘歸休，宗人擊牛而賀之，其妻獨抱兒而泣。……婦曰：'……妾聞南山有玄豹，霧雨七日而不下食者何也？欲以澤其毛衣而成文章也，故藏而遠害。犬彘不擇食以肥其身，坐而須死耳。今夫子治陶，家富國貧，君不敬民不載，敗亡之徵見矣。願與少子俱脫。'姑怒，遂棄之。處期年，答子之家果以盜誅。"在這裏以"指豹"言誌主對丈夫感情真摯，也暗含對誌主明於遠見的讚美。

郅

郅都守邊

　　北魏正始四年（507 年）《奚智墓誌》："為夷之俗，以為誓首。雖郅都守邊，何以過也。"

　　按：《漢語大詞典》未收"郅都守邊"。《史記·郅都傳》："孝景帝乃使使持節拜都為雁門太守，而便道之官，得以便宜從事。匈奴素聞郅都節，居邊為引兵去，竟郅都死，不近雁門。匈奴嘗為偶人，像郅都，令騎馳射莫能中，見憚如此。"此言郅都任雁門太守，為匈奴所畏，不敢犯邊。誌文用以讚頌誌主的威名。

Zhong
中

中汗

　　北齊武平七年（576 年）《高潤墓誌》："若夫長髮濫觴之源，厥初綿瓞之緒，乘軒服袞之華，握鏡配天之業，故已詳諸中汗，可得而略也。"

　　按：《漢語大詞典》未收"中汗"。"汗"指青竹被火烤後像出汗一樣冒出的水分。《太平御覽》卷六〇六引漢應劭《風俗通》："劉向《別錄》曰：'殺青者，直治竹作簡書之耳。'新竹有汗，善朽蠹，凡作簡者，皆於火上炙乾之，陳楚間謂之汗。汗者，去其汗也。"在此，"汗"當即"汗青"之省，"汗青"代指史書。"中汗"之"中"和

"史書"義無聯繫，疑為"史"字之誤刻。

中楹陳夢

北魏正光五年（524 年）《侯掌墓誌》："風飄電逝，道存人往；中楹陳夢，遊門負杖。福善空言，報應徒爽；一隨物化，永捐黃壤。"

按：《漢語大詞典》未收"中楹陳夢"，該詞是對典故詞"兩楹奠""兩楹夢""奠兩楹""夫子夢奠""夢兩楹"等的化用，見《禮記·檀弓上》："'予（孔子）疇昔之夜，夢坐奠於兩楹之間，夫明王不興，而天下其孰能宗予，餘殆將死也。'蓋寢疾七日而沒。"後以此典指代死亡。

种

种年

東魏武定二年（544 年）《賈思伯妻劉靜憐墓誌》："不以所善尚人，唯以賢明範物。而思順寡期，媌鰲早遷。稚子种年，訓彰岐齔。"

按：《漢語大詞典》未收"种年"一詞。种年，即童年。"种"與"沖""童"通。[①]

終

終甘

北魏正光五年（524 年）《元璨墓誌》："秀等終甘，謹同馬慎。唯哲唯仁，寔為後進。"

按："終甘"，乃"終軍""甘茂"縮略而成，皆為年少而卓異之人。《元璨墓誌》前文有"雖甘生早秀，終童少穎，方之於君，無能嘉尚"之語，可兩相對照。

"終軍"，字子雲，西漢濟南人。少好學。見《漢書·嚴朱吾丘主父徐嚴終王賈傳》："年十八，選為博士弟子。至府受遣，太守聞其有異材，召見軍。甚奇之，與交結。軍揖太守而去，至長安上書言事。武帝異其文，拜軍為謁者給事中。……越相呂嘉不欲內屬，發兵攻殺其王及漢使者，皆死。語在《南越傳》。軍死時年二十餘，故世謂之'終童'。"

---

① 毛遠明：《漢魏六朝碑刻校注》第七冊，綫裝書局 2009 年版，第 397 頁。

甘羅，戰國末期下蔡人，秦國名臣甘茂之孫，著名的少年政治家。甘羅自幼聰明過人，小小年紀便拜入秦國丞相呂不韋門下，任其少庶子，十二歲時出使趙國。見《戰國策·秦策》："少庶子甘羅曰：'君侯何不快甚也？'文信侯曰：'吾令剛成君蔡澤事燕三年，而燕太子已入質矣。今吾自請張卿相燕，而不肯行。'甘羅曰：'臣行之。'文信君叱去曰：'我自行之而不肯，汝安能行之也？'"甘羅曰：'夫項橐生七歲而為孔子師，今臣生十二歲於茲矣！君其試臣，奚以遽言叱也？'見趙王，趙王郊迎……趙王立割五城以廣河間，歸燕太子。趙攻燕，得上谷三十六縣，與秦什一。"

鍾

鍾萬

北魏正光四年（523 年）《元斌墓誌》："其毓神啟聖之緒，聯霄附景之華，固已圖彼丹青，被茲鍾萬者矣。"

按：《漢語大詞典》未收"鍾萬"一詞。根據誌文語境和對文，當亦"史籍譜牒"義。

重

重憂

1. 北魏永平二年（509 年）《穆循墓誌》："年始十八，丁罹重憂，泣血三齡，至性過人。"

2. 北魏神龜二年（519 年）《寇憑墓誌》："太守遷州，朝議簡仁，君應其舉，遂省兼為丞，境不拾遺。年廿，忽丁重憂。"

3. 北魏武泰元年（528 年）《元瞻墓誌》："令王子興振振之風，人懷驎角之詠。遂丁重憂，辭官來寢，徒踴無滄，幾於滅性。"

4. 北魏武泰元年（528 年）《元宥墓誌》："以孝昌四年正月丁重憂，遂寢伏苫土。其居喪之禮，雖曾顏無以過焉。"

按："憂"有喪事義，如《梁書·文學傳下·劉杳》："自居母憂，便長斷腥羶，持齋蔬食。""重憂"謂父母之喪。《三國志·魏書·三少帝》卷四裴注："清商丞龐熙諫帝：'皇太后至孝，今遭重憂，水漿不入口，陛下當數往寬慰，不可但在此作樂。'"《後漢書·范升列傳》："二者於公無可以免，宜乎天下歸怨於公矣。朝以遠著不服為至念，升以近者不悅為重憂。"《魏書・李彪列傳》："至後漢元初中，大臣有重憂，始得去官終服。"①

羅小茹所引《後漢書・范升列傳》例中"重憂"很明顯義與誌文諸語例不同，其與"至念"相對，義為"最大的憂愁"。"重憂"釋為"父母之喪"當不確，若如此解釋，則父母同時去世，概率很小，故值得商榷。"重憂"，大憂，亦指大喪。《國語・晉語》："父母死為大喪。""重憂"之"重"，當讀作"zhòng"。

《漢語大詞典》收"殷憂"一詞，"殷"有"深重"義，"殷憂"即"深重的憂傷"義，三國魏阮籍《詠懷》之十四："感物懷殷憂，悄悄令心悲。""重憂"當與"殷憂"義同。

Zhou

舟

舟壑

1. 北魏神龜三年（520 年）《辛祥墓誌》："夫舟壑易徙，金石難雕，乃勒銘幽扃，沉芳泉路。"

2. 北齊武平二年（571 年）《徐顯秀墓誌》："絳、灌等烈，黥、彭並馳。申酉易沒，舟壑俄移。始類辭家，終同成郢。"

按：《漢語大詞典》收，釋為"藏在山谷中的船，後借指世事"。書證為《莊子・大宗師》："夫藏舟於壑，藏山於澤，謂之固矣！然而夜半有力者負之而走，昧者不知也。"但結合誌文，"舟壑"應側重"世事長期不知不覺的變化"。《漢語大詞典》還收有"藏舟""藏山"，與"舟壑"所表意不同。參本書"藏舟""藏山"條。

晝

晝哭

1. 西魏大統二年（536 年）《趙超宗妻王氏墓誌》："年德方茂，奄從晝哭。家業殷大，內外敖然。"

2. 北齊天保六年（555 年）《寶泰妻婁黑女墓誌》："洎哀緣晝哭，

---

① 羅小如：《魏晉南北朝碑刻若干疑難詞語考釋》，《龍岩學院學報》2016 年第 1 期。

義深解瑱，媚情岳峭，鰲節冰嚴。"

3. 北齊武平七年（576 年）《李希宗妻崔幼妃墓誌》："夫人上禱七星，傍走群室，義若帷堂，禮成晝哭。緝諧閫内，訓育諸孤，為世叔之妻，成不疑之母。"

按：《禮記・檀弓下》："穆伯之喪，敬姜晝哭；文伯之喪，晝夜哭。孔子曰：'知禮矣！'"此用其典，謂丈夫趙超宗死。[①] 上文引文鄭玄注："喪夫不夜哭，嫌思情性也。"故晝哭而不夜哭可知夫死，此處"晝哭"即"夫亡"義。

Zhu
朱

朱蘫、朱藍

1. 北魏太昌元年（532 年）《長孫季及妻慕容氏墓誌》："清風峻節，秉襟獨遠。不假色於朱蘫，寧資深於羽栝。"

2. 北齊天保五年（554 年）《高顯國妃敬氏墓誌》："由此内外雍熙，尊卑傾慕，無不挹是朱藍，遵其軌轍。"

3. 北齊河清四年（565 年）《薛廣墓誌》："即就朱藍之染，爰成廊廟之華。匡鼎同其解頤，杜預方其有癖。"

4. 北齊武平五年（574 年）《李琮墓誌》："君濯自朱藍，學因弓冶。比桂樹於幽山，辛香可味；同明玉於鍾領，光澤皎然。"

按：《漢語大詞典》收"朱藍"，未收"朱蘫"，二者在魏晉南北朝墓誌文中同義。《漢語大詞典》義項有四：①朱色和藍色，②比喻不同流派，③猶丹青，④引申謂華采。南朝梁劉勰《文心雕龍・情采》："正采耀乎朱藍，間色屏於紅紫。乃可謂雕琢其章，彬彬君子矣。"其意思是："使藍和朱紅等正色鮮明奪目，紫和粉紅等間色排除不要，這才可以稱得上是既有文采又有美質的好文章。"由此知，"朱、藍"皆為正色，含有"正派、端正"等引申義，上述語例中的詞皆此引申義。

───────────────

① 毛遠明：《漢魏六朝碑刻校注》第八冊，綫裝書局 2009 年版，第 167 頁。

竹

竹馬

1. 北魏武泰元年（528 年）《元暐墓誌》："王脂車秣駟，擁節抗旗，竹馬盈郊，壺漿繼道。"

2. 北魏永安二年（529 年）《王翊墓誌》："於是照之以冬日，潤之於夏雨，聊示蒲鞭之威，必存竹馬之信。"

3. 北魏永安二年（529 年）《笥景墓誌》："神慧起自蒲車，眸辯發於竹馬。"

4. 北魏永安三年（530 年）《元彧墓誌》："甫遊竹馬，已見千仞之奇；始戲［羊］車，便有百口［之］目。"

5. 北魏普泰元年《赫連悅墓誌》："溫涼恭儉之量，始自蒲車；孝友廉貞之志，茂於竹馬。"

6. 北魏永熙二年（533 年）《元鑽遠墓誌》："恩等蒲鞭，惠同竹馬，政平訟息，民不忍欺。"

7. 北齊河清四年（565 年）《封子繪墓誌》："公開襜望境，露錦還鄉，竹馬盈途，壺漿塞路。"

8. 北周大象元年（579 年）《尉遲運墓誌》："奮髯抵幾之威，不行已肅；竹馬蒲鞭之化，有德斯感。"

9. 北齊河清四年（565 年）《張僧顯銘聞》："叡哲岐嶷之年，峻思竹馬之歲，該轢書林，博涉典氏。"

按：《漢語大詞典》收"竹馬"一詞，義項有二：兒童遊戲時當馬騎的竹竿，後用為稱頌地方官吏之典；即薅馬，南方農村耘稻時所用的一種農具。

結合碑誌文獻來看。《漢語大詞典》的釋義是正確的，但還不夠細緻。竹馬的初始義，為兒童以竹竿當馬騎的遊戲。《後漢書·郭伋傳》："始至行部，到西河美稷，有童兒數百，各騎竹馬，於道次迎拜。"後用此典稱頌有德政的地方官吏。[①] 上述諸例中，例 4 為"兒童以竹竿當馬騎的遊戲"，例 2、例 6、例 8 為"稱頌地方官的德政"義。

---

① 毛遠明：《漢魏六朝碑刻校注》第九冊，綫裝書局 2009 年版，第 176 頁。

從上文九例看，其中例 1、例 7 當為"兒童"義，該義的生成或許和因借代修辭的使用而形成的修辭語境義有關，故而詞典不錄。但例 3、例 5、例 4 中的"童年"義，已較為固化，如常用成語"青梅竹馬"中"竹馬"就是指"童年時期"，因此，"竹馬"的此條義項，《漢語大詞典》當補。

主

主耳忘身

北齊武平五年（574 年）《李琮墓誌》："意得魚水，上下和密。主耳忘身，周旋無失。"

按：《漢語大詞典》未收"主耳忘身"一詞。"主耳忘身"係用典，出《漢書·賈誼傳》："故化成俗定，則為人臣者，主耳忘身，國耳忘家，公耳忘私，利不苟就，害不苟去，唯義所在。"顏師古注引孟康曰："唯為主耳，不念其身。"此處用此典，言誌主一心為公，全無個人打算。

Zhua

抓

抓牙

北魏普泰元年（531 年）《張玄墓誌》："方欲羽翼天朝，抓牙帝室，何晷幽靈無簡，殲此名哲。"

按：《漢語大詞典》未收"抓牙"一詞，收"爪牙"條，義項有六：①人的指甲和牙齒；②動物的尖爪和利牙；③喻勇士，衛士；④比喻武臣；⑤形容勇武；⑥黨羽，幫兇。但"爪牙"的六個義項皆不適合誌文語境，該處"抓牙"為動詞性，應是在義項②的基礎上的比喻義用法，即"像爪牙一樣拱衛"義。

Zhui

墜

墜獧

北魏永安元年（528 年）《元誕業墓誌》："辭翰卓犖之奇，《上林》無以比其況；斃日墜獧之能，養由無以逼其術。"

按：《漢語大詞典》未收"墜猨"條，該詞係用典，出《淮南子·說山訓》："楚王有白猿，王自射之，則搏矢而熙；使養由其射之，始調弓矯矢，未發而猿擁柱號矣。"後因以"虛引怯猿"之典形容高超的射箭技藝。在此典面化用為"墜猨"，讚頌誌主高超的射箭技能。

Zhuo

濯

濯纓

1. 東晉大亨四年（405 年）《爨寶子碑》："鳴鸞紫闥，濯纓滄浪。庶民子來，繄維同嚮。"

2. 梁普通元年（520 年）《蕭敷墓誌》："又行參冠軍征虜二府軍事，入為太子舍人。濯纓承華，清風載穆。"

3. 北魏永熙二年（533 年）《元爽墓誌》："濯纓華沚，歸飛阿閣。列宿是膺，喉脣斯託。"

4. 東魏興和二年（540 年）《閭伯昇及妻元仲英墓誌》："爰初濯纓，薄言入仕，齊蹤驥騄，連陰杞梓。"

按：《漢語大詞典》收"濯纓"條，釋為"比喻超脫世俗，操守高潔"，《中文大辭典》《辭源》釋義亦同；《辭海》亦以為表避世清高之義，但其義在例句中不通，當為入仕居官之典。此典《大詞典》《歷代典故辭典》《中國典故大辭典》《漢語典故大辭典》等均未收，當補。[1]

Zi

子

子政

北魏孝昌元年（525 年）《元熙墓誌》："丞相清河王居宗作宰，水鏡當時，特所留心，以為宗之子政。年未志學，拜秘書郎中，文藝之美，領袖東觀。"

按："子政"，即"劉子政"，見《漢書·楚元王傳》："（劉）向字子

---

① 謝國劍：《中古石刻文獻詞語釋讀四則》，《古漢語研究》2016 年第 1 期。

政，本名更生。年十二，以父德任為輦郎。既冠，以行修飭擢為諫大夫。是時，宣帝循武帝故事，招選名儒俊材置左右。更生以通達能屬文辭，與王褒、張子僑等並進對，獻賦頌凡數十篇。"在此是以"（劉）子政"作類比，言誌主年幼而才高。《漢語大詞典》未收入這一人名專詞。

自

自矢

北魏太和十八年（494 年）《陶浚墓誌》："祖潛，字淵明，號五柳先生，晉臣。辭不就職，即日解去印綬，詠歸去來辭以自樂，天下安危不聞，耿介自矢，碌碌終身於山林。"

按：《漢語大詞典》收"自矢"條，釋義為"猶自誓。立志不移"，首引書證為明袁宏道《舒大家志石銘》："族長者以其裱李恐不當霜雪，家以死自矢。"過遲，可補此例。

Zong

宗

宗石

北魏正始四年（507 年）《元緒墓誌》："逢雲理翰，矯翼霄飛。霄飛何為，天受作政。明心劍玉，清身水鏡。衡均宗石，錦裁民命。霽光東岫，傾輝西映。西映焉照，寔維洛荊。"

按：《漢語大詞典》未收"宗石"一詞。"宗石"當為"宗右"之誤刻，"石"與"右"形近而誤。"宗右"當"強宗右姓"割裂截取而成。強宗，義為豪門大族。右姓義為世族大姓。"強宗右姓"指有權勢的豪門大族，如南朝宋範曄《後漢書·郭伋傳》："強宗右姓，各擁眾保營，莫肯先附。"

Zuan

纂

纂膺

北魏延昌四年（515 年）《王紹墓誌》："服終纂膺井祚，襲侯昌國。年甫涉冠，起家為太子洗馬。"

按：《漢語大詞典》未收“纂膺”。“纂”有“繼承”義，如《禮記·祭統》：“子孫纂之，至於今不廢。”再如《左傳·襄公十四年》：“纂乃祖考。”杜預注：“纂，繼也。”“膺”有“承受、繼承”義，如《尚書·畢命》：“予小子永膺多福。”孔傳：“我小子亦長受其多福。”再如《尚書·武成》：“誕膺天命。”“纂膺”，即義為“繼承”。

Zui
晬

晬容

北魏建義元年（528 年）《元譚墓誌》：“公……年在紈綺，占謝光潤，晬容溫華，出言而可雕虫，下筆而成霧縠。”

按：《漢語大詞典》收“晬容”一詞，釋義為“謂容貌溫和潤澤”，首引書證為唐溫庭筠《元日》詩：“雨暘春令煦，裘冕晬容尊。”書證稍遲，可補此例。

Zun
尊

尊耆

北周宣政二年（579 年）《寇嶠妻薛氏墓誌》：“尊耆九室，娣姒五人，上稱其德，下載其惠。”

按：《漢語大詞典》未收“尊耆”一詞。“耆”古稱六十歲曰耆，見《禮記·曲禮上》：“六十曰耆，指使。七十曰老，而傳。”“耆”，在此泛指年老尊長者；“尊耆”，是對年老尊長者的敬稱。

Zuo
坐

坐嘯

北齊武平五年（574 年）《李琮墓誌》：“既方公孝，時聞坐嘯之謠；還類範滂，更聽畫諾之語。”

按：參本書“畫諾”條。

參考文獻

（漢）班固撰，（唐）顔師古注：《漢書》，中華書局 1962 年版。

北京圖書館金石組：《北京圖書館藏中國歷代石刻拓本匯編》第 3—8
　　　冊，中州古籍出版社 1997 年版。

杜若明注：《詩經》，華夏出版社 1998 年版。

（南朝宋）範曄撰，（唐）李賢等注：《後漢書》，中華書局 1965 年版。

方一新：《中古近代漢語詞匯學》，商務印書館 2010 年版。

（南朝梁）顧野王：《原本玉篇殘卷》，中華書局 1985 年版。

郭洪義：《晉唐間佛教石刻文字詞語研究》，博士學位論文，西南大學
　　　漢語言文獻研究所，2016 年。

江藍生：《魏晉南北朝小說詞語匯釋》，語文出版社 1988 年版。

《孔子家語》第五卷，載上海涵芬樓《四部叢刊初編·子部》，上海書
　　　店 1989 年景江南圖書館藏明覆宋刊本。

李學勤：《十三經注疏》，北京大學出版社 1999 年版。

（清）李漁：《笠翁對韻》第 18 卷，載《李漁全集》，浙江古籍出版社
　　　1991 年版。

劉志生：《東漢碑刻詞匯研究》，暨南大學出版社 2013 年版。

劉志生：《〈漢語大詞典〉失收六朝墓誌詞語考釋六則》，《南昌大學學
　　　報》（人文社會科學版）2012 年第 5 期。

劉志生：《魏晉南北朝墓誌所見辭書未收詞語試釋》，《井岡山大學學
　　　報》（社會科學版）2012 年第 5 期。

羅維明：《中古墓誌詞語研究》，暨南大學出版社 2003 年版。

羅竹風：《漢語大詞典》，漢語大詞典出版社 1988—1993 年版。

呂志峰：《東漢石刻磚陶等民俗性文字資料詞匯研究》，上海人民出版

社 2009 年版。

毛遠明：《漢魏六朝碑刻校注》，綫裝書局 2009 年版。

毛遠明：《典故破解與石刻文字考證》，《古漢語研究》2013 年第 3 期。

毛遠明：《讀漢魏六朝石刻詞語劄記——兼及石刻詞匯研究的意義》，
《樂山師範學院學報》2002 年第 6 期。

王盛婷：《六朝碑刻詞語考釋》，《古籍整理研究學刊》2004 年第 5 期。

王雲路：《中古漢語詞匯史》，商務印書館 2010 年版。

謝國劍：《中古石刻文獻詞語釋讀四則》，《古漢語研究》2016 年第
1 期。

（漢）許慎撰，（清）段玉裁注：《說文解字注》，上海古籍出版社 1988
年版。

（漢）許慎撰，王貴元校箋：《說文解字校箋》，學林出版社 2002 年版。

徐志學：《魏晉南北朝隋唐五代石刻用典研究》，上海交通大學出版社
2013 年版。

姚美玲：《唐代墓誌詞匯研究》，華東師範大學出版社 2010 年版。

（明末清初）張自烈、廖文英：《正字通》，清康熙二十四年秀水吳源
起清畏堂刊本。

周阿根：《五代墓誌詞匯研究》，中國社會科學出版社 2015 年版。

周祖謨：《漢語詞匯講話》，外語教學與研究出版社 2006 年版。

附錄一　詞匯索引（音序）

附錄二　詞匯索引（筆畫）

說明：下面所釋之詞按首語素的筆畫數排列；相同筆畫數內部，依首語素音序排列；音節相同者，則按聲調"陰陽上去"的順序排列；聲韻調全同者，則按第二語素聲韻調順序排列；如再相同，則按"江天日月紅"順序法排列。一個詞後面在括號內的詞，是前者的另一（幾）種形式；詞間用"/"隔開者，義為兩個詞（數個詞）一起解釋。

一畫
一

二畫
八

二

化

介

斤

井

毛

木

片

犬

仁

仍

日

水

天

七畫

阿

虬

宋

投

尪

沃

吳

言

抑

災

杖

折

抓

坐

八畫

十畫

俾

畢

髟

捕

陳

倒

娥

粉

萩

浮

高

宮

推

脫

紽

望

鄉

婞

旋

淹

猗

移

翊

寅

章

執

滂

貃

蒲

僉

塞

頌

綏

綈

塗

鉉

馴

遜

楊

三十畫
鸞

三十三畫
麤

後　記

　　本書是在 2019 年度貴州省社科規劃課題結項書稿的基礎上修改而成的。

　　目前與本書研究範圍相關的研究成果多是對碑刻文獻詞語的某一類別、某一朝代來進行考察解釋，缺少對整體時段碑刻文獻詞語的集成性訓釋。本書主要是就魏晉南北朝這一歷史時段的碑刻文獻詞語做出解釋。所釋詞語，非查檢詞典而輕易查到者，所以存在一定難度；而包含此類詞語的語例相對常用詞，其數量相對較少，也給排比歸納詞義帶來些許困難。而這些不易，或許正是鑽研學問的樂趣之所在。

　　半年多的各項準備之後，着手寫作書稿伊始，新冠肺炎疫情突至。多地封城，小區實行封閉管理，人人配合政府實行居家自我隔離。緊張的氣氛，封閉的環境，學校開學的推遲，卻由此帶給我難得的整塊時間，也開啟了我的“類博士”生活：像讀博士時期那樣，除去進餐、就寢和晚上半個小時的鍛煉，我每天坐在電腦前的時間約為十個半小時，沒有了星期六、星期天，周而復始。這樣的日子持續了四個月，其間的艱辛付出可想而知，其間的快樂幸福也時時湧現。疫情寬鬆點了，學生可以進校了，而伴隨著一百多個日出日落，隨著近一千五百多個小時的更替交接，我的書稿初稿也完成了。望著書桌前瞥過數千次的墨綠的君子蘭，不覺長舒一口氣。

　　其後整理修改，提交結項，通過。之後，隨著工作單位的變動，事情繁多，便也無暇關注該書稿。近期有幸獲得魯東大學文學院出版經費的支持，遂又拾起書稿，再作修改。

　　本書得以出版，也凝聚著其他人的辛苦勞動。感謝書稿撰寫期間給我提供“飯來張口，衣來伸手”式後勤保障的家人，感謝中國社會科學給結項書稿提出寶貴意見的匿名評審專家，感謝為本書出版提供經費支持的魯東大學文學院以及為此給予關照的胡曉清院長、王東海院長，感謝出版社郭曉鴻編輯的辛勤勞動。

感謝業師王貴元先生和趙小剛先生欣然為本書作序，其提攜後進的拳拳之意溢於言表，而我感受更多的則是耳提之誠，而這兩種合力都是我學術進步的動力。

本書雖認認真真、傾心盡力完成，但限於學術水平，自感成果尚有些淺陋，缺點和錯誤當不可避免，故懇請學界前輩同人多多指教，不勝感激。

張穎慧

2021 年 9 月 22 日